文化理论
丛书

首都师范大学文化研究院编 ◀

Transcending Myth: Study on the
Publicity of Internet Communication

 走出"迷思"：网络
传播公共性研究

陈国战●著

中国社会科学出版社

图书在版编目(CIP)数据

走出"迷思":网络传播公共性研究/陈国战著. —北京:中国社会科学出版社,2017.11
(文化理论丛书)
ISBN 978 - 7 - 5203 - 0893 - 9

Ⅰ.①走… Ⅱ.①陈… Ⅲ.①计算机网络—传播学—研究
Ⅳ.①G206.2

中国版本图书馆 CIP 数据核字(2017)第 210405 号

出 版 人　赵剑英
责任编辑　郭晓鸿
特约编辑　席建海
责任校对　石春梅
责任印制　戴　宽

出　　版　中国社会科学出版社
社　　址　北京鼓楼西大街甲 158 号
邮　　编　100720
网　　址　http://www.csspw.cn
发 行 部　010 - 84083685
门 市 部　010 - 84029450
经　　销　新华书店及其他书店

印　　刷　北京明恒达印务有限公司
装　　订　廊坊市广阳区广增装订厂
版　　次　2017 年 11 月第 1 版
印　　次　2017 年 11 月第 1 次印刷

开　　本　710×1000　1/16
印　　张　16.75
插　　页　2
字　　数　263 千字
定　　价　79.00 元

目　　录

序

  陈国战在博士学位论文基础上修改完成的《走出"迷思"：网络传播公共性研究》即将出版，邀我作序，我是他的博士生导师，也是首都师范大学文化研究院"文化理论丛书"项目负责人之一，因此，为本书写几句简单的介绍的话，似乎是责无旁贷的事情，于是便欣然应允。

  从博士入学以后，陈国战就表现出了浓厚的理论兴趣，曾有意把阿伦特研究作为博士学位论文选题，但当时我考虑到这个选题与文化研究专业距离较远，就劝他放弃了。于是，他又想到研究公共领域与媒介的关系问题。从媒介角度研究公共领域理论，确实是一个很好的思路。不过，媒介问题过于复杂，涵盖了从口语媒介到报纸、广播、电视、互联网几次重大转型，用一本书来解决所有这些问题显然不太现实。于是，他最后就选择聚焦于网络媒介与公共领域的关系。从选题确立的过程可以看出，虽然这本书属于传播学研究领域，但它又明显不同于我们通常所见的传播学研究，而是具有更强的理论思辨色彩。

  互联网的出现的确是人类历史上的大事件。从 20 世纪 90 年代以来，它已经全方位地改变了我们每个人的生活，既包括衣食住行各个方面，也包括我们获取信息的方式和人际交往的方式。随着移动互联网时代的来临，我们越来越依赖于手机这个移动终端来获取信息，我们的人际交往也越来越离不开手机，即使是身处同一个办公室的同事，现在也常常借助社交媒体进行沟通。有人甚至提出，手机已经成为长在人身体上的一个器官，一旦它不在身边，我们就会感到浑身不自在。可以说，现在我们已经习惯于生活在一个网络无处不在的世界，以至于进入一个餐馆之前，很多人首先考虑的不再是他的饭菜是否可口,而是有没有 WiFi。

需要注意的是,所有这些变化都是在很短的时间内完成的,互联网改变人类生活环境和生活方式的速度是前所未有的。历史上,一种新的传播媒介从出现到普及往往要经历一个漫长的过程,有资料显示,电话用了 38 年时间才进入 30% 的美国家庭,电视花了 17 年时间才达到同样水平,而互联网只用了 7 年。由于互联网的发展非常迅猛,人们对它的研究势必显得准备不足,虽然目前学界取得了很多研究成果,但它们经常相互矛盾,让人不知道该相信谁。在这种背景下,如何对互联网的社会影响尤其是它对公共生活的影响做出准确判断,就成为一个急迫的学术课题,这也是本书的价值所在。

在我看来,对于当前中国社会的公共生活来说,尽管互联网有种种不尽如人意的地方,但总体上还是积极意义大于消极意义的。这主要是因为,互联网的去中心化技术使得自上而下的、中心化的、单向的信息传播和控制变得更加困难了,由此就带来了各种信息的透明化;同时,在匿名性的保护之下,网络交往在某种程度上还比口头交往更加平等、民主,这就激发了人们参与公共生活的热情。在中国的语境中,这点应该得到更加突出的强调。这是因为,报纸、电视等大众媒体在中国所受到的权力和市场的干扰要远远大于网络。在其他大众媒体还存在较多限制的情况下,网络这个渠道的不可替代性就显得更加突出,它发挥了其他大众媒体无法比拟的信息公开和舆论监督作用。

目前,关于互联网和公共领域的理论大都来自西方,在运用西方理论研究中国问题时,我一直强调要注意语境的差异。比如,西方的文化批判理论在分析中国问题时的适用性就极其有限,如果不经转换地搬用过来,就会批判得片面、批得不得要领,甚至批错了对象,提错了问题。互联网研究也是如此。我们应该意识到,网络只是为更加自由和平等的交流提供了技术上的可能,它并不能保证交往对话的质量,也不能保证交往的理性特征。这里的关键是:到底是什么样的主体在利用网络、在网络上发言?他们是否具有遵守理性交往规则的能力和意愿?虽然网络未尝不是一个培养理性交往主体的平台,但它却不是唯一的平台,甚至不是主要的平台。毕竟一个人大部分的时间还是在非虚拟的现实环境中度过的，他们的主体性也主要是在现实世界中塑造的。我们很难想象一个在现实世界中缺乏公共美德的人，在网络公共领域中会表现出自己的公共美德，会遵守交往的理性原则。因此，网络虚拟世界中的民主与公共性最终还是要依托于现实世界中的民主与公共性，离开了社会环境，网络很难单独创造一种新的政治文化和公共领域。这一方面提醒我们在运用西方的研究成果时，要时刻保持清醒的语境意识；另一方面也提醒我们，不能把当前中国网络交往中存在的问题统统归咎于网络传播技术，它们很可能不是由技术本身决定的，而是由外部的社会环境造成的。可喜的是，在这本书中，作者也始终具有这种语境转换的意识。

陈国战是个勤奋的人，在跟我读博士期间，他把妻子和女儿留在老家，一个人在北京读书，每次假期回去的时间也都很短。凭着这股劲儿，他在读书期间就发表了不少论文，也协助我做了一些工作，研究能力和工作能力都让我感到欣慰。毕业以后，他留在首都师范大学文化研究院工作，我们在师生关系之外，又多了一层同事关系。在多年的相处中，我认为他是一个低调朴实的人，人们常说"文如其人"，这点从本书的行文中也可以看出来。这本书的思辨性很强，逻辑严谨，但由此造成的一个问题就是生动性不足，如果能再加上一些案例分析，使理论和案例有机结合起来，就能增强本书的可读性。当然，这也是由专业训练造成的限制，为了弥补这种不足，就需要他继续学习，多掌握一些社会科学的研究方法。好在他目前正在做一个关于网络谣言的国家社科基金项目，未来几年还会有新书出版，我期盼着他在新书中能够做得更好。

是为序。

陶东风

2017 年 1 月 14 日

导论 走出网络传播研究中的"迷思"

一 建立在流沙之上的网络传播研究

恐怕没有人会否认，无论是在中国还是在世界范围内，互联网的发展和普及速度都是十分惊人的。大约在 20 年前，很多人都还不知道互联网为何物，能够拥有一台笨重的台式电脑并接入网络的人更是少之又少。[①] 仅仅 20 年过后，互联网就已经彻底融入了人们的日常生活，并极大地改变了当代社会的面貌。国际电信联盟（International Telecommunication Union，简称"ITU"）发布的《衡量信息社会报告》指出：截至 2016 年年底，全球互联网用户普及率达到了 47.1％，移动宽带网络覆盖了世界 84％的人口，移动电话的用户数量几乎与地球上的人口总数相同，且 95％的全球人口居住在有移动电话信号覆盖的地方。[②] 作为发展中国家的代表，中国互联网发展和普及的速度也堪称迅猛，2016 年 7 月，中国互联网络信息中心（CNNIC）发布了第 38 次《中国互联网络发展状况统计报告》，报告显示，截至 2016 年 6 月，中国网民规模已达 7.10 亿，互联网普及率为 51.7％，其中手机网民规模达 6.56 亿，有 92.5％的网民使用手机上网。[③]

---

① 根据 1997 年首次发布的《中国互联网络发展状况统计报告》，截至 1997 年 10 月 31 日，我国上网计算机数为 29.9 万台，其中直接上网计算机 4.9 万台，拨号上网计算机 25 万台；上网用户数为 62 万，其中约 3/4 的用户通过拨号上网。

② 《国际电联发布 2016〈衡量信息社会报告〉》，《人民邮电报》2016 年 11 月 30 日。

③ 中国互联网络信息中心：《第 38 次中国互联网络发展状况统计报告》，中国互联网络信息中心网站，2016 年 8 月 3 日，http://www.cnnic.net.cn/hlwfzyj/hlwxzbg/，最后访问时间：2016 年 12 月 23 日。

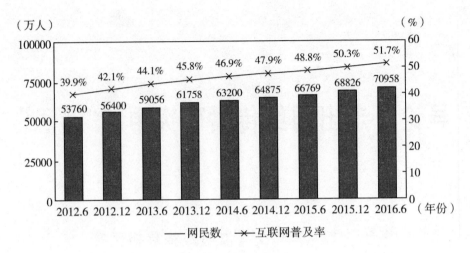

中国网民规模和互联网普及率

　　与互联网的快速普及相一致，各种网络传播形式也不断推陈出新，各领风骚三五年，并呈现出加速更新换代的势头。对于很多中国网民来说，网络聊天室、BBS（Bulletin Board System，电子公告版系统）等似乎还是未曾远去的青春记忆，但在网络传播技术并不漫长的发展历史上，它们却早已成为被层层掩埋的历史陈迹。这似乎意味着，人的成长速度已经远远赶不上网络传播技术更新换代的速度。如今，落伍已不分老幼，不管是老年人还是年轻人，如果不去有意识地紧跟潮流，就很容易落伍掉队——或许，这也正是OUT一词在近些年流行的重要原因。

　　最近10多年间，我们就见证了博客、微博、微信等新媒体形式的相继流行，它们都在短时间内迅速普及，一再重塑人们的信息获取方式和社会交往方式。2010年年底，在上海交通大学舆情研究实验室发布的《2010中国微博年度报告》中，有学者分析说："一种传播媒体普及到5000万人，收音机用了38年，电视用了13年，互联网用了4年，而微博只用了14个月。"①在当时的人看来，微博的普及速度已堪称奇迹。然而，它很快就被微信超越了。根据《中国新媒体发展报告No.6（2015）》提供的数据："2011年1月

①　姜泓冰：《2010微博年度报告发布：微博成为网民爆料首选方式》，人民网，2010年12月29日，http://media.people.com.cn/GB/13605622.html。

微信诞生，10 个月其手机用户就已经达到 5000 万，到 2013 年 1 月，其用户已突破 3 亿，这个数字历时仅 789 天，比微博快了 202 天"，① "截至 2016 年 2 月，微信月活跃用户为 6.5 亿，其中超过九成的用户每天都会登录微信，半数用户每天使用微信超过 1 个小时"。②

在这种背景下，网络传播研究面临的困难和挑战是可想而知的——由于网络传播的发展日新月异，很多研究结论的"保鲜期"都十分短暂，过不了几年就会变得陈旧，甚至完全被推翻，这使得网络传播研究仿佛建立在流沙之上，正如马克·波斯特（Mark Poster）所说："互联网变化如此迅速，以致关于它的表述和研究都必须作为一种假设才能被人接受。"③ 且不说早期很多人担心的存在于不同性别、种族、阶层之间的数字鸿沟问题正在渐渐弥合，④ 就连其他一些言之凿凿的结论也相继被推翻。

比如，早期很多研究者都曾经提出：民主运作的主要障碍来自信息和知识的不平等，随着网络传播技术的普及，人们在政治方面会更加见多识广，人们的政治参与热情会被重新激发出来。然而，最近的一些研究表明，这在很大程度上只是一种不切实际的期待。马修·辛德曼（Matthew Hindman）试图通过流量分析来考察人们利用互联网到底在干什么，结果他发现，根据 2007 年 3 月的流量数据，"总体而言，大约 10.5% 的网络流量去了成人或色情网站，一个略小些的部分（9.6%）去了邮件服务，比如雅虎邮箱或 Hot-mail；7.2% 的流量去了搜索引擎；而只有 2.9% 的网络流量去了新闻和媒体站点"。⑤ 2013 年，中国学者高永亮对新浪、搜狐、网易三大门户网站主页的信息进行了分析，他发现，在各类信息中，生活消费类信息占比最高，三

---

① 于秀才等：《2014 年中国微信发展报告》，载唐绪军主编《中国新媒体发展报告 No. 6（2015）》，社会科学文献出版社 2015 年版，第 42—43 页。

② 《2016 年微信数据报告（完整版）》，今日头条网站，2016 年 3 月 24 日，http://www.toutiao.com/a6264270972040986882/。

③ ［美］马克·波斯特：《互联网怎么了？》，易容译，河南大学出版社 2010 年版，第 19 页。

④ 比如，互联网用户的性别差异基本上已经消除，根据 1999 年 7 月发布的第 4 次《中国互联网络发展状况统计报告》，当时男性用户占 85%，女性用户占 15%。到了 2017 年 1 月发布的第 39 次《中国互联网络发展状况统计报告》，中国网民的性别结构就已经趋向平衡，其中男性网民占 52.4%，女性网民占 47.6%。

⑤ ［美］马修·辛德曼：《数字民主的迷思》，唐杰译，中国政法大学出版社 2016 年版，第 80 页。

大网站的平均比例为 24.94％；其次为娱乐信息，占比为 14.51％；而新闻信息仅占 9.37％。① 这些数据表明，与早期研究者的预测和期待不同，人们利用互联网主要不是为了获取社会新闻和时政信息，而是为了消费和娱乐，政治流量在网络使用中只是非常微不足道的一部分。

再比如，早期很多研究者都认为，网络传播技术具有一种赋权（empowerment）效应，它允许人们主动抽取（push）他们想要的东西，而不再是被动地接收媒体巨头推送（pull）给他们的东西。同时，它允许人们自己生产内容，发出自己的声音，使新闻生产者和消费者之间的界限变得模糊。正如丹·吉摩尔（Dan Gillmor）所说："印刷媒体和广播是一对多的媒介；电话是一对一。现在，我们有了一种万能媒介：一对一、一对多、多对多，全都包办。几乎每个人都可以拥有数字印刷媒体，然后对全世界发表意见。"② 然而，就在这些乐观预测言犹在耳之际，另外一些研究却发现真实情况并非如人所愿。在某些情况下，公民记者确实可以产生一些影响，但这并没有从整体上撼动主要新闻机构在网络空间的主导地位。根据皮尤研究中心（Pew Research Center）提供的数据："互联网 80％的新闻和信息流向集中在排名前 7％的网站上。大多数网站（67％）受互联网时代之前'遗留下来的'新闻组织控制。另有 13％的新闻和信息是由内容聚合网站提供的。在这些顶级网站中，仅有 14％的网站只靠网上运营来生产大多数原生的报道内容。"③ 由此可见，在网络传播时代，人们主要的信息来源并没有发生根本性的变化，它们依然是由少数媒体巨头控制的。

即使在人人都可以发出声音的社交媒体领域，那种能够"对全世界发表意见"的乐观设想，也只存在技术上的可能。事实上，发出声音是一回事，有没有人听到并做出回应是完全不同的另一回事。如果仅仅满足第一个条件，普通网民的话语权并没有真正得以实现。哈佛商学院最近的一项调查发现，"10％的 Twitter 用户生产了 90％的内容，大多数用户只发过一条推文。

---

① 高永亮:《网络消费主义现象批判》，中国传媒大学出版社 2014 年版，第 92—93 页。

② ［美］丹·吉摩尔:《草根媒体》，陈建勋译，南京大学出版社 2010 年版，第 10 页。

③ ［英］詹姆斯·柯兰、娜塔莉·芬顿、德斯·弗里德曼:《互联网的误读》，何道宽译，中国人民大学出版社 2014 年版，第 19 页。

最热门的 10％ 的博文由名人或 CNN 之类的主流媒体主导。其他最新的统计数字显示，97％ 的推特用户的'粉丝'数量还不到 100 人，而布兰妮·斯皮尔斯（Britney Spears）的'粉丝'竟多达 470 万"。[①]

其实，这些数据与国内新浪微博的知名博主相比，还是小巫见大巫了，根据 2016 年 1 月 28 日查询得到的数据，演艺明星陈坤的新浪微博粉丝数已超过 7912 万，姚晨的粉丝数也超过了 7896 万，其他粉丝过千万的名人博主更是屡见不鲜。与此形成对比的是，香港大学的一项研究发现：57％ 的新浪微博用户的信息流上没有任何内容，表明这些是非活跃账户或由营销公司创建的所谓"僵尸号"。在约 1.2 万个时间轴中有帖子的账户中，7 天内 86.9％ 的用户没有发布原创内容，88.9％ 的用户没有回复过其他用户的帖子。发帖量超过 20 条的用户只占 0.5％。在非僵尸用户中，只有不到 5％ 的用户发布的帖子有用户回帖或被转发，这表明少数有影响力的用户带动了微博的人气。[②] 可见，在网络传播时代，即使每个人都能够平等地接入互联网并发出自己的声音，也绝不意味着所有人就此获得了平等的话语权。

因此，在开展网络传播研究时，我们要时刻警惕诸如此类的理论"陷阱"。从整体上看，早期的研究中常常弥漫着一种乐观情绪，它们强调网络传播的开放性、互动性、平等性等，认为这些技术特征将带来更广泛的知情权、更平等的参与机会，并在虚拟世界中建立起一个公共空间，从而激发人们的政治参与热情，为民主政治注入新的活力。然而，随着网络传播的发展，近来的一些研究则表明，这些结论很多都似是而非，经不起事实的检验，它们反映出的不过是现代历史上一再出现的关于新技术（尤其是新的信息传播技术）的迷思（myth）。

---

① 〔英〕詹姆斯·柯兰、娜塔莉·芬顿、德斯·弗里德曼：《互联网的误读》，何道宽译，中国人民大学出版社 2014 年版，第 145 页。

② 阳光：《华尔街：研究表明 57％ 新浪微博用户是僵尸》，搜狐网，2013 年 3 月 13 日，http://it.sohu.com/20130313/n368655208.shtml。

二　何为"迷思"

"迷思"是英文单词 myth 的音译,这个词又可翻译为"神话"。根据罗兰·巴特(Roland Barthes)的解释,神话是一种言说方式,凡归属于言语表达方式的一切就都是神话。[①] 在本书里,我们所说的"迷思"与此不完全相同,它是指在一项重大的新技术、新发明出现以后,人们根据其技术特点和潜能,对它将会产生的社会影响做出的预测。我们将会发现,很多时候这些预测都显得过于乐观。

早在 2004 年,加拿大传播学者文森特·莫斯可(Vincent Mosco)就出版了《数字化崇拜:迷思、权力与赛博空间》(*The Digital Sublime:Myth, Power, and Cyberspace*)一书,率先提出了在网络传播研究中存在的迷思问题。针对由网络传播技术引发的理论畅想,他提出:"电脑以及所谓的赛博空间世界体现并且推进了我们时代的重要迷思。根据这些迷思,电脑传播的力量将使得我们经历人类经验中划时代的转变,这种转变将超越时间(历史的终结)、空间(地理的终结)和权力(政治的终结)。"[②] 然而,回溯历史可以发现,这种"终结论"早已屡见不鲜,在报刊、电报、电话、广播、电视等信息传播技术出现以后,类似的论调都曾经喧嚣一时,让人对即将展开的人类历史心生憧憬,然而 100 多年过去了,当初人们所预想的"终结"或"断裂"并没有发生。

詹姆斯·柯兰(James Curran)提出,在 20 世纪 80 年代和 90 年代初期互联网刚开始出现时,它披着异见的浪漫外衣,带有强烈的反文化色彩;在 20 世纪 90 年代中期进入主流社会以后,它仍然保留了初期的那种奇异魅力,学者们对它极尽讴歌之能事。回顾历史可以发现:

[①] [法]罗兰·巴特:《神话修辞术:批评与真实》,屠友祥、温晋仪译,上海人民出版社 2009 年版,第 169 页。

[②] [加]文森特·莫斯可:《数字化崇拜:迷思、权力与赛博空间》,黄典林译,北京大学出版社 2010 年版,第 2 页。

这段历史和维多利亚时代报刊的早期历史（1850—1887）非常相似。彼时，自由派人士对报纸寄予厚望，他们相信，新印刷技术大批量生产的报纸大受欢迎，具有改变社会的力量。和早期的互联网历史一样，那时的报刊研究也在技术的祭坛前顶礼膜拜，报刊（Newspaper Press）的首字母也是大写。那些著作也谄媚吹捧，把大众报纸的兴起与理性、自由和进步联系在一起。①

然而，进入19世纪80年代以后，很多自由派人士逐渐认识到，大众报刊并没有像人们预期的那样成为理性和道德灌输的工具，相反，它们更多地反映了报刊控制者和读者的意向。于是，人们走出了在早期报刊研究中普遍存在的迷思，把首字母大写的"Newspaper Press"改为小写的"newspaper press"。

在广播出现以后，类似的迷思再次如约而至。根据文森特·莫斯可的追述，在20世纪20年代初期，人们普遍认为，广播是人类历史上最令人震惊的发明之一。美国无线电公司（Radio Corporation of America）主席詹姆斯·哈伯德（James G. Harbord）提出："我坚信，广播是人类在沿着时间斜坡前进的征途中所发明的最伟大的力量。自从古腾堡设计出他的简陋的木制活字印刷机从而使得印刷成为可能以来，将近五个世纪过去了，一直没有一项发明能够像这个时代的这个奇迹一样，如此密切地触及人类的利益与福祉。"很多观察家提出，在政治生活方面，广播将产生一种划时代的转变，使直接民主成为可能；由于广播使听众能够直接接触那些权势人物，这就找到了一种取消政治中间人的方法，在一定程度上恢复了共和政府赖以建立的希腊城邦式公众——不难看出，这与我们今天所熟知的关于网络传播的迷思是何其相似！然而，这种乐观情绪并没有维持多久，到了20世纪20年代末期，随着军事力量和大公司利益集团的介入，广播能否发挥积极作用已经让很多人产生了怀疑。1927年，曾经预言广播将创

---

① ［英］詹姆斯·柯兰、娜塔莉·芬顿、德斯·弗里德曼：《互联网的误读》，何道宽译，中国人民大学出版社2014年版，第42页。

造出一个民主新时代的《新共和》杂志抱怨道："宣传变得轻而易举，就像飞机掉头轰炸一样；其影响的范围也增加了。"广播的奠基人之一李·德弗里斯特（Lee de Forest）对广播的发展也深感失望，他的结论是，广播再也无法达到那种迷思的高度了，现在它只是"电离层的神仙们鼻孔里发出的恶臭"。①

由此可见，早在网络传播技术出现以前，我们今天所熟知的这套关于网络传播的迷思就已经一而再再而三地出现了，几乎每一项重大技术发明的出现，都会重新点燃人们畅想未来美好社会的热情，从而再次响起"终结论"的老调。尽管这些迷思最后都无一例外地破产了，但这并没有影响人们编织新的迷思的热情。"一代又一代，人们不断重复着同样的信念：无论他们如何看待先前的技术，最新的这一个都将使得根本性的、革命性的诺言成为现实。"② 这种近乎西西弗斯式的执着颇有些悲壮的意味，它反映出的与其说是新技术自身不可思议的潜力，不如说是人们对现实社会状况的种种不满，以及超越平凡生活的热切期望。

就网络传播的迷思而言，它的出现既与 20 世纪 90 年代西方民主政治面临的困境有关，又是由大众传播媒介的弊端逐渐暴露并引发人们越来越深重的忧虑造成的。在《数字乌托邦：从反主流文化到赛博文化》（*From Counterculture to Cyberculture：Stewart Brand，the Whole Earth Network，and the Rise of Digital Utopianism*）一书中，弗雷德·特纳（Fred Turner）考察了网络传播迷思建构的历史过程。

对于那些参与过言论自由运动的人，以及很多生活在 20 世纪 60 年代的美国人来说，计算机就是一项反人类的技术，它代表了集中式的官僚架构，它使社会生活理性化。但是，到了 20 世纪 90 年代，曾是冷战时期技术专家治国象征的机器又成为了其转变的象征。在越战结束 20 年，以及美国反主流文化运动开始消弭之际，计算机反而把反主流文化运动时

----

① ［加］文森特·莫斯可：《数字化崇拜：迷思、权力与赛博空间》，黄典林译，北京大学出版社 2010 年版，第 119—123 页。

② 同上书，第 7 页。

期曾提到的个人主义、协作社区，以及精神共融的梦想变成了现实。①

那么，这一吊诡的转变是怎么发生的呢？特纳提出，在这一过程中，以新公社主义为代表的美国反主流文化运动起到了重要作用。20 世纪 60 年代末，一些美国年轻人出于对现实社会的不满，选择了与"新左派"完全不同的反抗路径，他们远离政治，将技术和意识转变当成社会变革的主要来源，并在远离都市的山林里建立起数以万计的具有社会实验性质的公社，这些公社是基于人人平等的信念而建立起来的小型社区，强调成员之间的交流与协作。"到 20 世纪 70 年代中期的时候，返土归田运动的公社组织基本上都瓦解了。但是，当时人们理解的人之整体性，技术作为工具可以帮助人们实现整体性的愿景，以及一个由无形的信号联结起来的平等、和谐的社区的理想还是保留了下来。"②

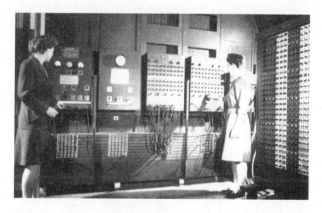

ENIAC（电子数字积分计算机的简称，英文全称为 Electronic Numerical Integrator And Computer）被视为世界上第一台计算机，它于 1946 年 2 月 15 日在美国宣告诞生。"ENIAC"长 30.48 米，宽 1 米，占地面积 170 平方米，30 个操作台，约相当于 10 间普通房间的大小，重达 30 吨，耗电量 150 千瓦，造价 48 万美元。

---

①　[美]弗雷德·特纳：《数字乌托邦：从反主流文化到赛博文化》，张行舟等译，电子工业出版社 2013 年版，引言，第 6 页。

②　同上书，第 267 页。

此后，他们在计算机和网络通信技术的最新发展中看到了实现这一理想的新希望：一方面，这时的计算机已经充分"小型化""个人化"了，从占满整个房间的大型机器变成了桌面计算机，键盘和电视机大小的显示器都被开发了出来；另一方面，通过在现有的大型计算机上使用分时技术，个人用户体验到了一种对计算机的完全控制，而不是相反的机器对人的绝对控制。这些发展，使计算机摆脱了早期的那种作为冷冰冰的巨型社会控制机器的隐喻，在新公社主义运动破产之后，为人与人之间实现平等交流和相互协作提供了新的可能。再加上《全球概览》（*Whole Earth Catalog*）、"全球电子连线"（Whole Earth'Lectronic Link，简称 WELL）和后来创办的《连线》（*Wired*）杂志的极力鼓吹，我们今天所熟知的这套由虚拟社区、赛博空间、平等交流等话语构成的网络传播迷思就被建构起来了。

三   "迷思"破产

任何一项新技术在刚开始出现的时候，都会有一段自由发展的时期，这也是研究者和新技术之间的"甜蜜期"，各种关于新技术的迷思大都产生于这个阶段。此后，由于新技术的影响力日益彰显，它们很快就会被权力和资本盯上，并为其所征用与殖民。网络传播技术也是如此，随着它逐渐向人显露出自己的庐山真面目，再加上权力和资本力量的介入，它很快就褪去了早期的浪漫色彩和神奇外衣，将各种弊端暴露在人们面前。很多人发现，它并不像当初人们所预测的那般美好，从而难掩失望和忧虑之情。

最早对网络传播技术的弊端做出深入反思的大概是美国作家马克·斯劳卡（Mark Slouka），在各种关于虚拟社区、赛博空间的迷思还甚嚣尘上之时，他就于 1995 年出版了《大冲突：赛博空间和高科技对现实的威胁》。在这本书里，他对凯文·凯利（Kevin Kelly）、约翰·佩里·巴洛（John Perry Barlow）等名噪一时的网络预言家的观点进行批驳。他以一个人文学者的敏感提出，赛博空间和高科技正给人类社会带来全方位的威胁，电脑、网络和虚拟现实技术正在制造一个"幻象的共和国"（republic of illusion），它模糊了自我与他人、真实与幻想之间的界限，发挥着类似于迷幻药的作用，使人陷入一种精神分裂状态，并对人类的伦理道德、生活空间、社会构成和人们对现实的感知构成严重威胁。在他看来，"不经过媒介而抵达我们的现实，从根本上来说，是民主政治的基础；我们用各自特有的微妙方式感知世界，这种多样性既是我们独立的基石，也是对抗独裁主义的屏障"①。而在虚拟世界中，我们面对的大多是预先包装好的信息和二手资料，长此以往，我们将越来越害怕直面赤裸的现实，从而陷入一种相互隔离的状况，并为技术和技术后面的人对人进行控制留下了可乘之机。

美国政治学者本杰明·巴伯（Benjamin Barber）曾经也是网络传播迷思的信奉者和编织者之一。早在信息技术的婴儿期，他就热情洋溢地提出：当代民主政治面临的主要问题之一是大众社会和它所带来的规模问题；而规模问题实质上就是通信问题，解决了通信问题，规模问题就迎刃而解了。随着现代电信技术的发展，人们将可以平等地获取信息，并参与远程的讨论和辩论，在那些不能实现直接交流的民众间创造出人造的"镇民会议"，从而服务于他所推崇的"强势民主"（strong democracy）。然而，在 20 年后的 2003 年，他却一改前言，否定了自己当初的判断。他认识到："新技术的某些特征并不能很好地服务于强势民主。例如，它们快得惊人的速度和瞬时到达的特性通常妨碍和危及到民主协商，因为作出理性的、民主的决议恰恰是一个费时的、深思熟虑的过程。通过网络的瞬时投票表决绝不是强势民主所开出的处方，而是公民投票表决的暴政。"② 比这些实际问题更麻烦的是，今天的通信部门已经越来越市场化和商业化了，这使它的民主潜力和公共性在实践中大打折扣，"今天，网络生活的主导形式既不是公共生活的也不是民主生活的，而是商业性的。网络类似于一个实际上的购物中心，也就是说，它甚至连那种在私人商业社区购物中心所具有的最少量的公共特征也在支持私人消费世界的过程中消失得无影无踪"③。事实表明，网络传播技术并没有按照

---

① ［美］马克·斯劳卡：《大冲突：赛博空间和高科技对现实的威胁》，黄锫坚译，江西教育出版社 1999 年版，第 198 页。

② ［美］本杰明·巴伯：《强势民主》，彭斌、吴润洲译，吉林人民出版社 2010 年版，二十周年纪念版序言，第 6—7 页。

③ 同上书，第 7 页。

当初人们预期的方向发展,这使它不仅不能解决强势民主存在的问题,反而变成了对抗强势民主的力量。

近些年来,越来越多的学者开始对曾经在网络传播研究中盛行一时并影响至今的迷思进行反思,从不同角度指出了互联网给当代社会带来的负面影响。在《网民的狂欢:关于互联网弊端的反思》(*The Cult of the Amateur*:*How Today' Internet Is Killing Our Culture*)一书中,安德鲁·基恩(Andrew Keen)将各种关于Web2.0革命的许诺称为"大诱惑"(the great seduction),并认为这一切都是不切实际的幻想。真实的情况是,Web2.0革命抹平了专业人士和业余者的区别,带来了芜杂的信息环境,破坏了真理的标准和人与人之间的信任,在这个缺少专业编辑和评论家的世界里,人们越来越不知道应该相信什么,应该信任谁。其结果便是,只有那些声音最大、最固执己见的人才能胜出,只有那些通过冗长的发言来阻止别人发言的人才能胜出。①

尼古拉斯·卡尔(Nicholas Carr)在《浅薄:互联网如何毒化了我们的大脑》(*The Shallows*:*What the Internet Is Doing to Our Brains*)中提出,印刷图书能够让人进入一种聚精会神的状态,从而促进了深度思考和创造性思维的发展;而互联网却鼓励人们蜻蜓点水般地从多种信息来源中广泛采集碎片化的信息。长此以往,我们将丧失专注能力、沉思能力和反省能力,变得越来越浅薄。②

20世纪90年代中期,美国心理学家雪莉·特克尔(Sherry Turkle)也是一个技术乐观主义者,她曾经提出,网络化生存有利于个体身份认同的形成,并鼓励人们探索多重自我。③但在2011年的新书《相聚却孤独:为什么我们更多期待技术而不是彼此》(*Alone Together*:*Why We Expect More from Technology and Less from Each Other*)中,她却开始警惕当代社会中

---

① 〔美〕安德鲁·基恩:《网民的狂欢:关于互联网弊端的反思》,丁德良译,南海出版公司2010年版。

② 〔美〕尼古拉斯·卡尔:《浅薄:互联网如何毒化了我们的大脑》,刘纯毅译,中信出版社2010年版。

③ Sherry Turkle, *Life on the Screen*:*Identity in the Age of the Internet*, New York:Simon & Schuste, 1997.

人际交往方式的变化，即面对面交往的减少，以及与之相应的借助于电子邮件、社交媒体等技术手段的交往越来越多。在她看来，这种以数字技术为中介的交往反映了人们对社会联系的渴望，但它却是病症，而不是药方，这种交往不仅不能取代现实的情感联系，还会带来新的孤独，并使人丧失独处的能力。①

在《信息乌托邦：众人如何生产知识》《极端的人群：群体行为的心理学》《谣言》等一系列著作中，凯斯·R. 桑斯坦（Cass R. Sunstein）也提出了"信息茧房"（information cocoons）、"群体极化"（group polarization）等一系列概念，对网络传播技术在信息生产和人际交往方面蕴含的弊端进行反思。②

如前所述，弗雷德·特纳在《数字乌托邦：从反主流文化到赛博文化》中分析了网络传播迷思在历史上是如何建构起来的。文森特·莫斯可的《数字化崇拜：迷思、权力与赛博空间》则提出，网络传播的迷思在历史上并不新鲜，它不过是"新瓶装旧酒"而已。因此，它所包含的那些不断重复的老调并不足信。在 2014 年出版的《互联网的误读》一书中，詹姆斯·柯兰根据最新的观察提出：当初很多人曾经设想网络传播技术将会促进全球理解、推广和振兴民主、变革经济、开启新闻业的复兴等，但事实证明，这一切都没有实现。即使是近年来一些人津津乐道的发生在阿拉伯地区的所谓"Twitter 革命"和"Facebook 革命"的说法，也是站不住脚的。实际上，这些国家的起义是数十年来社会不满情绪和政治异见发酵的结果，传播技术并不是点燃抗议怒火的特别重要的原因。③

在《数字民主的迷思》一书中，马修·辛德曼也检验并质疑了各种关于网络传播的迷思，不同的是，他的结论主要不是来自个人观察或理论推演，而是建立在对互联网基础结构的揭示以及大量的图表和数据分析之上，因此

①　Sherry Turkle, *Alone Together：Why We Expect More from Technology and Less from Each Other*, New York：Basic Books, 2011.

②　［美］凯斯·R. 桑斯坦：《信息乌托邦：众人如何生产知识》，毕竞悦译，法律出版社 2008 年版；凯斯·R. 桑斯坦：《极端的人群：群体行为的心理学》，尹宏毅、郭彬彬译，新华出版社 2010 年版；凯斯·R. 桑斯坦：《谣言》，张楠迪扬译，中信出版社 2010 年版。

③　［英］詹姆斯·柯兰、娜塔莉·芬顿、德斯·弗里德曼：《互联网的误读》，何道宽译，中国人民大学出版社 2014 年版，第 60 页。

更具有说服力。他的一个核心主张是:从大众政治的视角看,重要的不是谁发布了信息,而是谁被阅读了;在赛博空间中表达或许很容易,但想要被听见却难之又难。因此,普通网民即使获得了表达的权利,但由于缺少受众,其真实的影响力也是微乎其微的。根据互联网的基础结构,并非所有的选择都是平等的,互联网政治内容的可见度遵循着"赢家通吃"的模式,即少数一些网站始终排在搜索结果的前列,因而被大量访问;而另一些网站则从来都没有被搜索引擎索引过,因而乏人问津。大量统计数据也表明:"网络受众的集聚程度要等于或超过绝大多数传统媒体中的受众集聚度"①。因此,互联网并没有消除政治生活中的排他性(exclusivity),只不过,它将排他性的障碍从生产环节转移到了过滤环节,这使得虽然每个人都可以生产在线内容,但大多数在线内容都很难获得链接、吸引不了眼球,并且只具有极小的政治关联度。

在辛德曼看来,我们不能笼统地说互联网是有利于民主,还是损害了民主,真实的情况是,它以一些民主价值为代价强化着另一些民主价值。从最显而易见的层面看,互联网最为突出的政治效果表现在它曝光丑闻的能力上,人们通常所津津乐道的借助于强大的网络舆论力量影响事件进程的案例,大多与丑闻有关。但是,"丑闻并不构成某些理论家们视为关键性协商论证(central justification for deliberation)的那类道德讨论。原因之一在于,它们通常并不涉及那些棘手的道德争执领域"②。因此,虽然互联网经常以曝光丑闻的方式实现舆论监督的功能,但它对民主政治的贡献并不像人们想象的那么大。况且,这些丑闻通常也都是由那些能够有效利用互联网的精英们曝光的,甚至时常成为他们操控社会舆论的工具,在这一过程中,互联网并没有赋予普通网民什么权力。

在以上这些研究成果出现以后,笼罩在网络传播上的迷思渐次散去了,如今,已经很少有人再相信早期那些巫师般的预言了。在走出网络传播的迷思之后,很多人发现,我们又陷入了不知所从的窘境——几乎在关于网络传

---

① [美] 马修·辛德曼:《数字民主的迷思》,唐杰译,中国政法大学出版社2016年版,第22页。

② 同上书,第179页。

播的社会影响的任何一个具体问题上，都同时存在着大量乌托邦观点和反乌托邦观点，① 这些观点相互对立，但都言之有据，让人不知道该相信哪一方。在这种背景下，我们要做的不是和稀泥似的折中与调和，而是将网络传播纳入到具体的社会环境中进行考察，并将它与民主政治的关系这一复杂的问题进行分解，找到合适的提出问题的方式。

四　走向公共性研究

自诞生之日起，网络传播技术与民主政治之间的关系就是一个最能激发研究者热情和兴趣的话题，"电子民主"（electronic democracy）、"网络民主"（cyber democracy）、"数字民主"（digital democracy）等一系列概念相继被提出，这些概念无不暗示，在网络传播技术与民主政治之间存在着毋庸置疑的积极联系，互联网不仅为民主参与提供了新的技术手段和可能，而且将重塑民主政治的前景和未来，推动世界范围内的民主化转向。

然而，正如娜塔莉·芬顿所说："当代互联网本身并不等于民主。在当代互联网与社会复杂的关系里，既有潜在的民主形成机制，也有潜在的反民主形成机制。"② 辛德曼也认为，笼统地主张互联网的好处，是很难被反驳的；就它与民主政治的关系而言，我们也很难做出一个非此即彼的判断，事实上，它正以一些民主价值为代价，强化着另一些民主价值。这也就意味着，在网络传播技术和民主政治之间，存在着相当遥远的距离，不仅受到一系列复杂的中介因素的影响，还受制于特定的社会环境。比如，郑永年就提出，互联网在中国发挥的主要作用之一就表现在它使基于互联网的集体行动大量出现，这些集体行动促进了政治的自由化，使政权变得更加开放、透

---

① 基于这种状况，美国学者詹姆斯·E. 凯茨、罗纳德·E. 莱斯提出了"双面乌托邦"（syntopia）一词，用以整合在互联网使用的社会影响问题上存在的各种乌托邦观点和反乌托邦观点。在他们看来，"互联网是人们进行互动、表达自己、表露感情和寻找新朋友的地方。它也是人们制造伤害、产生欺骗以及利用他人的地方"。参见 ［美］詹姆斯·E. 凯茨、罗纳德·E. 莱斯《互联网使用的社会影响》，郝芳、刘长江译，商务印书馆 2007 年版，第 6 页。

② ［英］詹姆斯·柯兰、娜塔莉·芬顿、德斯·弗里德曼：《互联网的误读》，何道宽译，中国人民大学出版社 2014 年版，第 193 页。

明、负责任。但迄今为止,它却没能触发政治的民主化进程。这是因为,"民主化需要一个结构上的变革,但是自由化不需要。自由化可以在现有的政治框架内发生"①。因此,直接考察网络传播技术与民主政治之间的关系,并不是一个恰当的提出问题的方式。

在当前的网络传播研究中,哈贝马斯的公共领域理论是另一个常被使用的分析工具。根据哈贝马斯的定义:

> 公共领域是介于国家与社会之间进行调节的一个领域,在这个领域中,作为公共意见的载体的公众形成了,就这样一种公共领域而言,它涉及公共性的原则——这种公共性一度是在与君主的秘密政治的斗争中获得的,自那以后,这种公共性使得公众能够对国家活动实施民主控制。②

在哈贝马斯那里,18世纪在西欧发展起来的咖啡馆、沙龙、酒吧等是公共领域的原型。然而,在当代社会中,这些实体性公共空间的性质已经完全改变了,如今,咖啡馆、酒吧等虽然还大量存在且人气兴旺,但它们已经不再是一个供人交换信息和讨论公共事务的地方,而是变成了一个供人窃窃私语或安静发呆的地方。这就是理查德·桑内特所说的"死亡的公共空间"(dead public space)③,也是齐格蒙特·鲍曼所说的"公共的但不文明的地方"(public,but not civil space)④。在这种背景下,很多理论家都充满善意地期待,网络虚拟社区将取代实体性公共空间的功能。早期人们经常用沙龙、咖啡馆、论坛等来命名网络虚拟社区,不难看出,所有这些命名都是公共领域的重要隐喻,它们反映出人们对公共领域复兴的殷切期待。

然而,随着网络传播越来越深入融入人们的日常生活,网络虚拟社区与公共领域理论之间的错位也变得越发明显。不管是在阿伦特那里,还是在哈

---

① 郑永年:《技术赋权:中国的互联网、国家与社会》,邱道隆译,东方出版社2013年版,第107页。
② [德]尤尔根·哈贝马斯:《公共领域》,汪晖译,载汪晖、陈燕谷主编《文化与公共性》,生活·读书·新知三联书店1998年版,第126页。
③ [美]理查德·桑内特:《公共人的衰落》,李继宏译,上海译文出版社2008年版,第13页。
④ [英]齐格蒙特·鲍曼:《流动的现代性》,欧阳景根译,上海三联书店2002年版,第164页。

贝马斯那里，公共领域理论都建立在对"公共"和"私人"的严格区分之上。自古希腊以来，这种区分有悠久的传统，甚至可以视为西方文明的一块基石。而网络虚拟社区却打破了这种区分，它既不完全是一个公共空间，也不完全是一个私人空间，而是呈现出公共性和私人性相混杂的特征。尤其是在各种社交媒体出现以后，网络传播的私人性特征得到进一步突显，对于很多人来说，Facebook、微博、微信等就是一种私人性的社交媒介，满足的是他们展示自我、表达个人情感的需求。与此同时，网络传播又毫无疑问地具有一种公开性，能够被其他人看到和听到，通过一系列机缘巧合，在个人社交平台上发布的信息甚至可以传遍千里，引起轩然大波。正如有学者描述的，它们"类似于一个敞开大门的私人房间，保留着通往公共场所的通道，却依然带有私人活动的深刻印记"①。

当前，很多网络事件都是由网络传播公共性和私人性相混杂的特征造成的。比如，2011年2月，汕头市中医院医护人员李某在个人微博上称："测试人品的时刻到了，有个病人的血压在往下跌，半夜极有可能得起床收尸。我未雨绸缪，殡仪馆的电话也问好了，但还是希望她能顶过今晚，这大冷天的，我暖个被窝也不容易，您就等我下班再死，好不？"这条微博一经传开，立即激起众怒，人们纷纷指责博主缺乏职业道德，冷血无情。最后，院方做出决定：对李某进行严厉批评教育，停止李某的处方权，并调离临床岗位。2012年12月，维珍航空公司两名中国籍空姐利用微博发表评论，吐槽自己公司推出的"精致餐食"服务，认为"东西少，又难吃，光改餐具有什么用？"结果遭到公司解雇。两位空姐不服，上诉到法院，而法院判决也支持了公司的解雇决定。2013年7月，女歌手吴虹飞在个人微博中声称："我想炸的地方有，北京人才交流中心的居委会，还有××的建委……"此后不久，她也意识到自己的言论不妥，立即删除了这条微博，并另发了一条微博："我想炸——北京人才交流中心的居委会旁边的麦当劳——的鸡翅、薯条、馒头。"似乎想为自己的不当言论做补救，但为时已晚，第二天她就被北京警方带走。在强大的舆论压力下，吴虹飞受罚较轻，最终因发布威胁言

① 刘津：《博客传播》，清华大学出版社2008年版，第23页。

论被行政拘留 10 天，罚款 500 元。

　　不难发现，这些网络事件的共同之处在于，当事人都把微博、微信等社交媒体完全当成了私人空间，没有意识到它可能产生的公共后果，结果引火上身，付出了惨重代价。可以设想，如果这些内容不是出现在互联网上，而是出现在私人聚会场合，人们会很自然地把它们理解为熟人之间的调侃和吐槽，虽不一定认同这种说法和想法，但终归是无伤大雅的，更不会成为公共讨论的话题。这些事件凸显出的共同问题是：一方面，网络空间不完全是一个私人空间，人们的一言一行随时都可能昭示天下——即使在社交媒体上也是这样。因此，人们不得不考虑自己在网络上的言行可能产生的公共后果；另一方面，这些事件一再出现也提醒我们，网络空间也不完全是一个公共空间，我们不能要求所有人时刻都谨言慎行。对于互联网管理者来说，这点尤为重要，即不能完全把网络空间当成公共空间来对待和治理，要求所有的发言都必须言之有据、言之成理。否则，几乎所有的网络吐槽和调侃都可以上纲上线，人们在私人场合的牢骚和抱怨也随时可能曝光于网络。很显然，这不仅会在网络空间中造成一种"寒蝉效应"，还将摧毁现实社会中的人际信任，造成人人自危的社会氛围。

　　由此可见，网络传播扰乱了公共和私人之间的清晰界线，动摇了公共领域理论的基础。基于此，有学者提出，对于网络传播研究来说，公共领域理论并不是一个合适的分析工具。比如，马克·波斯特直言不讳地提出，哈贝马斯提出的公共领域得以形成的条件，如稳定的主体身份、面对面的交谈、共享的空间等，在当今这个电子政治时代已经彻底被推翻了，在考察网络政治空间时，我们应该抛弃公共领域概念。① 皮特·达尔格伦（Peter Dahl-gren）认为，哈贝马斯的公共领域概念建立在政治协商观念之上，而他所理解的协商完全是理性化的，必须严格遵从客观、透明的对话原则。在分析网上的政治对话时，这一概念的理性偏向使它的适用性变得十分有限，我们应该用"公民文化"概念补充和取代它。②

---

① Mark Poster, *What's the Matter with the Internet*, The University of Minnesota Press, 2001, p. 182.

② Peter Dahlgren, *Media and Political Engagement: Citizens, Communication, and Democracy.* Cambridge University Press, 2009, p. 91.

约翰·B. 汤普森（John B. Thompson）也认为，公共领域的思想对 20 世纪晚期的环境大体上是不适用的，其原因有二：第一，新的传媒已经改变了现代社会中互动、交往和信息扩散的条件，"公共领域原来的思想，联系到作为印刷的媒介，以及联系到在一个共同的实体环境内进行面对面互动的行为，不能直接应用于新技术媒体发展所产生的条件"①。第二，公共领域的思想认为，个人通过原则上向所有人开放的自由、平等的辩论而使个人意见成为舆论，并最终影响决策。汤普森认为：

　　这种看法，不论其对 18 世纪政治生活可能有多大适用性（或许比哈贝马斯所提的程度要少得多），却远离 20 世纪晚期的政治现实和可能性。当然，在社会生活的许多领域中，个人可以在决策过程中起较大作用，可能有这种情况：在这些过程中增加参与会便于形成哈贝马斯所谓的"舆论"。但是，在全国和国际政治层次，以及在大规模民间与商业组织行使权力的高层，很难看出参与性意见形成的思想如何能以任何重要的方式来实施。我们至多能希望的是：有关强有力的个人或组织的活动信息能更多扩散，能有更多样化的扩散渠道和更强调建立一种机制来使这些活动通过它而负有责任并得到控制。在我们今天生活的世界里，仅仅是决策过程的规模和复杂性就限制了它们能以参与性方式组织的程度。因此，公共领域原来的思想就其联系到参与性意见形成的观念而言，在今天的适用性是有限的。②

在汤普森看来，大众传媒尤其是电视的发展，改变了人们参与公共事件的条件和方式，也改变了公共性的性质，如今，公共性越来越多地与大众传媒提供的"可见性"（visibility）联系在一起。因此，哈贝马斯的公共领域概念已经不适用了，我们应该着力考察这种"媒介化的可见性"对当今社会意味着什么。

---

① ［英］约翰·B. 汤普森：《意识形态与现代文化》，高铦等译，译林出版社 2005 年版，第 132 页。
② 同上。

中国学者胡泳也提出:

> 互联网能不能作为公共领域而存在? 根据对互联网多年实践的观察,网络上实际出现的不是哈贝马斯式的咖啡馆,而毋宁说更像数字化的超级市场:丰富的菜单、定制的信息、娱乐化的服务、"我的日报"或"我的频道"。这种状况并不符合哈贝马斯所津津乐道的"理想言语情境",发言者的主体身份就是可以的。传统上,一个人的身份会强行带来稳定和责任,使信任得到发展。然而,互联网允许人们改换身份,异议由此得到鼓励,而这种网上的异议很难导致共识:它产生的是大量的不同意见。①

所有这些说法都提出一个共同的问题,即如果把公共领域视为一个历史性概念,那么,它在 18 世纪的西欧得以形成并发挥作用的条件如今已经完全被推翻了;如果把公共领域当成一个规范性概念,那么,它的理性偏向以及过于严格的规范要求限制了它的适用性,如果用公共领域的标准来衡量,互联网上的政治讨论大都是不合格的、让人失望的。由此,我们不免得出悲观的结论,并导致对网络传播的积极意义的忽视。

再者,网络传播对当代政治生活的影响是多方面的,绝不仅仅局限于为政治讨论提供了一个新的空间和平台,并形成了各种各样的类似于公共领域的虚拟社区,它至少还包括以下几个方面:提供更加丰富和多样化的信息、支持跨地域的分享和协作、培养公民参与的意识和技能等。因此,在考察网络传播的政治影响时,我们选择使用"公共性"概念,以取代"公共领域"概念。正如有学者提出的,传媒的公共性应该成为传媒研究的核心问题,对于独立性和交互性更强的网络传播来说,就更是如此。"所谓传媒的公共性,即是指传媒如何可以成为社会开放、平等、理性的平台,如何可以让公共利益通过商议而得到体现。"② 在这方面,网络传播有别于传统大众传媒的特

---

① 胡泳:《网络政治:当代中国社会与传媒的行动选择》,国家行政学院出版社 2014 年版,第 69 页。
② 邱林川、陈韬文主编:《新媒体事件研究》,中国人民大学出版社 2011 年版,第 316 页。

点，使它表现出更强的公共性。

在西方历史上，"公共"和"私人"是一对复杂的概念，其内涵始终处在流变中。在这里，我们主要采用汉娜·阿伦特（Hannah Arendt）对"公共"概念的界定。根据她的理解，"公共"一词有两层含义：第一层含义是公开性，即"任何在公共场合出现的东西能被所有人看到和听到，有最大程度的公开性"[①]。就此而言，它与私人事务的隐蔽性相对。第二层含义是指"世界"本身，它是所有人共同拥有的、与所有人相关的，不同于每个人在世界中各自拥有的私人处所。需要提出的是，在阿伦特那里，"世界"一词有特殊的含义，"这个世界不等于地球或自然，后者作为有限空间，为人类活动或有机生命的存在提供了一般条件。与世界相关的是人造物品，人手的产物，以及在这个人为世界中一起居住的人们之间发生的事情"[②]。也就是说，"世界"是由人造物品和人类事务构成的，它就像一张桌子一样将人聚拢到一起，同时又将人彼此分开——因为围坐在一起的人面对的是同一张桌子，所以他们之间才有了联系的纽带，并有了对话的基础和可能；又因为每个人在桌子周围占据的位置是各不相同的，观察的角度是各不相同的，所以才有了对话的必要。

在阿伦特看来，"公共"的这两层含义应该是统一的——在理想的状况下，在公共场合出现的东西应该就是那些关乎我们共同生活的这个世界的、与所有人相关的东西；而那些只关乎个人的东西，则应该严格限制在私人领域的幽暗地带。反过来说，那些关乎我们共同生活的这个世界的、与所有人相关的东西，也都必须在公共场合得到呈现、讨论和裁决，必须能被所有人看到和听到。按其本性来说，公共事务就应该得到公开显现；而私人事务则必须隐藏起来。二者应该各安其所，不能相互逾越。

如果将公共事务隐藏起来，避开公众的目光和谈论，其危害性是不言自明的，我们通常所说的政治活动的黑幕化、暗箱化、潜规则化，就是这方面的典型。同样，私人事务即使获得了公开显现，能被所有人看到和听到，也

---

① 　[美]汉娜·阿伦特：《人的境况》，王寅丽译，上海世纪出版集团 2009 年版，第 32 页。

② 　同上书，第 34 页。

并不意味着它就可以化私为公，成为公共事务。比如，相亲、育子、家装等都是典型的私人事务，即使它们借助于电视、网络等传播媒体获得了最大程度的公开性，甚至成了所有人共同关心和谈论的话题，也并不意味着它们就获得了公共性，成了公共事务。不仅如此，私人性的东西一旦获得公开显现，不仅会造成自身的腐坏和变质，还会给公共空间带来污染和损害。比如，爱和善都是私人性的，都应该隐藏起来，如果拿出来公开展览，那它们就变质了，不管是公开秀恩爱，还是公开做慈善，都已经远离了爱和善的本来意义。当公共空间中充斥着各种明星八卦、艳照绯闻时，它的公共性也就大打折扣了。

从公共性的角度看，网络传播带来的最大变化是，它为各种事务的公开曝光提供了前所未有的便捷通道，如今，不管是公共事务还是私人事务，都已经很难在隐蔽处秘密地进行。这种变化的弊端主要表现在：一方面，它增加了个人信息泄露的风险，并带来新的伦理和道德问题，比如人肉搜索、网络暴力等；另一方面，它也使各种私人事务充斥于网络空间，从而遮蔽了人们本应该关注的公共问题。比如，今天的明星隐私已经不完全依靠"狗仔队"去挖掘了，很多时候都是明星自己主动曝光以博取关注，这势必造成公共空间的娱乐化和无聊化。与这些弊端相比，网络传播带来的积极变化无疑是更主要的方面——它在增加私人信息曝光机会的同时，也使各种公共事务越来越难以在隐蔽处进行，这就增加了公共事务的透明度，并通过"倒逼"的方式促进了政治活动的规范化。

与此同时，网络传播还通过将公共事务"去蔽""去魅"的方式，促进了公民文化的发展。加布里埃尔·A. 阿尔蒙德（Gabriel A. Almond）、西德尼·维巴（Sidney Verba）提出：民主政治最重要也是最困难的任务之一是，维持政府权力与政府反应性之间的适当平衡。一方面，政府领导人要以某种方式回应公民的愿望和要求，这就要求公民积极地参与政治，表达诉求，给领导人施加压力；但另一方面，一个政治制度要想有效运行，还必须具备某些机制，使政府官员得到授权，做出权威性决策，这又要求对普通人的参与、积极性和影响力加以限制。因此，公民的政治参与并不是越积极越好，也不是越多越好，而是应该在积极性和消极性，参与和不参与之间维持恰当的平衡。在成熟的公民文化中,"公民不是一个经常性的政治行为者。他在政治组织中很少是积极的。但是,在他认为有必要的时候,他能够调动他日常所在的社会环境为政治所用。他不是一个积极的公民:他是一个潜在积极的公民"①。从这个角度看,虽然网络传播未必激发出了全民政治参与的积极性,但它无疑通过提供多样化的信息和观点、培养分享和协作的精神、锻炼参与和表达的技能等方式,促进了公民文化的发展,有了这种文化,公民就可以在他们认为有必要的时候,成为积极的参与者。

五 中国的网络传播研究

作为互联网后发展国家,中国的网络传播研究也经历了与西方相似的历程。早期,由于接入成本和技术门槛的限制,互联网只是少数社会精英分子获取信息的一种工具,它作为社会参与和政治讨论平台的潜力还没有发挥出来。根据 1998 年 7 月发布的第 2 次《中国互联网络发展状况统计报告》:截至 1998 年 6 月 30 日,我国上网用户数为 117.5 万,其中大学本科以上文化程度占 58.9%,中专或大专文化程度占 34.2%,中专以下文化程度仅占 6.9%。② 此时,对于很多用户来说,互联网只是提供了一种新的信息来源渠道而已。从 2003 年开始,随着"非典""孙志刚事件""黄静裸死案"等一系列社会事件的出现,互联网在获取信息、组织讨论、形成舆论方面的巨大优势和潜力才真正显现出来。因此,2003 年常被称为中国网络舆论元年。此后,网络传播与政治之间的关系成为学者关注的重点,很多中国学者都借用哈贝马斯的公共领域理论,使用"网络民主""数字民主"等概念,寄希望于一种新型公共领域在网络虚拟空间中的诞生,并由此推动中国

① 〔美〕加布里埃尔·A. 阿尔蒙德、西德尼·维巴:《公民文化:五个国家的政治态度和民主制度》,张明澍译,商务印书馆 2014 年版,第 348 页。

② 中国互联网络信息中心:《中国互联网络发展状况统计报告 (1998/7)》,中国互联网络信息中心网站,1998 年 7 月 1 日,http://www.cnnic.net.cn/hlwfzyj/hlwxzbg/200905/P020120709345373784718.pdf。

社会的民主化进程。

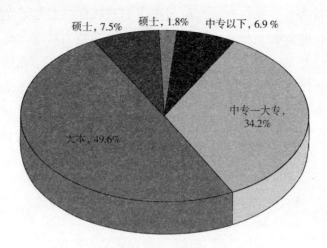

1998 年互联网用户文化程度分布图

资料来源：第 2 次《中国互联网络发展状况统计报告》。

　　在这种心态影响下，中国的网络传播研究也呈现出明显的迷思倾向。在每一种新媒体形式出现以后，都会有学者将它的传播特点与公共领域理论进行仔细比对，并得出公共领域即将在网络空间横空出世的结论。比如，在BBS 的社会影响力逐渐显露以后，就有学者将 BBS 视为中国公共领域的曙光，认为 BBS 具有平等、开放、关注社会热点、自由等特点，它让人们可以通过不见面的方式交换意见，交流思想，实现沟通。"在实体社会的公共领域有待发展的时候，BBS 作为电子空间的公共领域，已经成为形成公共舆论的一种重要手段，在公共社会生活中发挥着特殊的作用。"①

　　在博客出现以后，很多学者都认为它向理想的公共领域又迈进了一步。比如，有学者提出，BBS 往往按照专题来划分，对于网民来说，一会在这个论坛里灌水，一会又到了其他论坛里，他参与讨论的形式极其松散，再加上匿名，很可能更随意；而博客则弥补了这些缺陷，更有利于塑造有独立人格的公众。此外，BBS 中有网管、版主、资深网民、普通网民等不同的等级，

---

① 陈洁：《BBS：中国公共领域的曙光》，《中国青年研究》1999 年第 5 期。

他们之间话语权的大小是不同的；而博客则消除了用户的等级差别，使每个人都可以拥有自己的主页，可以对自己的博客进行编辑、设置、管理。因此，如果说传统媒体带来了公共领域的萎缩，那么博客则有扩大公共领域、"收复公共失地"的潜力。①

在微博出现以后，又有不少学者提出，在实现平等的话语权、建构公共领域方面，微博比博客更有优势，更值得期待。这主要是因为，使用博客的门槛较高，不是每个人都具有长篇大论的能力，这使得很多人即使开通了博客，也很快就因为缺少关注而懒于更新。相比而言，微博的篇幅更加短小，既不需要完整、系统的内容，也不需要深刻的思想，每个人都可以把自己的所见所闻、所感所想随时发布出去，这就降低了对用户文化程度和知识素养的要求。同时，微博还具有发布途径多样、操作简单、交互性强等特点，更有利于激发全民的参与热情。2010年被称为"微博元年"，在这一年，很多公共事件最初都是由微博平台曝光的，微博也成为人们参与公共讨论的主要平台，基于此，有人甚至提出"关注就是力量，围观改变中国"的口号。

学者胡泳提出，在不同社会中，互联网发挥的作用是不同的。在那些享有充分的政治自由的国家里，互联网只是为政治活动提供了信息传播和动员的又一个有效出口而已。

> 而在政治自由有限的国家中，互联网拥有相对较大的民主潜力。在这些国家里，互联网不只是在传统媒体之外的信息传播和动员的又一个出口，当其他出口被阻塞或被缩紧时，互联网以其有效性和灵活性，成为促使政治更加具有公共性、更加民主的工具。就中国而言，这种工具并不能保证政治的民主转变，但它在帮助普通公民发出自己的声音、从而建立中国的公共领域方面发挥了重大作用。②

---

① 李蕉：《博客：收复公共失地——兼论公共领域的实现》，《学术界》2007年第3期。
② 胡泳：《众声喧哗：网络时代的个人表达与公共讨论》，广西师范大学出版社2008年版，第330页。

还有学者提出:"对于中国民主政治来说,互联网更具特定的政治含义。互联网打破了一些制度性障碍,激活了公民的参与热情,同时还改变了政府与公民之间的作用方式,在某种程度上,互联网在中国的政治功能已经超出了一个媒介本应该承受的范围。"① 在这种背景下,新技术的迷思再加上对中国特殊社会语境的清醒认识,使中国的网络传播研究在相当长一段时间内为一种乐观情绪所激荡,"网络公共领域""网络民主""网络抗争"等成为人们热衷于讨论的话题。

然而,随着网络传播的各种弊端日益显现,以及政府对互联网管控的加强,越来越多的学者开始一分为二地评价网络传播,并着重纠正早期研究中普遍存在的迷思。有学者提出:"犬儒化、近乎偏执的道德理想主义、非理性、公共事件的娱乐化消费等一直与网络公民的政治参与形影相随,网络政治的这种特点使得以网络公共领域为雏形的中国公民社会构建成为一个异常复杂的课题。"② 还有学者提出,当前中国网络传播中的公共性正在流失,具体表现为:网络"抱团"现象严重;网上讨论的娱乐化、私密化;人肉搜索、网络暴力、虚假信息层出不穷;商业和行政势力的过度干预;线上行为和线下政府行为不同步;技术和经济壁垒导致的数字鸿沟;等等。③ 显然,这些都是当前中国网络传播中真实存在并日渐突出的问题,绝非无中生有。

如此一来,我们就又一次陷入了两难境地:一方面是网络传播技术潜藏着的诸多可能,尤其是在中国社会语境中;另一方面是它显现出来的无可置疑的糟糕表现,面对这种相互矛盾的状况,我们该如何取舍?在笔者看来,目前我们要做的就是超越迷思,对那些人们已经不假思索地接受下来的结论进行重新审视,这些似是而非的结论既包括早期的那些乐观的迷思,也包括后来出现的一些悲观的与实际状况不符的理论推演。

比如,经常会有人说,网络传播不再是那种一对多的"广播"(broad-

---

① 郭小安:《网络民主的可能与限度》,中国社会科学出版社 2011 年版,第 138 页。
② 孙卫华:《网络与网络公民文化——基于批判与建构的视角》,中国社会科学出版社 2013 年版,第 306 页。
③ 郭晶:《网络传播中公共性的流失》,《青年记者》2011 年第 28 期。

cast）模式，而是一种全新的"窄播"（narrowcast），它允许人们主动抽取自己想要的信息，而不再是被动地接收被推送的信息。如此一来，每个人都可以各取所需地定制一份"我的日报"或"我的频道"，这会带来信息的碎片化，并分散公众的注意力，使那种能引起全社会共同关注的公共议题不再可能出现。正如有学者总结的那样："窄播引发了人们对美国民主活力的担忧，人们不禁要问，如果公民不再从同一口信息之井中取饮，那么他们是否会分裂成不同的交往社群？如果人们的背景和喜好变得各有差异，人与人之间的交往是否会因此而减少？"①

然而，如果考察一下当前的信息环境，就会发现这种结论其实是站不住脚的，这种忧虑也是完全没有必要的——网络传播不仅没有造成信息环境的分裂、公众注意力的分散，相反还使人们的信息环境变得更加统一、公众的注意力变得更加集中了。这突出表现在一些"现象级"事件的不断出现上，如今，我们经常可以发现，在某个时间段里，全社会的注意力高度集中，关注和谈论的都是同一个事件。比如，2015 年 10 月开始在网上炒得沸沸扬扬的"青岛天价虾事件"，在传统媒体时代，这样一个地方性的新闻，几乎不可能成为一个全国性的公共话题。因此，在网络传播时代，公众接收的信息和他们的注意力并没有碎片化，而是借助于新媒体快速的传播能力和强大的影响力，变得高度统一了。

最后需要重申的是，网络传播的政治影响是复杂的，绝不仅仅体现在为公共讨论提供一个新的平台上。正如前面多次提到的，面对如此复杂的网络传播问题，笼统地去考察网络传播是否有利于民主，是否建立了一个新的公共领域，并不是恰当的提出问题的方式。本书将从公共性的角度切入，在反思传媒与公共领域理论关系的基础上，主要从信息获取方式的变革、媒介化交往的兴起、虚拟社区的建构三个方面，考察网络传播的公共性问题。

---

① Doris A. Graber, *Processing Politics：Learning from Television in the Internet Age*, The University of Chicago Press, 2001, p. 166.

2015 年 2 月 28 日,前央视记者柴静自费百万拍摄的环保纪录片《穹顶之下》通过多家网站播映后,引起广泛讨论。据媒体报道,截至 3 月 2 日上午 9 点 30 分,《穹顶之下》在国内各大视频网站的总播放量即将突破 2 亿次。

六　本书结构

作为一种新兴的信息传播媒介,网络传播的不同之处在于,它不仅带来了人类信息方式和信息环境的重大变化,还为人与人之间的对话和交往提供了一个新的空间和平台。自其诞生之日起,人们就对它的社会影响展开了各种各样的预测和研究。在这些研究中,一个突出重要的问题是,网络传播是否能够扭转当代社会中公共生活的衰落趋势,在虚拟空间建立起一种新型的公共领域,从而为当代民主政治注入新的活力?在这一问题上,人们众议纷纭、莫衷一是。但从整体上看,早期研究中盛行的网络传播迷思还具有十分强大的影响力,它不仅塑造了网络传播研究的问题取向,还决定了人们在这一问题上的基本看法。经过 20 年左右的发展,网络传播越来越显示出它的庐山真面目,学界也积累了大量研究成果,为走出网络传播研究中的迷思提供了条件。在这种背景下,本书将通过对这些研究成果的系统梳理和分析,对网络传播的公共性问题进行考察。

第一章主要分析网络传播迷思产生的历史语境。20 世纪 90 年代中期,与网络传播的迷思相关的历史语境主要有三重:首先是存在于技术决定论和工具论之间的由来已久的争论;其次是人们对公共生活衰落趋势的担忧,以及对代议制民主政治日渐高涨的不满之声；最后是学者对大众传媒既不满又无奈的总体态度。在这三重语境的共同影响下，网络传播与公共领域之间的关系成为人们关注的核心问题，很多人都将网络传播视为重建公共领域、复兴公共生活的希望所在，并由此产生了各种各样的关于网络传播的迷思。

第二章介绍的是大众传媒与公共领域之间的关系，分别考察了公共领域研究的三个代表人物阿伦特、哈贝马斯和桑内特三人的相关论述。虽然他们对公共领域的理解各有差异，对其兴衰时间的判断也不尽相同，但他们却一致认为，在当代社会中，公共领域已经无可挽回地走向了衰落，在这一过程中，大众传媒起到了推波助澜的作用。在很大程度上，正是他们以及其他一些学者对大众传媒的集体指责，造成了人们对网络传播的热切期待，加剧了网络传播迷思的形成。因为从技术上看，大众传媒最为人所诟病的弊端已经被网络传播克服了，比如它的单向性、被动型、强制性等特点。

第三章反思了经典公共领域理论的缺陷，尤其是它在传媒问题上的缺陷，并在此基础上提出，网络传播既没有敲响公共领域的丧钟，也未能一劳永逸地解决公共领域建构面临的所有问题，在网络传播研究中，公共领域理论并不是一个合适的分析工具。不管是阿伦特还是哈贝马斯，都缺少对传媒问题的深入思考和独立判断，他们的公共领域理论都是以实体性公共空间为原型的，建立在对公共与私人的清晰界分之上，如果将这种理论运用到传媒研究中，就势必会得出它们与公共领域的特征不相符合的悲观结论。本章最后一节介绍了皮特·达尔格伦的研究，在他看来，公共领域理论建立在政治协商观念之上，这种理性偏向限制了它的阐释效力，在考察网上政治讨论时，我们应该用"公民文化"概念对它做出补充。在笔者看来，网络传播对政治的影响是多方面的，绝不仅限于支持网上政治讨论，并形成各种各样的类似于公共领域的虚拟社区。因此，在网络传播研究中，我们应该抛弃公共领域概念，而采用意义更为宽泛的公共性概念。

网络传播的公共性主要体现在提供信息、支持交往、形成虚拟社区三个方面，因此，第四章到第六章分别从信息获取方式的变革、媒介化交往的兴起、虚拟社区的建构三方面考察网络传播的公共性及其局限。

第四章论述了网络传播给人类的信息获取方式和信息获取环境带来的变

化，以及这种变化对网络传播公共性的影响。从信息权利的角度看，在互联网日益普及的背景下，最为突出的数字鸿沟已不再是“接入鸿沟”，而是“使用鸿沟”，即人们在接入互联网之后用它来做什么，在这方面，不同人群之间的差异依然很大。如果说“接入鸿沟”可以通过加强信息基础设施建设来解决，那么“使用鸿沟”的消除却没有一蹴而就的办法。从根本上说，缩小“使用鸿沟”与缩小不同人群在其他方面的差距是同步的，它不可能先于、也不会滞后于其他社会差距问题的解决。数字鸿沟问题的吊诡之处还在于，如果一个社会中有越来越多的人能够熟练地使用互联网，利用它所带来的便利，那么，那些不幸被排除在外的人就越处于更加不利的地位，这也就意味着，我们通常所说的数字鸿沟越小，那些被排除在外的人的劣势就越大。

从信息资源的角度看，网络传播带来了海量信息，并使信息获取摆脱了时间和地点的限制：人们不仅可以在自己方便的时间随时访问互联网，而且随着智能手机、平板电脑等移动上网设备的出现，人们还越来越少地受到地点的限制。这可以充分利用人们碎片化的时间，降低获取信息的成本，让人变得更加见多识广。与此同时，如何从网络海量信息中找出真正有用的信息却成为一个新的难题，为此，人们不得不求助于搜索引擎的帮助。但是根据搜索引擎的工作原理，它只能告诉人们哪些信息被更多的人使用了，却无法保证这些信息就是更有价值的。面对一些相互矛盾的搜索结果，人们变得不知所措，只能赌博式地选择相信大多数人的意见。

从信息方式的角度看，网络传播带来的一个革命性变化，是它在传统大众传媒的“广播”（broadcast）模式之外，开创了一个被称为“窄播”（narrowcast）的信息传播类型。这种信息方式增强了人们选择信息的主动权，但也引发了很多人的忧虑，他们担心“窄播”会带来信息的碎片化，加剧不同社会群体之间的分裂，并威胁到社会共同文化的形成。但其实——正如本书前面部分所分析的那样，这种担忧在很大程度上只是来自理论推演，它实际上并没有发生。

第五章关注的是网络传播带来的人际交往方式的变化，即媒介化交往的兴起。这种新的交往方式最为突出的特点就是匿名性，正如很多人指出的那样，网络匿名确实可以造成一种"松绑效应"，弱化人的责任意识，使人更容易使用激烈的言辞。但我们更应该看到它的积极意义，尤其是在那些言论自由得不到切实保障的社会中，人们会更看重匿名性带来的保护作用。而且，我们还应该分清网络交往中出现的弊端在多大程度上是由现实世界的状况造成的，又在多大程度上是由匿名性本身造成的，不能把网络交往中出现的所有问题都归咎于匿名性。

真正的交往应该由表达和倾听两部分组成，但在当前的网络交往中，倾听与表达之间的关系并不平衡。一方面，虽然互联网为人提供了双向互动的技术可能，但其实大多数使用者仍然只是一个被动的倾听者，他们很少发出自己的声音，或者即使发出了自己的声音，也很难被人听到。另一方面，由于人们加入和退出网络交往不受任何约束，可以来去自由，这就造成在网络交往中缺少耐心的倾听者。在当前的网络传播研究中，人们通常只是片面地强调表达的权利，而忽视了倾听的价值，人们往往只关注有多少人在说，而不太关心到底有多少人在听。

网络交往带来的另一个突出问题是网络谣言层出不穷。在当前的很多研究中，网络谣言都被污名化、妖魔化了，人们不仅假定谣言的内容必定为假，而且假定人们制造和传播网络谣言的动机都是居心叵测的，不可告人的，并且认为正是互联网的出现造成了网络谣言的泛滥。其实不然，网络谣言主要是由公共事务不透明、政府公信力下降、现代社会的复杂化等原因造成的，互联网并不是罪魁祸首。谣言大量出现，一方面表明人们对公共机构已经失去信任，另一方面也表明社会成员之间尚存在一种相互信任，否则谣言在社会中就会寸步难行。因此，谣言并不可怕，在一个理想的社会中，谣言应该维持在适当的规模，不能太多也不能太少，就此来说，我们可以将网络谣言视为一种社会资本。

第六章聚焦于网络虚拟社区的公共性问题。在当代社会中，随着实体性公共空间逐渐消失和死亡，很多公共论坛都已经转移到网络虚拟空间中。各种各样的虚拟社区不仅满足了人们对归属感的需要，还发挥着越来越重要的社会影响，尤其是在那些结社自由得不到充分保障、线下的公共论坛十分匮乏的社会环境中，虚拟社区的存在就显得更为重要了。在虚拟社区中，政治与娱乐并不是天然敌对的,虚拟社区不一定都是严格意义上的公共论坛,但它就像一个操练场,不仅能让人体验到参与的快感,激发人们的参与热情,还能培养和锻炼人们的各种参与技能,为当代社会公民文化的发展做出积极贡献。

但是,虚拟社区中的公共讨论要想发挥更大的社会影响,就必须与线下的行动结合起来,如果这种结合受阻,那它的公共性就会大打折扣。不仅如此,它还会造成虚拟空间与现实世界的分裂——人们觉得虚拟空间与现实世界是两个完全不同的世界,需要遵循不同的游戏规则。在虚拟社区中,人们可以畅所欲言、无所顾忌;而一旦回到现实世界中,就必须循规蹈矩、谨言慎行。它一方面让人变得更加见多识广,更不容易被蒙骗;另一方面也让人变得玩世不恭、得过且过。这些人通常会呈现出一种矛盾的人格:一方面,他们在虚拟社区中胆大包天、肆无忌惮;另一方面,他们在现实世界中又谨小慎微、按部就班。就此来说,虚拟社区仿佛变成了一个受到默许的法外之地,它为那些偶尔逃逸出正常生活轨道的人提供了短暂的休憩,以使他们能够更长久地忍受现实世界的压抑。正是在这种背景下,"吐槽"已经成为当前中国网络文化中最为突出的现象之一。

总而言之,像人类历史上每一次信息方式的重大变革一样,网络传播带来的变化也是喜忧参半的。我们一方面要走出网络传播研究的迷思,正视网络传播中存在的各种弊端,不能天真地指望它能独自化解当代社会中公共生活衰落的难题;另一方面,我们也应该看到,网络传播的确为人带来了更为丰富的信息,为人与人之间的对话和交往提供了新的可能,并在虚拟世界中将人们重新聚拢在一起。网络传播的本质就在于它的开放性、互动性,因此它的公共性是毋庸置疑的。但是,它的公共性到底能够得到多大程度的发挥,更多还是取决于它所处的社会环境,以及在具体案例中各种错综复杂的条件。

第一章　网络传播迷思形成的语境

自 20 世纪 90 年代互联网逐渐"飞入寻常百姓家"以来，人文学界对它的研究已经有了 20 多年的历史，这些研究涉及网络传播对当代社会方方面面的影响和冲击，正如皮特·达尔格伦（Peter Dahlgren）指出的那样，"今天，几乎没有哪种人类科学没有以某种方式加入到对互联网的研究当中"①。然而从整体上看，网络传播对当代社会政治的影响和冲击无疑是一个研究重镇，以至于在短时间内就形成了一个以"网络政治学"为名的新兴学科，网络民主、在线参与、虚拟社区等都是其中的热门话题。在这类研究中，一个突出重要的问题是，网络传播是否能够扭转当代社会公共生活的衰落趋势，并在虚拟空间中建立起一种新型的公共领域。

在这一问题上，学界大体上存在三种截然不同的态度。乐观者认为，网络传播是人类有史以来最伟大的发明之一，它不仅建构了一种新型的公共领域，而且还将促成由代议制民主向参与式民主的历史性转换。在他们看来，"这些技术标志着启蒙运动的高潮，将会终结财富与权力的不平均分配，为世界范围内的电子广场的实现铺平道路"②。而悲观者则认为，网络传播不仅会进一步减少人与人之间的实际交往，促使人们不再有公共生活的观念，而且还会破坏共享的公共文化，加剧当代社会的分裂趋势。在他们看来，网络空间不仅不会成长为希腊式的民主广场，而且还倾向于演变成罗马式的角斗

---

① Peter Dahlgren, "Theory, Boundaries and Political Communication: The Uses of Disparity", London: *European Journal of Communication*, Vol. 19 (1).

② ［荷兰］约斯·德·穆尔：《赛博空间的奥德赛——走向虚拟本体论与人类学》，麦永雄译，广西师范大学出版社 2007 年版，第 30 页。

场。在这两种针锋相对的观点之外,还有一部分学者持有相对中立的观点,他们提出,互联网只是一个中性的信息传播工具和平台,它自身并不会自动对我们的公共生活产生积极或消极的影响,"互联网只是趋向于让人们继续做他们一贯做的事情,只是帮助他们做得更好"①。

除了这些根本的分歧,我们看到,在涉及网络传播与当代政治之间关系的几乎所有具体问题上,目前的学术界都众议纷纭,莫衷一是。这些相互矛盾的观点既为我们认识和评价网络传播提供了多重视角,同时也给我们带来了无所适从的尴尬。随着网络传播越来越显示出它的"庐山真面目",对过去 20 多年的研究成果进行系统梳理不仅是可行的,而且也是十分必要和迫切的。以我们今天的"后见之明"来看,这些早期的研究成果中既有不少明显的异想天开之语,也不乏一些过于悲观的杞人忧天之见,为了对这些研究成果的合理性进行批判性检视,我们必须将它们还原到它们产生的社会语境中。

20 世纪 90 年代,与网络传播研究相关的社会语境主要有三重,它们不仅共同形塑了网络传播研究的核心议题,而且还决定了人们对网络传媒的基本态度。首先,作为一种新兴的信息传播媒介,网络传媒的出现重新点燃了存在于技术决定论和工具论之间的由来已久的争论,我们必须将网络传媒研究纳入到这一理论脉络中进行考察;其次,网络传媒的出现恰逢西方自由主义民主理念遭到质疑、人们对代议制民主的不满之声日渐高涨之时,这使很多人都一相情愿地将网络传媒当成化解当代社会民主政治困境的"解围之神";最后,学者对大众传媒的基本态度也影响了他们对网络传媒的评价。20 世纪 90 年代,大众传媒已遭到学界全方位的批判,但让很多人感到灰心的是,这好像并没有影响它们在大众那里的受欢迎程度。此时,很多学者对大众传媒的态度都是既不满又无奈,正是这种基本态度让很多人暗自希望网络传媒能够克服大众传媒的种种弊端。②

---

① 〔美〕W. 兰斯·本内特、罗伯特·M. 恩特曼:《媒介化政治:政治传播新论》,董关鹏译,清华大学出版社 2011 年版,第 36 页。

② 需要说明的是,虽然也有学者将网络传媒看成大众传媒之一种,但本书所使用的"大众传媒"概念不包括网络传媒。大众传媒的典型特征是标准化、专业化、同步化、集中化等,而网络传媒的突出特点则是分殊化、互动化、异步化、分散化等。

一 网络传媒：社会结构变革的决定力量？

网络传媒出现以后，很多人都将其看作人类有史以来最伟大的发明之一，对于堪与之相并列的伟大发明则众说纷纭，有人认为是汽车，有人认为是电灯，还有人甚至半开玩笑地认为是巧克力。[①] 像人类历史上出现的其他重大发明一样，网络传媒也曾给人带来无限的希冀，很多人都断言它将带来社会结构的重大变革。同时，也有其他一些学者持有完全不同的看法，他们提出，任何一项技术都是供人类使用的中性的工具，通常情况下，它们都是被动地调整自身以适应这个社会，而不会成为社会变革的决定性力量。就网络传媒而言，"更有可能出现的情况是，互联网和新技术会调整自身以适应现存的政治文化，而不是去建立一种新的政治文化"[②]。不难看出，这里的分歧只是存在于技术决定论和工具论之间的古老争议的延续，在考察网络传媒研究的早期成果时，我们首先应该将它们纳入到这一理论脉络中。

现代社会以来，各种新技术和新发明层出不穷，它们在极大地改变世界面貌的同时，也不断重组现代人的日常生活，并引发人们对技术与社会之间关系的持续思考，哲学家海德格尔、维利里奥以及社会学家芒福德、莫斯等人都有专门讨论技术与社会之间关系问题的著作。在这一问题上，学界一直存在着两种争论不休的声音：一种主张技术工具论，另一种则被称为技术决定论。前者把技术看成中性的工具，主张技术本身并不具有任何决定性的力量，它将对社会产生何种影响完全取决于使用者的意图以及它所处的社会环境；而后者则相反，他们认为每一项重大的技术发明都具有自身的倾向性，都会对社会产生整体性的影响并成为社会变革的动因，甚至会带来"历史的终结"。在每一项重大的技术发明出现以后，几乎都会出现关于历史终结的预言，在今天看来已经成为笑谈的是，在 1899 年，美国专利局的官员曾经

---

① James E. Katz，Ronald E. Rice，*Social Consequences of Internet Use*，Massachusetts：Massachusetts Institute of Technology Press，2002，p. 2.

② Robert W. Mcchesney，"The Internet and US Communication Policy-Making in Historical and Critical Perspective"，*Journal of Computer-Mediated Communication*，1995，1 (4) .

呼吁废除自己所在的机构,因为在他看来,一切能够被发明的事物都已经被发明出来了。① 自 15 世纪古腾堡印刷术出现以后,在信息传播媒介的社会影响问题上,工具论者与决定论者也一直争论不休、相持不下,双方都能找到强有力的证据来支持自己的观点,但也都不能说服对方,每一种新媒介的出现都会让这种争论重新升温。

(一) 技术决定论

技术决定论者认为,不管是对于个人来说还是对于社会来说,媒介都不是中立的工具,而是一种具有决定性的力量。从个人层面看,媒介会参与到人的思考过程中,并对人的主体性建构产生重要的影响。有学者通过考察发现,由于对打字机的使用,尼采后期著作的写作风格与前期相比存在明显不同,这种判断也得到了尼采本人的支持,他在后期的谈话中曾明确表示:"你是对的。我们所用的写作工具参与了我们思想的形成过程。"② 还有学者走得更远,他们提出,人们在使用媒介时,媒介也会反过来塑造人的主体性。因而,不同的媒介形式会培养出不同的主体类型——口语媒介通过强化人与人之间的纽带,倾向于把主体构建为一个群体的成员;印刷媒介则把主体构建为一个理性自律的自我;而电子媒介的特点则诱使接收者对自我构建过程抱一种游戏态度。③ 在社会层面上,决定论者认为,在一个社会中占主导地位的媒介形式决定了这个社会的整体状况,并时常成为社会变革的根本推动力量。这样的论据更加不胜枚举,比如,很多人都曾指出印刷术与宗教改革以及西方整个现代化进程之间的关系;在《想象的共同体》中,本尼迪克特·安德森令人信服地论证了早期报纸与现代民族国家观念产生之间的关联;而罗伯特·帕特南则提出,电视媒介的兴起对当代美国社区的衰落产生了至关重要的影响。正如尼尔·波兹曼总结的那样,"一种新技术向一项旧技术发起攻击时,围绕旧技术的制度就受到威胁。制度受威胁时,文化就处

---

① [加] 文森特·莫斯可:《数字化崇拜:迷思、权力与赛博空间》,黄典林译,北京大学出版社 2010 年版,第 34 页。

② [美] 尼古拉斯·卡尔:《浅薄——互联网如何毒化了我们的大脑》,刘纯毅译,中信出版社 2010 年版,第 9 页。

③ [美] 马克·波斯特:《信息方式:后结构主义与社会语境》,范静哗译,商务印书馆 2000 年版,第 66 页。

在危机之中"①。因此，任何一项新技术的意义都不是旧环境与新技术的简单相加，而是会产生一种化合反应，并引起社会环境的整体变革。

与此一脉相承的是，在网络传媒出现以后，很多人也认为它将带来社会结构的根本变革。社会学家曼纽尔·卡斯特提出："与所有历史变革一样，一个新的社会结构的出现是与对我们的存在、空间和时间的物质基础进行重新定义相联系的。"② 网络传媒的重要意义在于，它不仅对当代社会的政治、经济和文化产生了全方位的影响，而且还在更深的层面上改变了我们对空间和时间的传统定义，带来了"流动的空间"和"永恒的时间"，因而，它必将带来社会结构的根本变革。在他看来，所谓"流动的空间"，是指地理上的接近不再是共享空间的必要条件；而"永恒的时间"，则是指网络传媒能够打破实践活动发生的序列，以随机的顺序重组过去、现在和将来，这种对空间和时间的重新定义意味着一个不同于工业社会的新形态——网络社会正在崛起。

除曼纽尔·卡斯特之外，其他很多学者也都把网络传媒的出现当成划分新、旧两个时代的界标，比如，美国文化理论学者马克·波斯特、荷兰人类学家约斯·德·穆尔等。鉴于信息传播媒介无所不在的影响力，波斯特提出，"信息方式"已经取代马克思提出的"生产方式"成为主导当代社会发展的根本力量。毫无疑问，网络传媒的出现是信息方式的重大变革，开创了所谓的"第二媒介时代"。因此，"信息处理及再生产的技术与信息的空间传递技术相结合，便为交流新模式展现出种种远景，这些远景很可能要引起社会秩序的重大变化"③。穆尔也认为，媒介方式的变革不可避免地会带来人类认知结构和世界观的根本转型，公元前 5 世纪左右，希腊发生了从口语媒介向文字媒介的变革，这场变革使希腊文化经历了一次从动态世界观向静态世界观的转型；而网络传媒的出现则是人类媒介方式的又一次重大变革，因

---

① ［美］尼尔·波兹曼：《技术垄断：文化向技术投降》，何道宽译，北京大学出版社 2007 年版，第 10 页。

② ［美］曼纽尔·卡斯特：《网络社会：跨文化的视角》，周凯译，社会科学文献出版社 2009 年版，第 40 页。

③ ［美］马克·波斯特：《信息方式：后结构主义与社会语境》，范静晔译，商务印书馆 2000 年版，第 40 页。

此，它也必然会带来同等深刻的变化。

从价值判断上看，技术决定论者又可分为乐观主义和悲观主义两种。有学者提出："不同的媒介对控制有不同的潜力。不能广泛传播的，或者需要特殊编码和解码的媒介很可能会被上流阶层所利用，他们有时间和来源获得这些媒介。相反，如果一种媒介很容易被普通人接触到，它就会被民主化。"① 基于这种判断，一些人认为，网络传媒能够降低人们的使用门槛，扩大使用者的范围，天生具有一种民主潜能。而悲观主义者则主要继承了大众传媒批判理论的衣钵，他们从网络传媒的发展前景中看到了全面监控的阴影，并认为这种巨大的监控能力将使奥威尔式的"老大哥"相形见绌。自网络传媒出现以后，乐观主义与悲观主义两种不同的声音就一直互相指责，前者常常把后者称为"新勒德分子"，而后者则将前者视为技术乌托邦主义者。

（二）技术工具论

与决定论者不同，持工具论立场的人则认为，我们既不能像乐观主义者那样轻率天真，也大可不必像悲观主义者那般杞人忧天。在他们看来，媒介本身是中性的，它既可以为社会进步做出贡献，同时也可能成为社会反动力量的帮凶，它们到底会对社会产生何种影响，完全取决于使用者的意图和它们所处的社会环境。比如，很多学者都认为电视传媒的出现打破了社会精英对文化的垄断，促进了社会的民主化进程。对此，福山则针锋相对地提出，"如果电视和持续的全球传播在 20 世纪 30 年代就已经存在的话，那么像莱妮·里芬斯塔尔和约瑟夫·戈培尔这样的纳粹宣传鼓动家，就会用它们制造巨大的传播效果来促进法西斯主义而不是民主观念"②。在他看来，媒介只是信息传播的工具和载体，它既可以传递真知，也可以制造蛊惑。与这一猜测相一致的是，在 2015 年上映的喜剧电影《希特勒回来了》中，希特勒死而复活，穿越来到了今天，当他第一次看到电视机这一新奇的发明时，不由得发出由衷的感叹："多么先进的技术！简直是理想中的宣传工具！"

---

① ［美］约书亚·梅罗维茨：《消失的地域：电子媒介对社会行为的影响》，肖志军译，清华大学出版社 2002 年版，第 12 页。

② 转引自［加］文森特·莫斯可《数字化崇拜：迷思、权力与赛博空间》，黄典林译，北京大学出版社 2010 年版，第 54 页。

《希特勒回来了》（2015 年）剧照

在谈到网络传媒时，哈贝马斯也表达了自己的工具论立场。

就我看到的而言，互联网并没有什么意识形态功能。但不管怎样，它曾引起种种过分的希望，鼓起一种对于技术的快感。互联网所具有的新东西是，它可以让人以一闪眼的速度在随意的一些私人之间建立起一种水平方向的联系。互联网有可能起到一种破坏性作用，因为它会抽离有关一些国家当局的控制。这点无论是极右集团还是民主主义者，都可以加以利用。关键是我们怎样去使用这一在传递信息上已消除时间与空间的交往媒介。①

还有学者从另外的角度提出，任何一项技术发明都不是凭空产生的，也不是来自科学家的突发奇想，而是产生于某种特定的社会需求，因而，任何新技术都倾向于回应这个社会的需求，而不是去改变它。在这种观点看来，技术决定论的错误在于它只看到了某项技术是何时产生的，而没有去思考它是为何产生的。这也就意味着，网络传媒不可能是解决现有社会问题的灵丹妙药，而更像是我们社会的一面镜子，正如互联网之父蒂姆·伯纳斯·李所说，"如果互联网美好，那是因为现实的美好，如果互联网丑陋，那是因为

① 2001 年 4 月，哈贝马斯在访问中国期间接受记者采访，访谈文章以《互联网·大众文化·儒家文化·全球化》为名发表在 2001 年 5 月 2 日的《北京晨报》上。

现实的丑陋"。而且,由于任何一项新技术都是对某种社会需求的迎合,所以网络传媒不仅会完整复制现实社会的各种弊端,而且还会将这种弊端进一步放大,尼克·史蒂文森提出:

> 网络空间只是人们为逃避公共生活中日益增多的危险的暂时庇护所。由此可见,不是技术塑造了社会,而是社会塑造了技术。新技术出现的驱动力来源于工具理性、商业化过程以及个人希望从纷繁复杂的公众社会中暂时隐退的希望。有了新技术,我们不是更加积极地参与社群的活动,而是躲进了温馨的私人小天地。①

在这些持工具论立场的人看来,技术乌托邦主义者无疑是患上了一种空想症,他们的乐观结论与其说是来自客观分析,不如说只是他们渴望走出当前困境的一种美好愿望——在当代社会中,一方面是各种传统的共同体形式相继解体,人们的归属感失去着落;另一方面是人们内心深处对归属感的强烈需求,正是这种矛盾和焦虑,使人们对每一项新技术的出现都激动不已,并一相情愿地认为它将引领人类走出当前的困境。

(三)技术与社会

可以说,不管是工具论者还是被他们指责为决定论的人,都可以举出大量的证据来支持自己的观点,他们长期争论不休,谁也不能说服对方。但如果心平气和地看,他们之间也并非是不可沟通的——即使是最坚定的工具论者也不可能对网络传媒强大的社会影响视若无睹;同时,即使最真诚的决定论者也不会天真到认为网络传媒是推动社会变化的唯一力量。从这个角度来看,它们之间的分歧只是程度上不同而已,如果把各自的观点推向极端,都会呈现出显而易见的荒谬。因而,我们的立场不应该在二者中择取其一,而应该考察网络传媒在多大程度上、以何种方式对社会产生影响。

首先,网络传媒对社会的影响是一个长期的缓慢过程,不可能具有立竿

---

① [英]尼克·史蒂文森:《媒介的转型:全球化、道德和伦理》,顾宜凡译,北京大学出版社2006年版,第228页。

见影的效果。历史经验表明，任何一项新技术真正对社会产生深刻的影响，都会远远滞后于早期人们的急切期待，正如文森特·莫斯可总结的那样，"看来颇具讽刺意味的是，当这些曾经的新技术失去了它们的光彩，放弃了对世界和平做出贡献的承诺，并且消弭于无形之中时，它们却获得了在这个世界上发挥持久影响的力量"[①]。事实上也是如此，在20世纪90年代网络传播迷思最为盛行的时候，互联网其实还只属于少数社会精英分子，它对当代社会的影响力还远远没有充分显现出来。如今，中国的互联网用户已经超过7亿，手机网民规模达到6.56亿，作为移动互联网的重要终端，手机已经成为长在人身体上的一个器官，到了这个时候，互联网对当代中国社会的影响才真正显现出来。因此，即使我们承认在网络传媒与社会变革之间存在联系，也不应该认为它是疗治当代社会各种痼疾的一剂猛药，而应该将其看作一个逐步渗透和缓慢调理的过程，只有在一个较长的历史时段内，我们才能看出网络传媒对当代社会所产生的确切无疑的影响。

其次，网络传媒对社会的影响不是直接的，而是需要经过一系列复杂的中介，其中最为重要的是社会文化及其主体。在当代社会中，文化早已与媒介密不可分，今天几乎所有的文化产品都可以看作某种形式的媒介文化。在这种条件下，媒介就获得了对社会的强大形塑能力，但是，从媒介转型到社会变革还有太远的路，一般来说，媒介都是通过影响一个社会的文化、并进而塑造这个社会的主体来推动社会变革的。正如麦克卢汉所说："媒介即信息。"不同的媒介形式决定了不同的文化类型，如果说印刷媒介曾经培养出一种理性文化的话，那么，在电视传播媒介与娱乐文化之间则存在着天然的亲和力。显而易见的是，不同的媒介形式和文化类型又会培养出不同的社会主体类型，比如，麦克卢汉曾把广播比作"部落鼓"，在他看来，广播影响人们的方式就同原始部落的鼓声一样，"收音机的阈下深处饱含着部落号角和悠远鼓声那种响亮的回声。它是广播这种媒介的性质本身的特征，广播有力量将心灵和社会变成合二为一的共鸣箱"[②]。因而，广播的听众与报纸的读

---

① 〔加〕文森特·莫斯可：《数字化崇拜：迷思、权力与赛博空间》，黄典林译，北京大学出版社2010年版，第2页。

② 〔加〕马歇尔·麦克卢汉：《理解媒介：论人的延伸》，何道宽译，译林出版社2011年版，第342页。

者是迥然不同的两种主体类型。由于今天的社会在很大程度上就是由这些媒介受众组成的，所以媒介对受众的影响最终会落实到社会层面上。

最后，我们应该把媒介对一个社会的决定作用看成是一种"软决定"，而不是像基因决定眼睛颜色那样的"硬决定"。也就是说，媒介只是为社会变革开启了一些可能，至于这些可能最终能不能实现，还取决于其他一系列复杂的因素。保罗·莱文森提出："信息技术是一套系统，它说明事物之可以然——没有技术，其结果就不可能发生，但不说明，技术必不可免、毫无疑义地产生那一结果。这套系统协同运作，换言之，系统的其他要素也发挥作用。"① 就网络传媒而言，虽然很多人都认为它具有一种民主潜能，但在那些缺少民主传统和民主氛围的社会中，它的这种潜能却很难发挥出来，正如达尔格伦所说，"如果宽容的美德以及遵守民主原则和民主程序的意愿没有在日常生活中深深扎根，那么，民主就不可能运行"②。可见，网络传媒并不能独自重整乾坤，社会变革是由许多复杂的，包括偶然的因素共同推动的。

其实，不管是决定论者还是它的批评者，都把网络传媒当成了一个工具，他们的分歧仅在于，这种工具到底能对社会产生多大的影响。在马克·波斯特看来，这种思路从根本上就是错误的，因为网络传媒不仅仅是一个供人使用的工具，它更为重要的意义在于为人提供了一个虚拟的社会交往空间。

> 互联网更像是一个社会空间，而不是一样东西；因此它产生的影响更类似于德国的影响，而不是一把锤子的影响——德国把那些属于它的人都变成了德国人（至少是大部分），而锤子的作用却不是把人变成锤子，而是把金属砸进木头，尽管海德格尔和其他一些人可能不同意这种说法。③

马克·波斯特的这一观点极具启发意义，它给我们的启示是：在研究网

---

① ［美］保罗·莱文森:《软利器:信息革命的自然历史与未来》，何道宽译，复旦大学出版社 2011 年版，第 3 页。

② Peter Dahlgren, "The Internet and the Democratization of Civic Culture", *Political Communication*, 2000, 17.

③ Mark Poster, *What's the Matter with the Internet*, University of Minnesota Press, 2001, pp. 176 - 177.

络传媒时，我们与其在技术决定论和工具论之间纠缠，不如采取另外一种视角——考察在网络传媒所开创的社会交往空间中是否出现了一种新型的政治，或者说，网络传媒是否建构了一种新型的公共空间，如果是，那么它对经典的公共领域理论提出了哪些挑战。如此一来，我们对网络传媒的研究就不可避免地要走向对其公共性的考察。

二　网络传媒：民主政治困境的解围之神？

在我们考察关于网络传媒的研究成果，尤其是那些早期的研究成果时，另一重不可忽视的社会语境是：网络传媒出现的 20 世纪 90 年代，也恰恰是西方社会公共参与衰落、代议制民主陷入困境的时期，于是，一些学者就很自然地在这两种现象之间建立起某种关联，并将网络传媒当成解决公共参与衰落问题的希望。这种巧合不仅使网络传媒与公共领域之间的关系成为一个突出的研究热点，而且还使这些研究因受到一种焦虑心态的影响而呈现出不同程度的乌托邦色彩。

（一）公民参与的衰落

20 世纪 90 年代以来，西方各国公民的参与热情都呈现出不断下滑的趋势，政治冷漠成为一个困扰民主政治的全球性问题。其中最为突出的一个症候是，随着选举权的不断普及以及各种选举障碍的逐步清除，各个国家的大选投票率不升反降，就美国的情况而言：

在 1960 年，有 62.8％达到投票年龄的美国人去投票站投票，在肯尼迪和尼克松之间做出选择。在经历数十年的下滑后，1996 年仅有 48.9％的美国人在比尔·克林顿、鲍伯·多尔和罗斯·佩罗之间做出选择，这几乎接近 20 世纪的最低投票率。总统竞选的参与程度在过去 36 年间下降了近 1/4。①

———————

① ［美］罗伯特·帕特南：《独自打保龄：美国社区的衰落与复兴》，刘波等译，北京大学出版社 2011 年版，第 21 页。

美国的情况并非特例，其他西方国家也大都面临着相同的困扰，进入20世纪90年代以后，西方社会仿佛与即将过去的这个世纪一起进入了人生的暮年一样，公民的参与热情跌至谷底，曾经在20世纪60年代风起云涌的政治运动已经成为一个只能追念的青春旧梦。

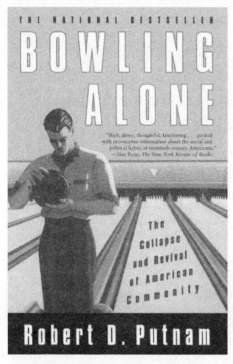

在《一个人打保龄：美国社区的衰落与复兴》中，罗伯特·帕特南分析了美国公民参与的衰落及其带来的社会资本流失，在他看来，随着各种社会组织的解体，一个人孤独地打保龄球已经成为当代社会中的典型意象。

大卫·理斯曼在《孤独的人群》中分析，政治冷漠可能有两种情况，一种是由于政治形势看上去充满希望，人们似乎没有涉足的必要；另一种是因为政治局面混乱不堪，人们感到任何政治参与都于事无补。[①] 对于很多西方国家来说，情况显然属于后者，人们之所以对政治参与越来越冷漠，是因为他们感到无论自己做什么都不会对权力拥有者产生影响。于是，在全球范围内，"出现了更多不满的公民，他们虽然仍把民主视为理想，但对现实中政治体制的表现却越来越不满意，对代议制政府的一些核心机构的表现尤其不满"[②]。面对这种状况，很多学者感到忧心忡忡，并将其看作西方民主政治出现危机的信号。一时间，公民参与的衰落成为学术界的集体哀叹，相关研究著作大量出现，如《美国人为什么不喜欢政治》《公共交往的危机》《消失的选举者》《公众的衰落》等。在集体哀叹的

———————————

① ［美］大卫·理斯曼：《孤独的人群》，王崑、朱虹译，南京大学出版社2003年版，第171页。

② Ronald Inglehart, "Postmodernization Erodes Respect for Authority, but Increases Support for Democracy", in Pippa Norris（ed.）, *Critical Citizens: Global Support for Democratic Governance*, New York: Oxford University Press, 1999, p. 269.

同时，学术界呼吁改造代议制民主的声音也日渐高涨，一种更加强调公民直接参与的民主形式被提上政治学的议事日程，并得到了广泛讨论。

然而，不管是代议制民主的支持者还是批评者都不得不承认，现代社会以来一直困扰着公民直接参与的现实障碍仍未得到很好的解决，其中最为棘手的是政治体的规模问题。正如卡茨所说："广场会议与市镇会议是'直接民主'的典范，但是一旦运用于规模较大、情况复杂的现代社会，它们就毫无用处。"① 于是，在阻碍参与式民主的规模问题仍未得到完善解决的情况下，代议制似乎就成为现代民主政治的唯一选择。早在一百多年前，约翰·塞尔登就提出过类似的观点，他认为直接民主是行不通的，原因就在于"屋子里装不下所有的人"②。于是，一方面是代议制民主的弊端越来越明显，另一方面是阻碍参与式民主的规模问题始终得不到解决。在这种背景下，如何探索代议制民主的改造方案或曰参与式民主的可行性方案，就成为困扰很多政治学者的难题。

（二）网络传媒将带来公民参与的复兴？

正当人们为化解民主政治的困境而一筹莫展时，一种崭新的信息传播和交往媒介——互联网，逐渐"飞入寻常百姓家"，并带来了一场深刻的媒介革命。与报纸、广播、电视等"旧媒介"③ 不同，网络传媒不仅使人拥有了更多的信息选择，而且还为人与人之间的相互交流提供了可能。于是，一些目光敏锐的学者很快就将网络传媒与民主政治问题联系起来，并将其看成解决当前民主政治困境的希望。在他们看来，一方面，在网络传媒所开创的虚拟空间中，参与者的规模问题可以迎刃而解；另一方面，网络传媒能够激发人们的参与热情，为萎靡不振的传统政治交往方式注入新的活力，因此，网

---

① ［美］伊莱休·卡茨：《大众传播与参与式民主》，见［日］猪口孝等编《变动中的民主》，林猛等译，吉林人民出版社1999年版，第105页。

② ［美］汉娜·阿伦特：《论革命》，凤凰出版传媒集团、译林出版社2007年版，第221页。

③ 媒介理论家保罗·莱文森把人类有史以来的媒介划分为"旧媒介""新媒介""新新媒介"三种类型。其中，互联网诞生之前的媒介都是"旧媒介"，它们是时间和空间定位不变的媒介，比如，人们只能按照节目表上的时间收看电视内容；"新媒介"指互联网上的第一代媒介，其特点是使用者可以选择自己方便的时间使用网上的内容；"新新媒介"指互联网上的第二代媒介，其突出特点是媒介内容的消费者就是生产者。

络传媒开启了民主政治的新愿景。

　　毫不奇怪的是,在早期的网络传媒研究中弥漫着一种乐观情绪,研究者大都津津乐道于它实现直接民主的潜能,并将之与雅典民主的复兴联系起来。美国前副总统阿尔·戈尔在1994年的一次演讲中提出:"全球信息基础结构不仅是一种隐喻,它还将大大提升公民对决策制定过程的参与,促进民主的运作,并大大增强国家间相互协作的能力。在全球信息基础结构建立起来的论坛上,我看到一个雅典民主的新时代已经呼之欲出。"① 需要指出的是,作为信息高速公路和全球信息基础结构建设的主要倡导者,戈尔的热情和乐观不免会有其政治上的考虑,因而,我们完全可以质疑他的乐观有几分是出自真诚,又有几分是出于政策游说的目的。与戈尔相比,一些学者的热忱似乎更值得信赖,但我们发现,他们的乐观程度有过之而无不及。比如,奈斯比特直言不讳地提出,在新的通信革命的影响下,代议制民主已经完成了自己的历史使命,并行将退出历史舞台。

　　　　两百年前我们创造了代议民主,在那时,它是组成一个民主国家的实事求是的办法。当时,由公民直接参加投票是根本行不通的,因此我们选举了代表到州的首府去代表我们投票,然后回来告诉我们事情的经过。做得好的代表会重新当选,做得差的就落选了。这种办法在两百年来是行之有效的……但是,随后发生了通讯革命,同时有了教养有素的选民。目前,由于在瞬息间即可共享信息,代表们所知道的事情我们也都知道,在时间上也不比他们晚。②

　　在这种新的信息条件下,他像其他很多乐观主义者一样认为,实现参与式民主的历史条件已经成熟。

　　(三) 新技术的迷思

　　早期的这些乐观主义言论无疑颇能激动人心,但我们必须清醒地认识

---

　　① AL Gore, "Speech to the International Telecommunications Unit ion", 21, March 1994.
　　② [美] 约翰·奈斯比特:《大趋势——改变我们生活的十个新方向》,孙道章译,中国社会科学出版社1984年版,第162页。

到，它们并不是建立在坚实的事实依据或严密的逻辑论证之上，而只是出自人们对新事物一相情愿的期待。皮特·达尔格伦一针见血地指出，人们对网络传媒的热情在历史上早已屡见不鲜，它只是重复了各种新媒体扩张的一个基本程式——在一种新媒介出现之初，人们往往会用乌托邦一般的华美辞藻来包装它，预言它将如何能够造福社会、加强民主等；过了一段时间，反乌托邦的言论便会出现，它们会声称这些媒体的社会影响其实恰恰相反，预示着社会生活和民主质量的下降。① 人们对网络传媒的评价也没有逃脱这一套路，在早期的乌托邦热情消逝之后，不少学者即开始向网络传媒投以忧虑的目光，比如，麦克切斯尼指出："那些认为技术能够自动带来一个实实在在的公共领域的人在自欺欺人，事实已经证明，结果不是如此。相反，互联网正导致一种远离政治的文化。"② 这些相互矛盾的观点无疑会给我们带来认识上的混乱，但是，当我们理解了人们评价各种新媒介的基本套路后，就不会感到那么惊诧和疑惑了。

与达尔格伦的观点相似，文森特·莫斯可将早期的这些乐观主义言论看作是一种"迷思"（myth）。在他看来，一些人声称网络传媒的出现具有划时代的意义，并将带来历史的终结、地理的终结以及政治的终结的论调其实并不新鲜——自 19 世纪以来，几乎每一种新媒介的出现都曾引发过类似的迷思，比如电报、广播、电话、电视等。历史经验表明，每一项重大的技术发明都会给人带来无尽的遐想，并让人感到一个美丽的新世界已经指日可待。但显而易见的是，任何一项新技术都未曾带来历史的根本断裂，不管它们在产生之初看起来多么新奇，都会在日常使用中逐渐变得平凡起来，以至于人们在使用时几乎感受不到他们的存在。然而，人类似乎并不想从这些迷思的破产中汲取教训，每当有新技术出现时，就会表现出近乎固执的历史健忘症，"一代又一代，人们不断地重复着同样的信念：无论他们曾经如何看待

---

① ［美］W. 兰斯·本内特、罗伯特·M. 恩特曼：《媒介化政治：政治传播新论》，董关鹏译，清华大学出版社 2011 年版，第 34 页。

② ［美］罗伯特·W. 麦克切斯尼：《富媒体、穷民主：不确定时代的传播政治》，谢岳译，新华出版社 2004 年版，第 236 页。

先前的技术,最新的这一个都将使得根本性的、革命性的诺言成为现实"①。莫斯可认为,这类迷思之所以能够一再俘获人心是因为,它们满足了人们超越平凡生活的内心愿望。从这一角度看,人们在现实中感受到的焦虑越强烈,就越倾向于把新技术看成化解这种焦虑的"解围之神",从而对其寄予过高的期待。就网络传媒而言,早期的研究者之所以将其与参与式民主、公共领域等问题联系起来,很显然是缘于人们对代议制民主弊端和公共领域衰落的普遍不满和担忧。

其实,不管是最初的乌托邦言论,还是稍后出现的反乌托邦言论,都无法准确把握网络传媒的社会影响。这一方面是因为,网络传媒"是一个不断移动的目标,正在飞速地发展着。我们对于它的知识很快就会过时"②。另一方面是因为,早期的这些研究都是在"旧媒介"格局所形成的阐释框架中来理解"新媒介"的社会影响的,而各种"新媒介""新新媒介"的出现必然会突破这种框架,使之大打折扣或变得无效。因而,为了准确把握网络传媒与民主政治以及公共领域之间的关系,我们需要对各种旧的理论术语和阐释方法进行反思和改造。

三　网络传媒:大众传媒弊端的完美解决?

海德格尔曾经提出:"把某某东西作为某某东西加以解释,这在本质上是通过先行具有、先行见到与先行掌握来起作用的。解释从来不是对先行给定的东西所作的无前提的把握。"③ 因此,每当出现一种新媒介时,人们都会顺理成章地将其与各种旧媒介进行比较,并在这种比较的视野中预言新媒介的各种潜能,在这种意义上我们甚至可以说,任何一种媒介研究都是一种比较研究。在网络传媒出现的时候,大众传媒研究已经取得了丰硕的成果,这

---

① [加]文森特·莫斯可:《数字化崇拜:迷思、权力与赛博空间》,黄典林译,北京大学出版社2010年版,第7页。

② [美]W.兰斯·本内特、罗伯特·M.恩特曼:《媒介化政治:政治传播新论》,董关鹏译,清华大学出版社2011年版,第34页。

③ [德]马丁·海德格尔:《存在与时间》,陈嘉映、王庆节译,生活·读书·新知三联书店1987年版,第184页。

些成果自然就作为一种"前理解"影响着人们对网络传媒的评价。具体来说，网络传媒出现的 20 世纪 90 年代，正是大众传媒（主要是电视）的社会影响如日中天之时，同时也是它在学术界的声名最为狼藉的时候。从整体上看，学者对大众传媒的态度是既不满又无奈，在这种语境中，网络传媒的出现无疑给人提供了对大众传媒发泄积怨的契机，很多学者都试图从中发现克服大众传媒种种弊端的新特点。

（一）大众传媒的特点

虽然各种大众传播媒介在传播方式、接收条件、影响规模等方面存在着诸多差异，但它们之间的相同之处也是显而易见的，缘此，学界一般都把它们作为一个整体来研究。综合来看，这些研究大都着眼于大众传媒的如下特点。

首先，大众传媒最为突出的一个特点是，它的传播方式是"一对多"的。在传统的公众集会中，每个人都可以成为信息的发送者，同时也是信息的接收者，这可以看作一种"多对多"的信息传播方式。与之不同的是，大众传媒有固定而单一的信息发送者——它们通常都是大型的媒体机构，背后则是各种各样的利益集团。而规模庞大的受众只是被动的信息接收者，他们身处不同的环境，接收到的却是完全相同的信息。

其次，大众传媒的信息流动是单向的，即由专业的信息传播者向广大受众发送信息。虽然接收者的反馈有时也能够传递到传播者那里并产生一定的影响——比如报社的读者来信、电视台的观众调查等，但显而易见的是，这种反馈不仅没有技术和机制上的保障，而且哪些反馈得到采纳、哪些反馈遭到无视，也完全是由媒体机构来决定的。因此，这并没有改变大众传播单向性的传播特点。

再次，在大众传播中，传播者和接收者之间的关系是不对等的。显而易见的是，传播者一方通常都具有更大的权威、更高地位或更多专门知识，从而也拥有更大的权力。相反，接收者一方则是被动的、弱势的。在当代社会中，信息更加成为权力的重要来源，这也就意味着，那些掌握着信息资源和信息发布手段的人被赋予了更多的权力，并能够对他人和社会施加影响。在很大程度上，正是出于对大众传媒操纵和控制社会公众的强大能力的担心，很多学者才对它展开了批判。

最后，大众传媒的内容是标准化的、机械复制的，它有利于生产社会认同，消除社会抵抗。阿多诺、霍克海默等人的文化工业理论形成的直接动因即是他们对纳粹统治下民众集体狂热的反思，在做这样的思考时，大众传媒就进入了他们的视野——正是借助大众传媒，希特勒才将他的宣传鼓动输送到了每个个体，从而将他们整合成毫无差别的群众。在阿多诺、霍克海默看来，大众传媒不断刺激人们产生各种虚假的需求，并通过不断满足这种需求，使民众产生依赖和主动迎合，以致一旦缺少了那种什么都不是的满足，他们就会觉得生活是完全不可忍受的。通过大众传媒的长期喂养，民众对社会的否定能力和批判意识逐渐退化，成为一个个"单子"，从而不能对现存社会秩序形成任何威胁。因此，大众传媒及其所承载的大众文化实际上发挥着类似于"社会水泥"的整合功能。

（二）大众传媒批判

如前所述，在早期的大众传媒研究中，对纳粹统治的反思构成了一个重要的思想背景，此时，人们以广播为分析对象，主要关注的是大众传媒令人恐怖的宣传和控制效果（这在奥威尔的《1984》中有生动的表现）。很多人认为，如果没有高音喇叭和广播，希特勒就不可能征服德国，正是借助这些新型的传播媒介，他才把自己的演讲天才发挥得淋漓尽致，并将之传送到千家万户的起居室里。

媒介理论家哈罗德·伊尼斯也赞同这种观点，他认为，任何一种传播媒介都有自身的"偏向"，如果说印刷媒介曾经造成了现代社会的民族分裂和阶级分化，那么，在广播与政治控制之间就存在着天然的亲和力，"广播传通万里，覆盖广大地区，由于它不受文化程度的限制而打破了阶级界限，有利于集中化和官僚主义"[①]。在他看来，广播、电影等大众传媒的吊诡之处还在于，一方面，它能够营造出更加逼真的效果，另一方面，也正是由于这一点，它常常成为制造欺骗和幻觉的有力工具。麦克卢汉也认为，广播曾经在纳粹统治的过程中发挥了至关重要的作用，但这并不是说它把希特勒的思想

---

① ［加］哈罗德·伊尼斯：《传播的偏向》，何道宽译，中国人民大学出版社2006年版，第66页。

有效地传给了德国人民，他的思想是无关紧要的，真正重要的是，广播诉诸人的激情并使人的理性处于一种休眠状态。

其实，不惟广播如此，电影、电视等大众传播媒介也具有同样的接受效果和社会作用。如果说在阅读印刷媒介的时候，读者可以控制自己的阅读速度，有时间对作者的观点进行反复推敲，从而能够与之保持必要的批判距离的话，那么，电子媒介则为人提供了持续不断的信息流，使受众始终处于应接不暇的被动状态，如此一来，它就剥夺了人们停顿和反思的机会，从而损害了人的理性判断能力。可以看出，从这一角度对大众传媒的批判主要针对的不是它的内容，而是它的传播方式，即它剥夺了受众对自己接收信息的选择权和控制权。

大众传媒常常遭到批判的另一个弊端是，它的传播是单向的，缺少信息反馈和回流的渠道，因而具有一种独白的性质。显而易见的是，这种单向性特点与公共领域的对话原则是水火不容的，很多人据此认为，大众传媒不仅注定无法取代实体性的公共交往空间，而且还对公共领域的衰落起到了推波助澜的作用。可以说，在大众传媒与政治之间的关系问题上，大众传媒的单向性特点以及由此造成的受众的被动状态已经成为它的"阿喀琉斯之踵"，承受着学界最为猛烈的攻击。尽管有积极受众论者提出，受众并不会对媒体传输的内容照单全收，而是会做出多样化的解读，甚至是完全相反的解读。[①]但不可否认的是，受众的反应并不能直接反馈到媒体内容的生产者那里，也不会对后者产生直接的影响。

在当代社会中，信息是一种十分重要的权力资源，信息的不对称必然会带来权力的不平衡，由于大众传媒的受众只能被动地接收信息，而没有发出信息的权利，所以，他在与大众传媒的关系中必然处于弱势地位。鲍德里亚提出：

---

① 比如，在霍尔看来，受众的解码过程并非不可避免地依据编码过程，二者并不是同一的。他进而区分了三种可能的解码方式，即主导—霸权式的、协商式的、对抗式的。参见［英］斯图亚特·霍尔《编码，解码》，王广州译，载罗钢、刘象愚主编《文化研究读本》，中国社会科学出版社 2000 年版，第 345—358 页。

2016 年,伦敦泰德(TATE)美术馆展出了一件装置作品,它是由许多大大小小的收音机组成的,这些收音机同时发出各种各样的声音:有音乐、有新闻报道,还有刺耳的噪音,让人感到无所适从。这件作品体现出人们对大众传媒的恐惧,到今天依然没有消除。

现在,整个既存媒介都将自身建筑于这种界定之上:它们总是阻止回应。让所有相互交流成为不可能(除了在拟真回应的各种形式中,它们自身被整合入一个传达的过程之中,由此使传播变成一种单向传递的过程)。这是媒介真正的抽象性。社会控制和权力体系就植根于其中。①

在他看来,"大众传媒"是一个颇为矛盾的概念:一方面,它确实是一个信息"传播系统"(system of communication),但另一方面,它又是一个"没有沟通的系统"(system of non-communication)。也就是说,大众传媒只是单向地发出信息,排除了任何对话和商谈的可能,因而,它生产出一种命令式的语言,撇开其内容不谈,仅就其传播方式本身而言,它就构成了一种社会控制的力量。

此外,还有不少学者指责大众传媒加剧了现代社会愈演愈烈的个体化趋势。以电视为例,随着电视机和电视频道数量的同步增长,许多人围坐在一起看电视的情景已经越来越少见了,看电视已经成为一种高度个体化的活动。乌尔利希·贝克提出,看电视不仅摧毁了人与人之间的直接交往,而且还减少了人们对社会活动的参与,它带来的一个严重后果是——"每个人都处于孤立的状态,即使在家庭中也是如此;甚至当大家聚集在一起的时候,也是无言以对",他满怀忧虑地预言,在电视的影响下,"我们将要变成一群孤独的遁世

---

① [法]让·鲍德里亚:《符号政治经济学批判》,夏莹译,南京大学出版社 2009 年版,第 168 页。

者"①。在《独自打保龄——美国社区的衰落与复兴》中，罗伯特·帕特南通过大量分析提出，在导致美国社区衰落的诸多因素中，电视是一个至关重要的原因，看电视不仅挤占了人们参加集体活动的时间，而且还培养出一种个人主义生活方式，使"独自打保龄"成为对当代社会个体化生存状态的生动写照。

最后，大众传媒还造就了人们的被动和冷漠状态，加深了人们对政治的疏离。很多人认为，早期的大众传媒对民主政治是有利的，它增加了人们对公共事务的了解，把政治人物和政府置于公众的批判性检视之下。但是，在商业动机的驱使下，大众传媒的功能发生了根本性的逆转，如今，它已成为政治人物塑造和营销自我形象的工具。如果说大众传媒曾经发挥的作用是提出问题以供公众讨论，那么，它现在的主要目的则是塑造形象以供大众观瞻。对于这一变化的后果，布尔迪厄做出了非常透彻的分析。

> 电视所展示的世界仿佛与世人没有共同的联系，这种感觉与另一种感觉是不可分的，那就是政治游戏差不多像是高水平的体育比赛，造成了类似于运动员和观众之间的割裂的状况，仿佛那是专门从事政治的人的事，从而促使最没有政治观念的那些人采取一种宿命论的回避行为，而这显然是有益于维持现行秩序的。②

众所周知，在西方，各种大众传媒一直被认为扮演着"看门狗"的角色，因而它与政治之间的关系并不是沆瀣一气的。然而，如果我们从另一个角度来看，布尔迪厄等人的忧虑也并非杞人忧天——从商业角度考虑，大众传媒必然倾向于赋予某些政治人物以超凡脱俗的魅力，以增加其消费价值。在某种程度上，大众传媒对政治人物形象的塑造和营销与它们对娱乐明星的包装和营销并无二致，其目的都在于挖掘他们身上的消费价值。如此一来，大众传媒在给政治人物赋魅的同时，也给人造成了一种强烈的暗示——政治

---

① ［英］保罗·霍普：《个人主义时代之共同体重建》，沈毅译，浙江大学出版社2010年版，第65页。
② ［法］皮埃尔·布尔迪厄：《关于电视》，许钧译，南京大学出版社2011年版，第145页。

人物与普通人是截然不同的，对于普通人来说，政治活动既难以理解，又不可能做出什么改变。于是，在大众传媒的影响下，政治人物和公众之间的关系越来越类似于演员和观众之间的关系，即使人们还一如既往地关注政治，但他们的身份也已不再是批判的公众，而是成了政治事务的旁观者和消费者。

（三）网络传媒能否克服大众传媒的弊端？

可以看出，在大众传媒的社会影响这一问题上，学术界已经取得了丰硕的研究成果，从总体上看，人们从中受到的鼓舞要远远小于感到的失望。正是在这种背景下，在网络传媒出现以后，不少人小心翼翼地推敲其传播特点，并在与大众传媒的对比中，预言它将克服大众传媒的种种弊端。

首先，与观看电视时人们必须严格遵循节目单收看相同的内容不同，网络使用者不仅可以自由安排自己的时间，而且还可以各取所需地选择自己想要的内容。这是否意味着网络传媒已经克服了大众传媒的弊端，并重新带来了理性主体得以成长的条件呢？不少人对此持乐观态度，比如，米切尔·卡珀。

> 对于何时、为何、从何人那里得到信息以及将之发送给何人这些问题，广播模式的用户只有间接的和有限的控制，因而，它似乎是滋长消费主义、被动性、愚蠢和平庸的温床。而在今天的互联网模式中，用户对以上问题能够进行去中心化的、分散的、直接的控制，因而，它似乎是培养批判性思维、主动性、民主以及质量的园地。[1]

从这一角度看，网络传媒的革命性意义在于，它克服了大众传媒在信息传播过程中的单向性弊端，为人提供了一个名副其实的沟通系统。如果说在大众传媒时代，人们只能被动地接收媒体输出的内容，最多只能通过遥控器选择不同的频道或者干脆关掉电源；那么，网络传媒则赋予人更多的选择自由，它不再把信息强行"推给"（push）人，而是允许人主动地"拉出"（pull）自己所需的信息。尤其是在进入 Web2.0 时代以后，人们不仅可以参

---

[1] Mitchell Kapor, "Where Is the Digital Highway Really Heading: The Case for a Jeffersonian Information Policy", *Wired*, 1993, Vol. 1 (3).

与各种网上对话，而且还可以上传自己制作的内容并与人分享。网络传媒的革命意义不在于为人提供了更为丰富的信息，而在于它提供了信息沟通和人际交往的可能。可以说，"多对多"的传播方式既是它区别于传统大众传媒的关键特征，同时也是网络传媒研究的重中之重。如果说大众传媒因其信息流动的单向性而生产出一种命令式的语言，从而成为一种导致社会控制和集中化的力量，那么网络传媒则因为具备了对话和交流的可能而成为一种带来权力平等化和分散化的媒介。

在网络传媒出现以后，另一个让人着迷的中心问题就是——既然它在本质上是一种互动的媒介，允许人们进行参与和对话，那么，它是否能够打破现代人的被动和冷漠状态、增加各种形式的民主参与并带来公共领域的复兴？对此，很多学者相当乐观。有人提出，"互联网可以冲破本地交流中的束缚，协调公共参与，并且为基于空间的交流提供新的机会。如果我们接受帕特南和其他人的证据——在过去的 25 年间个人主义倾向加强了，公共参与减少了——那么互联网就是扭转这种倾向的中心力量"。[1] 在这些人看来，人们之所以疏远政治，通常都不是因为缺少兴趣，而是因为缺少参与其中并发挥影响的手段。在大众传媒条件下，人们只能被动地接收有关公共事务的信息，即使个人有不同意见，也缺少将之公之于众的有效手段。这也就意味着，大众传媒把人牢牢地束缚在旁观者的位置上，即使人们密切关注有关公共事务的信息，也很难产生一种参与功效感，长此以往，人们对公共事务的兴趣和热情就不可避免地会慢慢流失和冷却。

如果说大众传媒垄断了信息发布权，对所有人构成了一种中心辐射式的影响，那么，网络传媒则在人与人之间建立起一种水平化的联系，并把信息发布权平等地分配给了每一个人。它不再是一个信息中心，而更像是一个信息发布平台和流通网络。从这一角度看，它无疑给人分配了一个更为积极的角色，正如有学者所说，"互联网扩展了政治的来源：一方面，议题设置不再是政治家和新闻记者的特权；另一方面，评论工作也不再专属于一个排他

---

① ［美］基思·N. 汉普顿：《在线与脱机形式的网络交往》，见［美］曼纽尔·卡斯特主编《网络社会：跨文化的视角》，周凯译，社会科学文献出版社 2009 年版，第 253 页。

的俱乐部"①。因此，网络传媒能够增强人们的参与功效感，激励人们走出个体化的生存状态并带来公共领域的复兴。

从以上分析可知，网络传媒的出现有着十分复杂的社会语境：从理论角度看，它延续了存在于技术决定论和工具论之间的争议，又一次勾起了人们对社会结构性变革的蠢蠢欲动的期待。从现实角度看，在它出现的 20 世纪 90 年代，人们对代议制民主的表现越来越不满意，要求改造代议制民主的呼声越来越高涨。从媒介变迁角度看，在网络传媒出现的时候，大众传媒正声名狼藉，学者普遍认为它与权力的集中化和社会控制暗相投合，对此情形，他们虽极度不满，却也无可奈何。正是在这多重语境的共同形塑下，网络传媒与公共领域之间的关系才成为学术界的一个核心关切，许多研究都从不同方向上指向了同一个问题，即网络传媒是否能够带来公共领域的复兴？

对于这一问题，我们显然不能给出一个非此即彼的简单答案——即使我们倾向于做出一个肯定的回答，也必须认识到，网络传媒所开创的公共空间必然是一种新型的公共领域，它迥然有别于阿伦特所论述的城邦大会式的或哈贝马斯所说的咖啡馆式的公共空间。在考察网络传媒与公共领域建构之间的关系问题时，我们需要有双重的比较视野，即一方面将网络传媒与传统的大众传媒进行比较，另一方面将网络公共空间与经典公共领域进行比较。

需要指出的是，在网络传媒出现以前，公共领域的衰落几乎已经成为学界的集体共识，当代研究公共生活问题的三大理论家阿伦特、哈贝马斯、桑内特都持这种观点，且都不同程度地注意到了大众传媒在这一过程中起到的推波助澜的作用。这些研究既构成了网络传媒研究的历史语境，同时也是我们反思经典公共领域理论缺陷的基础。因此，在考察网络传媒与公共领域之间的关系之前，我们有必要对之进行回顾和反思。

---

① Michael Gurevitch, Stephen Coleman, Jay G. Blumler, "Political Communication: Old and New Media Relationships", *The ANNALS of the American Academy of Political and Social Science*, 2009, Vol. 625.

第二章　大众传媒与公共领域的衰落

自熊彼特、布鲁纳、杜威等人开其端绪以来，西方学术界对公共领域问题的研究已经取得了丰硕的成果，成就了一批声名卓著的理论家。一般认为，除了将公共领域理论发扬光大的尤尔根·哈贝马斯外，在这一问题上较有建树的学者还有汉娜·阿伦特和理查德·桑内特，正如桑内特所说，他们从不同视角对公共领域的研究构成了一个"精神的等边三角形"①，丰富了我们对这一问题的认识。

众所周知的是，阿伦特的政治哲学思想有着浓重的古典共和主义底色，在她看来，公共领域的理想形态存在于古希腊城邦政治中。那时，公共领域不仅是成年公民共同商讨和决定城邦事务的场所，同时也是他们通过言说和行动追求自我彰显的舞台。在她那里，"政治参与并不像近代民主理论家所说的，只是一种保障私权或民权的主要手段；而是根本来自天性，是人对自我存在的一种实践与肯定"②。在很多方面，哈贝马斯的公共领域思想都承继于阿伦特，但与之不同的是，他的公共领域理论具有更多的现代色彩，他更关注公共领域在现代社会条件下存在的可能性。因此，他将公共领域理解为处于国家权力与私人利益之间、并对它们之间的关系进行调节的一个中间地带。他认为，18 世纪伦敦、巴黎等地出现的以咖啡馆、沙龙、剧院为主要载体的资产阶级公共领域是其典范形态。正如有学者分析的那样：

---

① ［美］理查德·桑内特：《公共人的衰落》，李继宏译，上海译文出版社 2008 年版，中文版序，第 1 页。

② 姜宜桦：《自由民主的理路》，新星出版社 2006 年版，第 193 页。

哈贝马斯基本上继承了阿伦特对古希腊时代公私领域区分的研究,以及她对近代"社会"领域兴起的认识,但是他也看到阿伦特公共空间的概念缺乏制度的锚定,好似怀旧的政治梦幻。在哈贝马斯的手里,公共领域变成了一个坚实的"理想类型"。①

与阿伦特、哈贝马斯从政治哲学的高度对公共领域进行研究不同,桑内特的研究路径更接近于社会学和历史学。他认为,"'公共'意味着一种在亲朋好友的生活之外度过的生活,在公共领域中,各不相同的、复杂的社会群体注定要发生相互的联系"②。不难看出,他对公共领域的研究具有更多的社会学意味,而较少政治学色彩。

尽管他们对公共领域的理解存在诸多差异,但他们关于现代社会中公共领域已经走向衰落的判词却惊人的一致。阿伦特认为,公共领域和私人领域之间的界分是保证它们存在的前提,但是,"随着社会的兴起,即随着'家务'或经济活动进入公共领域,家务管理以及所有之前属于家庭私人领域的事务都变成了一种'集体的'关切。在现代世界,这两个领域确实在持续不断地彼此涌入,就像生命之流本身永不停歇地奔涌"③。这也就意味着,随着"社会"的兴起,传统的公、私之界已经被严重扰乱,公共领域和私人领域都已不复存在,都被吞噬进无所不包的社会领域之中。在她看来,在分析现代社会时,公共领域和私人领域基本上已经成为一对失效的范畴,它们已经为另一对范畴——社会领域和私密空间(intimacy sphere)所取代。

阿伦特认为现代社会的兴起使公共领域走向了终结,而哈贝马斯的观点则恰恰相反,他认为,正是在现代社会中才出现了国家与社会的分离,并在它们之间的张力场中孕育出了资产阶级公共领域。但他也认识到,这种公共领域的理想形态是非常短命的。19世纪末,随着国家干预主义的出现以及与之相应的公共权力向私人组织的转移,"社会的国家化与国家的社会化是

---

① 胡泳:《众声喧哗:网络时代的个人表达与公共讨论》,广西师范大学出版社2008年版,第62—63页。

② [美]理查德·桑内特:《公共人的衰落》,李继宏译,上海译文出版社2008年版,第20页。

③ Hannah Arendt, *The Human Condition*, Chicago: The University of Chicago Press, 1958, p. 33.

同步进行的，正是这一辩证关系逐渐破坏了资产阶级公共领域的基础，亦即，国家和社会的分离"①。于是，资产阶级公共领域在昙花一现后，随即走向了新一轮的结构转型，即一个被称为"再封建化"的倒退性历程。

与哈贝马斯的判断相类似，桑内特也认为，公共领域的现代形式出现于18世纪，并在19世纪中期以后慢慢走向了衰落，不同的是，由于他的研究更接近于社会学，所以他更多地使用了"公共生活"（public life）这一概念，而非"公共领域"。通过对19世纪中期以后城市生活的考察，他提出，"和罗马时代一样，今天对公共秩序的参与被当作是随大流的事情，而这种公共生活开展的场所也跟罗马城一样，正处于衰落的状态中"②。从这种比较中我们不难看出，虽然阿伦特、哈贝马斯和桑内特三人对公共领域的理解互有差异，对其兴衰时间的判定也不尽相同，但他们却一致认为，当代社会中的公共领域已经无可挽回地走向了衰落，而他们的理论则为此"唱了一曲无尽的挽歌"。

他们的相同之处还不止这些。在对公共领域衰落的成因进行剖析时，他们都直接或间接地指出了大众传媒所起到的推波助澜的作用。虽然阿伦特很少直接论及大众传媒，但在《文化的危机：其社会和政治意蕴》一文中，她却对"大众娱乐"（mass entertainment）有较为集中的论述，恐怕所有人都不会否认，在大众娱乐与大众传媒之间有种近乎天然的联系，因而，我们可以从她对大众娱乐的批判中挖掘出她对大众传媒的评价。阿伦特认为，大众娱乐是一种消费品，我们不能指望它能像文化作品或艺术品那样具有什么恒久的价值，也不能用这些标准对它进行苛责。在她看来，大众娱乐的根本缺陷在于，它对公共生活构成了致命的威胁：一方面，它通过劫掠人类的"文化"，破坏了公共生活发生于其中的"世界"的稳固性；另一方面，它培养出人们对公共生活的消费态度，使其变得徒有其表。如果她的这种判断成立，那么我们自然就可以得出结论说：在阿伦特看来，大众传媒对公共领域的衰落负有不可推卸的责任。

---

① ［德］尤尔根·哈贝马斯：《公共领域的结构转型》，曹卫东等译，学林出版社1999年版，第171页。
② ［美］理查德·桑内特：《公共人的衰落》，李继宏译，上海译文出版社2008年版，第4页。

　　与阿伦特相比,哈贝马斯对大众传媒与公共领域之间的关系有着更为直接而深入的论述。他认为,早期的报纸、定期出版物等曾经对资产阶级公共领域的形成起到了极为重要的作用,但随后,这种形式的新闻写作逐渐为大众传媒所取代。由于大众传媒具有强大的社会影响力,所以自诞生之日起,它就不断受到国家权力的干预以及私人利益的入侵,并在这些力量的共同作用下逐渐丧失了它的批判功能,而成为各种宣传伎俩和公关策略上演的舞台。与此同时,随着大众传媒的影响范围和力度达到了前所未有的程度,"具有操纵力量的传媒褫夺了公众性原则的中立特征。大众传媒影响了公共领域的结构,同时又统领了公共领域。于是,公共领域发展成为一个失去了权力的竞技场"①。这也就是说,一方面,大众传媒逐渐被国家权力和私人利益所操控;另一方面,被操控的大众传媒又操控了公共领域,如此一来,大众传媒在丧失自身公共性的同时,也直接导致了公共领域的衰落。

　　桑内特同样也认为,大众传媒并不是造成现代社会公共生活衰落的罪魁祸首,因为人们退出公共生活的冲动其实早在这些技术发明之前就已经出现了。但是,大众传媒却对公共生活的衰落起到了推波助澜的作用。在他看来,广播、电视等大众传媒迎合了人们退出公共生活的冲动,加剧了亲密性的专制统治,"大众传媒无限地提升了人们对从社会中走漏出来的消息的了解,它们也无限地限制了人们将这种了解转化为政治行动的能力"②。就此而言,大众传媒与现代的建筑技术有异曲同工之处,即它们都让人们看到的更多,却交往的更少。

　　由以上分析可以看出,在对公共领域问题进行研究时,很多学者都不同程度地关注到了大众传媒的影响,而且他们一致认为,正是大众传媒的出现敲响了公共领域的丧钟。这种将公共领域问题与传媒问题联系起来进行思考的方法有着充足的合理性,正如有学者分析的那样:

　　　　公共领域与大众传媒的公共性在本质上具有同一性,都是公众沟

---

①　[德]尤尔根·哈贝马斯:《公共领域的结构转型》,1990年版序言,第15页。
②　[美]理查德·桑内特:《公共人的衰落》,李继宏译,上海译文出版社2008年版,第359页。

通、公共利益与民主参与问题，以国家—社会的视角来看，都代表了社会公众的一方如何与国家展开互动，进行权力制衡与利益博弈，并如何在社会内部实现自我协商、自我调节。具有公共性的大众传媒既是现代公共领域建制的重要因素，也是现代公共领域存亡与否的重要现实表征。①

显而易见，我们对网络传播的公共性的研究与之属于同一类型。因而，阿伦特、哈贝马斯、桑内特等人的研究不仅为我们提供了前提，而且还能给我们带来诸多启发。通过考察他们对大众传媒与公共领域之间关系的论述，我们一方面可以更好地反思网络传媒与公共领域之间的关系；另一方面也可以更清楚地看到经典公共领域理论的缺陷，并进而思考网络传媒建构一种与之不同的公共性的可能。

一　阿伦特论大众娱乐对共同世界的破坏

进入 20 世纪以后，广播、电影、电视等各种形式的大众传媒相继出现，到了这个世纪的中叶，它们已经无孔不入地进入了人们的日常生活，并极大地改变了世界的样貌。因而，许多以当代社会为思考对象的理论家都从不同角度对大众传媒问题给予了关注。但阿伦特是一个例外，作为一个直面当代社会、以思考"我们正在做什么"为志业的理论家，她对大众传媒的忽视是一个让人百思不得其解的问题。约翰·汤普森分析说，阿伦特的公共领域理论之所以对大众传媒问题视而不见，是因为大众传媒扰乱了"公共"和"私人"之间的清晰边界，从而动摇了她整个政治哲学思想的基石——在大众传媒出现以后，一方面，人们不必亲身参与就可以在私人环境中经历公共事件；另一方面，越来越多的私人事件借助于大众传媒获得了公开显现。② 对

---

① 黄月琴：《公共领域的观念嬗变与大众传媒的公共性——评阿伦特、哈贝马斯与泰勒的公共领域思想》，《新闻与传播评论》2008 年第 7 期。

② John B. Thompson, "Shifting Boundaries of Public and Private Life", *Theory, Culture & Society*, 2011, Vol. 28 (4).

于阿伦特来说,大众传媒一方面具有公开性,另一方面又常常被私人性的事务所占据,因此就成为一个颇为棘手的问题。

虽然阿伦特并没有直接面对大众传媒问题,而是对之进行了"选择性遗忘",但她却没有完全忽视大众传媒的强大影响,在《文化的危机:其社会和政治意蕴》一文中,她对大众娱乐进行了非常集中的论述。众所周知的是,虽然大众娱乐不完全等同于大众传媒,但它们之间却有着千丝万缕的联系:一方面,在今天的大众传媒上充斥着各种形式的大众娱乐,很多对大众传媒的批判都是指向它对大众娱乐的无节制生产;另一方面,今天几乎所有的大众娱乐又都是借助于某种形式的大众传媒生产和传播的,如果离开了大众传媒的助推,大众娱乐根本不可能获得如此强大的社会影响。因而,在阿伦特对大众娱乐的批判中,其实隐含着她对大众传媒问题的认识和评价。

众所周知,阿伦特的政治哲学思考建立在对公共领域与私人领域的清晰界分之上,而公共领域与私人领域问题又和她对人类境况的分析密不可分,因此,要理解阿伦特对大众娱乐的批判,就必须将其纳入到她的政治哲学理论框架中。

(一)劳动、工作和行动

在阿伦特看来,人类所从事的活动可以划分为三种类型,分别为劳动(labor)、工作(work)和行动(act),它们都是由人类生存的基本境况决定的。其中,劳动是人类和其他动物物种共有的活动。像其他动物一样,人的身体也是一个能量耗散结构,即使什么都不做,也会感到饥饿,也需要定时进食。因此,为了维持生存,人就必须不断通过劳动的方式与自然界进行能量交换,而这也就意味着,劳动将与人类的生命过程相伴随。对于个体的人来说,一些人确实可以不参加劳动,如奴隶主和富人。但对于人类整体来说,劳动却是不可以消除的,总要有人从事劳动,以维持人类种族的延续。

劳动和工作的区别在于,劳动的产品直接与人的身体需求相关,因此它们不具有持久性,就如生产出来的水果或面包,它们要么被立即吃掉,要么就会自行腐坏。而工作则是指各种制作活动,它们的产品具有稳固性,可以持久地留存于世,如家具、建筑、纪念碑等,它们的生命长度甚至可以超过制作它们的人。如今人们已经不再区分劳动和工作,并用对待劳动产品的方式来对待工作的产品，将它们一律都视为消费品。但通过语源学考察，劳动和工作的区分还清晰可见，这种区分甚至仍可以在现代英语中找到痕迹，比如，"工作"的英文是 work，这个词既指工作活动本身，是个动词，同时又指工作的产品，是个名词；而劳动的英文 labor 却只指劳动活动本身，而不含有劳动产品的意思。这也就意味着，在古人的理解中，劳动的产品直接为人的身体所需，在被生产出来以后就立即被消耗掉，是不具有持久性的，因此，labor 就没有相应的名词形式（作为名词的 labor 是指劳动力，而不是劳动产品）。

劳动受制于生存必然性，是人类不得不从事的活动；工作受制于有用性，是人类为了获得目的产品、为了建造一个稳固的世界而从事的活动；与它们相比，行动则是一种既摆脱了生存必然性的束缚，又摆脱了有用性目的的活动，因此它是自由的。行动没有自身以外的目的，不是达到其他更高目的的手段，或者说，行动的目的就体现在行动的过程中。也正是由于这种原因，古希腊人常常将行动与各种表演艺术进行类比，"表演艺术确实与政治有更加紧密的联系，舞蹈家、演员、音乐家等表演艺术家都需要在观众面前表现他们的精湛技艺，就如同行动者离不开他人的在场；他们的'作品'都需要一个组织起来的公共空间，他们的表演都依赖于他人的在场"①。它们之间的共同之处还在于，在行动或表演活动结束以后，都没有一个最终的成品存留下来。

在阿伦特那里，行动就是指政治活动，它是人区别于其他动物之处，也是自由人区别于奴隶和其他不具有公民身份的人之处。"如果财产所有者选择扩大他的财产，而不是用它去过一种政治生活，那么，他就是宁愿牺牲自己的自由，自愿成为像违背自身意志的奴隶那样的必然性的奴仆。"② 这在当时简直是不可想象的。因此，在最初的意义上，政治活动是自由的，它不是达到其他目的的手段，它的意义就体现在政治活动的过程之中。

然而，行动或政治活动也有自身不可克服的缺陷，即它是转瞬即逝的，随着行动的结束，它就消失了，就像其他表演活动那样。为了长久地留存在

---

① Hannah Arendt, *Between Past and Future : Six Exercises in Political Thought*, New York: The viking press, 1961, p. 153.

② Hannah Arendt, *The Human Condition*, p. 65.

这个世界上，行动必须求助于制作者的工作，将它转化为各种人工制品，如故事、历史、纪念碑等。这些人工制品也就是我们通常所说的文化，它们为我们提供了一个稳固的世界。如果没有这个由各种各样的人工制品组成的世界，每一代人在降生以后，都将面临一个全然陌生的世界，这将是十分可怕的。后面我们会看到，阿伦特对大众娱乐的批判，正是着眼于它对这个稳固的世界的破坏。

（二）公共领域与私人领域

公共领域与私人领域的区分，是阿伦特政治哲学思想的一块基石。在她看来，公共领域和私人领域对于一个完整的人来说都是必不可少的。私人领域在很大程度上对应于人的生物属性，在其中，人所处理的主要是与生存必然性有关的事务，围绕劳动活动展开。公共领域对于人来说同样必不可少，它的作用在于给人带来自由。在这点上，阿伦特继承了亚里士多德的观点，认为人是一种政治动物，公共领域为人提供了一个自我实现的舞台，人若缺少了这个舞台，完全过一种私人生活，就是不完整的。在她看来，一个人在私人领域中对生存必然性的克服，是他进入公共领域的前提条件。这是因为，贫穷迫使人像奴隶那样行事。只有那些拥有足够多的财富，从而使自己可以从劳动活动和其他旨在谋利的活动中摆脱出来的人，才能更自由地从事公共活动。

> 相对于公共领域的多重含义，"私人的"一词在其原初的被剥夺意味上获得了意义。完全过一种私人生活，首先意味着被剥夺了对于真正的人的生活来说最为本质的东西，即被剥夺了由被他人看到和听到所产生的实在性，被剥夺了以共同世界中的事物为中介形成的、将人们既联系起来又彼此分开的"客观"关系，被剥夺了赢得某种比生命本身更为长久的东西的机会。私人生活的缺憾在于他人的缺席，对于他人来说，私人生活中的人并没有出现，因而，他好像从来就没有存在过一样。无论他做什么，都不会对他人产生意义和影响，对于他来说重要的东西其他人也不感兴趣。①

---

① Hannah Arendt, *The Human Condition*, p. 58.

　　阿伦特对公共领域与私人领域的区分很容易引起一些人的误解，即认为阿伦特贬低私人领域而抬高公共领域。其实不然，她坚持认为，私人领域中的活动不仅为人进入公共领域准备了必不可少的条件，而且，一些对于人类来说弥足珍贵的东西只有在私人领域才能得到完好保存，它们一旦进入公共领域，就不仅会造成自身的变质，还会对公共领域形成破坏。比如"爱"，尤其是爱情完全是一种私人事务，它应该绝对隐藏起来，以抵挡公共之光的照射。然而在今天的社会中，在各种媒体上公开展示自己的爱情，早已屡见不鲜，有的娱乐明星甚至还将自己的恋爱和婚姻当成增加曝光率或"上头条"的手段。这种在众目睽睽之下展示的爱，实际上已经变得十分可疑而危险。再比如"善"，它也是一种私人事务，更应该隐藏起来，不仅要对别人隐藏，甚至还要对自己隐藏，因为一个人一旦意识到自己是在行善，那这种善其实就已经变质了。就此而言，那种在各种媒体上公开进行的慈善活动其实早已背离了慈善的本来意义。

歌手汪峰向章子怡求婚

　　阿伦特之所以要对公共领域和私人领域进行严格区分，并不是为了做出孰高孰低的价值判断，而是为了强调二者之间存在着不可逾越的界限。换一个角度看，这种界限就相当于应该隐藏的东西和应该显示的东西之间的区别。也就是说，有一类事务按其本性就应该躲藏在私人领域，以抵挡公共之光的照射，而另一类事务则必须在公共领域中公开显现。它们应该各安其所，互不逾越，不管是私人事务向公共领域的入侵，还是公共事务向私人领域的撤退,都是十分危险的。正是基于这种观念,阿伦特在《论革命》中考察了法国大革命由一场轰轰烈烈的革命演变为恐怖统治的过程。① 在她看来,革命是一个典型的发生在公共领域中的政治事件。不管是贫困,还是由贫困引发的同情、暴力、必然性观念等,都应该严格限定在私人领域中,不幸的是,恰恰是这些因素在法国大革命中扮演了最为重要的角色,并使它由一场轰轰烈烈的革命走向了恐怖统治。

(三) 作为消费品的大众娱乐

在这样的理论框架中,阿伦特对大众娱乐的批判,并不是像一些审美精英主义者那样指责它格调低下,也不是像一些道德理想主义者那样怪罪它造成了欲望泛滥和道德堕落,而是着眼于它对共同世界 (common world) 的破坏。

阿伦特认为,共同世界是人类制作活动的产物,它比单个人的生命更长久,为有死之人提供一个稳固的生存环境;同时,它又像一张桌子一样把人们彼此分开又互相联系起来。对于人类的政治活动来说,这一共同世界是至关重要的:一方面,就像人们共同面对的是同一张桌子一样,共同世界确保了人们谈论的是同一个对象,而不是在自说自话;另一方面,就像围坐在同一张桌子前的人有着不同的位置一样,在共同世界中生活的人也具有不同的视角,正是这种视角的差异产生了人与人之间进行交谈的可能和必要。

因而,在阿伦特那里,共同世界问题与公共领域问题其实是紧密地交织在一起的,正如有学者分析的那样:"阿伦特说公共领域与共同世界的关联时显得纠缠,但论述的主题在于:公共领域虽然不等同于共同世界,但公共领域得以成立的条件赖于共同世界的形成;另一方面,共同世界若没有公共领域,则被剥夺了其表现自身的媒介。"② 甚至还有人提出,在阿伦特的论述中,公共领域有三个不同层次的内涵,其中,"更广义的公共领域就是共同世界,是一切事物都要在其中显现而获得客观性的显现空间,器具、艺术、文化、传统等等都是这个共同世界的组成部分"③。由此可见,阿伦特其实并

---

① 参见拙文《阿伦特论法国大革命失败》,《书屋》2015 年第 12 期。
② 蔡英文:《政治实践与公共空间》,新星出版社 2006 年版,第 97—98 页。
③ 王寅丽:《汉娜·阿伦特:在哲学与政治之间》,上海世纪出版集团 2008 年版,第 112 页。

没有完全忽视大众传媒对公共领域的影响。

　　阿伦特所说的"大众娱乐"其实就是指阿多诺等人所批判的"文化工业"，她之所以拒绝使用它更为常用的一个称谓"大众文化（popular culture）"，而坚持用"大众娱乐"一词取而代之是因为，在她看来，"大众文化"这一称谓是内在矛盾的——所谓"大众文化"显然是指一种消费品，而消费品是不可能具有持久性的，因而它根本就不能算是一种文化。由于阿伦特把大众娱乐定位为一种消费品，而不是一种新的文化形态或艺术类型，所以她也就避免了像其他很多学者那样以经典文化或精英艺术为标杆对大众娱乐进行几乎不会脱靶的攻击和批判。从这一立场出发，她给予大众娱乐以更多的理解和包容。

　　　　不管怎样，只要娱乐工业生产着它自己的消费品，我们就不能责备它的产品没有持久性，正如我们不能责备一个面包店，说它的产品一生产出来不赶快吃掉就要坏一样。鄙视娱乐和消遣，因为从它们当中得不出什么"价值"，从来都是有教养市侩主义的标志。但事实上我们每个人都需要这样那样的娱乐消遣，因为我们都要服从生命的巨大循环。否认取悦和逗乐了我们大众同伙的东西也同样取悦和逗乐着我们，就是纯粹的虚伪和势利。①

　　对于那些具有精英主义倾向的大众文化批评来说，阿伦特的这段话无疑颇具启发意义。在她看来，我们长期以来驾轻就熟的用文化或艺术的标准来衡量大众文化的批评方法从一开始就是文不对题的，因为大众文化本来就不是什么文化产品或艺术作品，而是服务于社会的生命过程的消费品，它天然的命运就是被一次性消费掉，而不是持久地留存于这个世界中。大众娱乐是人类生活中的一种必需品，即使是那些板起面孔对大众娱乐进行头头是道训斥的精英主义者，也常常不能否认自己也是大众娱乐的忠实消费者。其实，不管是大众还是精英，也无论是在现代还是在古代，人们都离不开这样或那

---

　　① ［美］汉娜·阿伦特：《过去与未来之间》，王寅丽、张立立译，译林出版社 2011 年版，第 191 页。

样的娱乐消遣，就如停止了人与自然之间的能量交换，个体的生命就将无法维持一样，离开了娱乐消遣，社会的生命过程也将难以运转。

虽然阿伦特指出了很多学者对大众娱乐的不当指责，并在特定意义上为大众娱乐辩护，但这绝不意味着她对大众娱乐持有完全肯定的评价。相反，她从自己的政治哲学理论出发，为大众娱乐批判开创了一个独特的视角。

> 由于娱乐工业造出来的玩意儿瞬间就被消费所吞噬，它的庞大胃口就不停地需要新商品来满足。在此困境下，大众媒体从业者为了找到合适的素材，就要搜肠刮肚地劫掠过去和现在的全部文化。而且他们不会把这些素材按其本来的样子拿出来，为了具有娱乐效果，他们必须对之加以改变，使之变得易于消费。[①]

也就是说，大众娱乐的根本问题不在于它缺少什么恒久的品质，也不在于审美上的贫乏或道德上的贫困，而在于作为一种商品生产它几乎没有属于自己的原材料，为了维持自身的运转，它不得不盗用那些本来不是为它准备的东西，即人类文化，并将之加工成供大众进行一次性使用的消费品。可以看到，在今天中国的电视荧屏上，很多娱乐节目的素材都来自经典的文化作品，它们所做的就是借用恶搞手段，将它们转化为大众娱乐产品。经过一轮又一轮的消费，经典文化作品的价值不断被榨取，直至耗散殆尽。

（四）大众娱乐对共同世界的破坏

在阿伦特那里，文化是共同世界的重要组成部分，因而，大众娱乐对文化的破坏会威胁到共同世界的稳固性。她提出，在人类从事的三种基本活动中，劳动和行动的产物都不具有持久性：劳动服务于人的生命过程，它的产品瞬生瞬灭；同样，行动也是稍纵即逝的，"如果不是首先被人们用记忆保存下来，然后用他们的创制能力编织成故事，它们在世界上存在的时间恐怕就不会长于它乍现的一小时、一天"[②]。只有制作活动的产物能够抵御时间之

---

① ［美］汉娜·阿伦特：《过去与未来之间》，王寅丽、张立立译，译林出版社2011年版，第192页。
② 同上书，第193页。

在上海卫视的《欢乐喜剧人》、北京卫视的《跨界喜剧王》等
娱乐节目中，《新白娘子传奇》《泰坦尼克号》《神雕侠侣》等经典
影视作品经常成为创作的素材和恶搞的对象

流的侵蚀，超越每个人的生命长度而存在，并为一代又一代的人类新成员准备一个稳固的家园。可见，阿伦特所说的共同世界其实是由各种人工制品组成的。那么，什么是文化呢？

> 就文化世界由有形之物，如书籍、绘画、雕塑、建筑和音乐组成而言，它包含并见证了各个国家、各个民族乃至人类的全部有历史记载的过去。因此，判断这些文化的非社会性及真实性的唯一标准，是它们相对而言的持久性，甚至最终而言的永恒性。只有历经岁月考验的东西才有资格被称为文化对象。①

通过比较可以看出，不管是就其人工制品的性质而言，还是从其持久性上来说，文化都是共同世界的重要组成部分。它与大众娱乐的根本区别并不在于其审美品质上的高下，而在于其持久程度上的差异——它们一个是人工制品，构成了这个稳固的世界；而另一个则是消费品，注定不能够长久地驻

---

① ［美］汉娜·阿伦特：《过去与未来之间》，王寅丽、张立立译，译林出版社2011年版，第192页。

留在这个世界中。如果说娱乐工业是一架不断"砍伐"文化以生产消费品的机器的话,那么,它也必然会破坏我们生活于其中的这个共同世界的稳固性,并进而危及人们对公共领域的参与。

首先,大众娱乐对共同世界的破坏,摧毁了公共领域得以出现的前提条件。正如有学者分析的那样,"在说明公共领域的含义时,阿伦特指明它是人与人面对面的言行的表现,以及交往、沟通,但没有一恒定的、具有一定结构的世界,面对面言行的彰显、沟通就成其为不可能"①。在阿伦特的概念体系中,"世界"(world)并不等于地球(earth),它是非自然性的,由各种人工制品组成,不仅包括各种物质性的持久之物,如广场、城墙、会议厅等,还包括各种非物质性的持久之物,如法律、礼仪、习俗等。共同世界必须能够超出个体的生命长度而存在,只有这样,它才能为不断有人加入、也不断有人退出的公共生活提供一个舞台和一套规则。

> 共同世界是一个我们出生时进入、死亡时离开的地方。它超出了我们生命的长度,向过去和未来延伸,它在我们出生时就在那里,在我们短暂的停留后还会继续存在于那里。它不仅是我们与和我们一起生活的人共同拥有的东西,而且还是我们与前人和后代共同拥有的东西。②

然而,大众娱乐却对"世界"采取一种消费主义态度,它不仅不懂得照料这个世界,而且还竭尽全力地对它进行消费开发。在娱乐工业的生产逻辑中,一切世界之物都是用来制造消费品的原材料,这种态度注定要毁坏掉它所触碰到的一切,当然,这其中也包括公共领域赖以存在的共同世界。

其次,大众娱乐还使公共领域中的言说和行动变得徒劳无益。如前所述,在人类从事的三种基本活动中,劳动和行动的产物都是转瞬即逝的,所不同的是,劳动还具有一种徒劳性——无论如何,它的产品都注定不能长久地留存于这个世界中,要么被消费掉,要么自行腐坏;而行动则不同,它可

---

① 蔡英文:《政治实践与公共空间》,新星出版社 2006 年版,第 98 页。
② Hannah Arendt, *The Human Condition*, p. 55.

以借助于技艺人的帮助获得持久性，甚至有机会达至不朽，比如，通过建筑师将其铸造成纪念碑、通过诗人将其吟诵成诗篇或者通过历史学家将其写入史书等。只有通过这些方式凝固为一种有形或无形的持久之物，言说和行动的产物才能行之久远，才有机会实现自己的最高潜能，即达至不朽。

　　然而不幸的是，当这些持久之物遭遇大众娱乐并被加工成消费品后，它们的持久性和稳固性也就灰飞烟灭了。一个颇能说明这一问题的例子是，当初人们正是为了将屈原的"行动"凝固为一种持久之物，才"制作"出了端午节，它本来是一个供人们回忆屈原的业绩并向他表达敬仰、寄托哀思的节日。但如今，精明的商家已经将它成功地改造为一个全民同乐的"粽子节"，在这一天，人们甚至互发短信祝福"端午节快乐"。如此一来，屈原的行动及其行动所彰显出的傲岸风骨也就越来越为人所遗忘。在阿伦特看来，大众娱乐破坏了世界的稳固性，使人们始终生活在既没有过去也没有未来的当下时刻，所以，任何形式的纪念都变得不再可能，公共领域中的言说和行动变得像夜空中的焰火一样，在瞬间的绚烂绽放后就随即风流云散开去。

　　最后，大众娱乐还培养了人们对公共领域的消费态度，从而对其构成了更直接也更致命的威胁。在阿伦特看来，公共领域是一个自我呈现的舞台，其中上演的言说和行动就像表演一样，没有任何外在于自身的目的。而对于一个接受大众娱乐喂养的消费动物来说，他必然会以有用性的标准打量周遭的一切，把所有的人类活动都看成服务于生命过程的一种操劳。如此一来，公共领域就要么因为不能给人带来直接的好处而遭到拒绝，要么被看成一种博取政治权力、经济利益或其他好处的有用工具。在阿伦特看来，公共领域的本来意义在于它能给人带来一种公共幸福，并让人凭借自己的卓越言行获得不朽声名。如今，公共幸福已经被人彻底遗忘，获取不朽声名的热望也早已为赢得公众赞赏的虚荣心所取代，

如今，端午节已经被简化成了吃粽子、赛龙舟，对屈原的纪念和缅怀已经黯淡不彰。

这种转变完全扭曲了公共领域的本来意义,使其变得徒有其表。

其实,阿伦特对大众娱乐的批判与她对现代社会总体走向的忧虑是高度一致的,正如《人的境况》最后一节的标题"劳动动物的胜利"所显示的,她认为:"自从达尔文以来,人类都认为自己是从动物物种进化而来的;但现在有更加危险的迹象表明,人类愿意并且确实已经开始了重新退回动物物种的历程。"① 她在此想要表达的是,现代人不仅放弃了技艺人建造一个稳固世界的梦想,而且完全无法理解政治活动的本来意义,他们用劳动动物的单一尺度来认识和对待这个世界,把一切世界之物都当成了一次性消费的对象。从劳动动物的角度看,一切人类活动都变得与谋生有关。劳动动物能想象的人类活动只有两种:要么是谋生的手段劳动,要么是谋生的目的享乐,于是,人的生命过程就被劳动和享乐周而复始的循环所占据。在这种循环往复中,人不可能得到最终的满足,因为享乐的欲望是永远不会餍足的。再富足的物品也无法抵挡生命加速的无意义过程。②

所谓大众娱乐,其实也就是"私人活动的公开展现",它不仅破坏了共同世界的稳固性,而且还挤占了公共事务得以显现的空间。显然,在现代社会中,这种"显现空间"主要是由各种大众传媒构成的,因而,阿伦特虽然没有直接论及大众传媒问题,但我们依然可以读出她对大众传媒的批判。

毋庸讳言,阿伦特对大众传媒问题并没有深入的研究,她的公共领域理论也常常招致来自各方面的批评,其中最为人诟病的是,她的公共领域理论过分拘囿于古希腊城邦政治的模型,具有不切实际的理想化色彩。有学者总结说:

> 最主要的问题在于,她的公共领域的理论跟现代性的处境难以产生结合之点。这来自她对西方现代性的重要建制,如市场经济、市民社会、主权国家以及自由主义的意识形态,给予了否定性的批判。她的公

---

① Hannah Arendt, *The Human Condition*, p. 322.

② 参见笔者拙文《阿伦特论"劳动动物的胜利"》,《书屋》2016 年第 6 期。

共领域的理念如何在现代处境中呈现意义，就显得黯然不彰。①

如果说阿伦特的公共领域理论难以与现代社会相兼容，那么，哈贝马斯则试图在现代社会条件下重新发掘公共领域理论的阐释价值。

二 哈贝马斯论大众传媒与公共领域的"再封建化"

与阿伦特的厚古薄今不同，哈贝马斯认为，正是在现代社会条件下，公共领域的理想形态才得以出现，即资产阶级公共领域。然而，它却是非常短命的，在昙花一现后，它随即就进入了一个"再封建化"的过程。

（一）哈贝马斯与阿伦特的分歧

在很多方面，哈贝马斯的公共领域思想都承继于阿伦特，然而，他们之间的分歧也是显而易见的。在《阿伦特的交往权力概念》一文中，哈贝马斯分析了阿伦特政治哲学中存在的问题。

> 阿伦特把古希腊的城邦意象风格化（stylize）为政治的本质，这是她采用公共和私人、国家与经济、自由与福利、政治—实践活动与生产活动的概念二分法的背景，而这些僵硬的区分在现代资产阶级社会和现代国家中早就不再适用了。现代时期特有的新事实是：国家（state）和经济（economy）的互补关系通过资本主义生产方式的发展而得以确立，而这被阿伦特视作一种病理的标志、一种致命的混合。阿伦特正确地坚持了技术和经济对贫困的消除并不是政治自由的充分条件，但是当她坚持认为社会和经济事务进入公共领域，政府变为行政等必然使得任何政治—公共领域的活动都被败坏的时候，她却成了不再适合现代条件的政治概念的牺牲品。一个摆脱了对社会问题进行行政管理的国家，一种完全清除了社会经济问题的政治，一种完全独立于公共财富的组织活

---

① 蔡英文：《公共领域与民主共识的可能性》，见许纪霖主编《公共空间中的知识分子》，江苏人民出版社 2007 年版，第 93 页。

动的公共自由的机构化,一种其解放效力完全存在于政治压迫终止、社会压迫(social repress)开始之边界的激进民主,在任何一个现代社会都是不可想象的。①

关于哈贝马斯与阿伦特之间的分歧,席拉·班赫比(Seyla Benhabib)总结出三点:首先,阿伦特认为,在现代性条件下,公共领域走向了衰落;而哈贝马斯则认为,正是在启蒙运动中出现了公共领域的理想形态,即资产阶级公共领域。其次,由于阿伦特的公共领域理论建立在古希腊城邦政治的基础之上,所以她的"公众"概念更多与地理和空间的隐喻紧密相连;而哈贝马斯则看到了由报纸、定期出版物的兴起而带来的公众身份的转变——公众成为一个由作者、读者和阐释者共同组成的"虚拟"社群。最后,在阿伦特的理论中,公共领域概念与显现空间中的行动联系得如此紧密,以至于它在民主合法性理论中的关键地位被忽略了;而哈贝马斯则重新建立了公共领域与民主合法性之间的联系。②

除此之外,他们之间至少还存在两点区别:第一,阿伦特所理解的公共领域不仅排除了旨在维生的劳动,而且把所有旨在谋利的活动都清除出外了,因而具有强烈的理想化色彩。正如爱葛妮·海勒(Agnes Heller)所总结的那样:

> 在理论的层面上,她排斥了广阔的议题,这些议题是生活在日常世界中的男女视之为最迫切最切身的。阿伦特这种着迷于政治的排他性(即政治的自主性或纯粹性),以及罔顾"日常生活的细碎的实践"的特征,是任何根本论之政治哲学遭人非议的主要特征。③

---

① [德]尤尔根·哈贝马斯:《阿伦特的交往权力概念》,陶东风编译,《文化研究》第26辑,社会科学文献出版社2016年版,第183—184页。

② Seyla Benhabib, *The Reluctant Modernism of Hannah Arendt*, MA: Rowman & Littlefield, 2003, p. 200.

③ Agnes Heller, *The postmodern condition*, New York: Columbia University Press, 1988, pp. 118 – 119.

与之不同的是，哈贝马斯所说的公共领域是从私人领域中发展而来的，因而，它具有更强的现实感。在他看来，人们在公共领域中讨论的所谓"普遍问题"并不排除各种现实的利益问题，只不过，它指的是普遍利益而非一己之私，以区别于市场上买者与卖者之间的讨价还价行为。

第二，在阿伦特那里，公共领域就是政治领域，它与以家庭为主要场所的私人领域是相互对立的，人们在私人领域中的关切和身份应该完全被抵挡在公共领域之外。而哈贝马斯则认为，一方面，人们在公共领域中讨论的"普遍问题"不同于私人利益，它是对基本生活需求的超越；但另一方面，公共领域实际上又是在私人领域内部发展起来的，它们之间具有一致性，共同与公共权力领域处于相互对立的关系之中。如果说阿伦特的公共领域是"竞技式的"（agonistic model），类似于一个表演舞台，那么哈贝马斯的公共领域则是"对话式的"（discursive model），它的主要功能在于通过公众讨论形成社会舆论，并影响和制约公共权力的运作。

（二）大众传媒与公共领域

在对资产阶级公共领域的兴衰过程进行分析时，哈贝马斯始终密切联系着对大众传媒状况的考察。与很多批判理论家不同，哈贝马斯并没有不加分别地否定大众传媒，在他看来，大众传媒既是早期资产阶级公共领域得以形成的前提，同时也是构建大型公共领域的必不可少的条件。这从他为公共领域所下的定义中即可看出：

> 所谓公共领域，我们首先是指我们的社会生活中的一个领域，某种接近于公共舆论的东西能够在其中形成。像所有公民开放这一点得到了保障。在每一次私人聚会、形成公共团体的谈话中都有一部分公共领域生成。然后，他们既不像商人和专业人士那样处理私人事务，也不像某个合法的社会阶层的成员那样服从国家官僚机构的法律限制。当公民们以不受限制的方式进行协商时，他们作为一个公共团体行事——也就是说，对于涉及公众利益的事务有聚会、结社的自由和发表意见的自由。在一个大型团体中，这种交流需要特殊的手段来传递信息并影响信息接受者。今天，报纸、杂志、广播和电视就是公共领域的媒介。当公共讨

论涉及与国务活动相关的对象时,我们称之为政治的公共领域,以相对于文学的公共领域。①

在他看来,早期的资产阶级公共领域是由阅读公众组成的。当时,围绕着对各种报纸和定期出版物的阅读,人们自发地走到一起,由私人聚合为公众。这些传媒不仅哺育了公众的理性批判精神,还为公共领域中的交谈提供了超越地域限制的信息和话题,并将相距遥远的人们联系起来。在当代社会中,如果没有各种大众传媒的中介,私人之间的聚合根本就是不可能的,正如有学者所说,"所谓会合,在很大的意义下,是一种媒体的中介和衔接。没有媒体的中介,论坛可能会停留在很地域性或是很有局部性的层次。这也正是哈贝马斯在讨论公共领域诞生时,媒体一直被看成极为重要的社会条件的原因所在"②。可见,与阿伦特始终把大众娱乐看成是共同世界的破坏力量不同,哈贝马斯并不认为大众传媒与公共领域是水火不容的。

在很大程度上,我们与其说哈贝马斯批判的是大众传媒,不如说他批判的是某些外在力量对大众传媒功能的扭曲。他认为,公共领域是在国家和社会之间的张力场中发展出来的,在理想的状况下,它既不受国家权力的辖制,又不受私人利益的干扰。同样的道理,作为"公共领域的媒介",大众传媒也应该在国家权力和私人利益面前保持独立,只有这样,它才能成为构建公共领域的积极力量。然而,自19世纪末以来,大众传媒逐渐丧失了独立性,"报刊业(当时依然是私人公众的一个机制)变成了某些私人的一种机制;也就是说,变成了有特权的私人利益侵入公共领域的入口"③。如此一来,大众传媒就越来越为国家权力所操控、为私人利益所绑架,并由此丧失了其批判功能。可见,哈贝马斯并不认为大众传媒是导致公共领域衰落的罪魁祸首,在他看来,大众传媒批判功能的丧失与公共领域的衰落是由同一根

---

① 这段话是哈贝马斯为一套百科全书撰写的词条,转引自展江《哈贝马斯的"公共领域"理论与传媒》,《中国青年政治学院学报》2002年第2期。

② 李丁讚:《市民社会与公共领域》,见许纪霖主编《公共空间中的知识分子》,江苏人民出版社2007年版,第74—75页。

③ [德]尤尔根·哈贝马斯:《公共领域的结构转型》,曹卫东等译,学林出版社1999年版,第222页。

茎生出的并蒂莲。

　　哈贝马斯认为，不管是大众传媒批判功能的丧失，还是公共领域的衰落，都首先是由各种利益团体的操控所造成的。自 19 世纪末期以来，国家的社会化和社会的国家化趋势同步推进，处于国家和社会之间的公共领域不断受到挤压。一方面，随着人们在私人交往中所产生的利益冲突越来越无法继续在私人领域内部得到解决，冲突开始向政治层面转移，在这种背景下，干预主义政策应运而生，国家不断介入和接管社会事务；另一方面，"随着资本主义力量和影响力的不断增强，它的追随者已经不再满足于对现有国家进行改革，而是要求接管国家并利用它来达到自己的目的"[①]。于是，一些私人利益集团逐渐取得了对国家机器的宰制力量，并操纵了公共领域和大众传媒。正如哈贝马斯所说，"在操纵的公共领域里，随时准备欢呼的情绪，一种舆论氛围取代了公共舆论。受到操纵的主要是社会心理学上计算好的提议，这些提议诉诸潜意识倾向，唤起预定的反应，同时又没有以某种方式使赢得民众赞同的人承担任何义务"[②]。虽然他在此处所说的是公共领域，但这种判断同样也适合于大众传媒。现代社会中，大众传媒在获得强大社会影响力的同时，也越来越失去独立性而成为各种力量竞相争夺的对象，同公共领域的"再封建化"过程相一致，大众传媒也不再是各种观点互相交锋的场所，而变成了各种政治和经济力量公开"作秀"的舞台。

　　随着大众传媒商业化程度的加深，市场规律逐渐深入到文化产品内部，成为其内在的生产法则。至此，大众传媒的功能发生了根本变化，即由培养人们参与公共领域的能力转为减轻大众的心理负担，由提升人们的理性批判意识转为俯就大众的消费品位。在市场的压力下，大众传媒小心翼翼地避免忤逆大众的消费需求，即使是严肃的新闻报道，也不得不以休闲文学的行头装扮起来，即使是批判本身，也开始采用商品的形式。比如，我们经常可以在各种大众传媒上看到以公共讨论为形式的节目，其中一些还充满激烈的争

---

① Frank Webster, *Theories of the Information Society* (*Third Edition*)，Routledge，2006，p. 165.
② ［德］尤尔根·哈贝马斯：《公共领域的结构转型》，曹卫东等译，学林出版社 1999 年版，第 251 页。

论和批判,它们是真正的公共讨论吗?对此,哈贝马斯给出了否定的回答,他认为,虽然文化的商品化曾经是批判的前提,但批判本身却绝对不可以商品化。显而易见,大众传媒上的公共讨论是经过精心组织与策划的,因而,我们与其说它们是公共讨论的进一步公开化,不如说它们只是一种以公共讨论为表象的公开表演。

在今天的电视上,出现了各种类型的公共讨论节目,根据哈贝马斯的理解,这种经过精心策划和组织的讨论并不能说是真正的公共领域

在哈贝马斯看来,大众传媒虽然是构建公共领域的一个不可或缺的条件,但就其现实表现而言,它却越来越不堪此任。如今,大众传媒虽然仍具有把分散的个人联系起来的强大能力,比如,它能让互不相识的人聚集起来共同观看同一场电影,能让相距遥远的人共享同一套电视节目等,但是,我们与其说这些由大众传媒凝聚起来的人群是公众(public),不如说他们只是彼此同质的大众(mass)。这也就意味着,大众传媒不再是辅助于公共交往的手段,对于它的接受者来说,它的功能仅体现在社会心理学的层面上,即满足人们对失落的集体归属感的强烈需求。对于它的操纵者来说,它变成了宣传和公共关系的舞台——期待得到人们的欢呼,而不再吁请人们的批判。哈贝马斯总结说,"在公共关系的影响下,资产阶级公共领域又带有了封建的形式特征:'供应商'在准备追随的消费者面前披上了代表型的外装。公共性仿造了过去那种代表型公共领域赋予个人魅力和超自然的

神圣光环"①。在他看来，19 世纪末以来，公共领域的"再封建化"过程与大众传媒公共性的流失过程是并驾齐驱的。

（三）对哈贝马斯公共领域理论的批判

作为公共领域理论的集大成者，哈贝马斯对大众传媒与公共领域之间关系的论述开启了一个影响深远的批判路径，但是，它的缺陷也是不容忽视的。

首先，哈贝马斯的观点主要来自对 18 世纪欧洲社会状况的考察，在当下的社会环境中，它的适用性已经大打折扣。约翰·B. 汤普森（John B. Thompson）提出，至少在以下两个方面，哈贝马斯公共领域思想的适用性已经受到了严重限制：第一，它以印刷媒介为基础，主要考察的是实体环境中的面对面交往，无法适应新媒体技术发展所带来的变化；第二，它假定个人能够通过自由、平等的参与使个人意见上升为公共舆论，并对公共权力产生影响。但是，现代社会运作的复杂程度早已超出了普通人能够理解的范围，因而，在面对当前社会中全国性或国际性的复杂问题时，所谓"参与性意见"其实已经很难形成。② 这也就意味着，哈贝马斯的公共领域理论似乎已经过时了。正如詹姆斯·卡伦所总结的：

> 目前许多被人们接受的有关媒体在民主社会中所扮演的角色的观点都是从一个披着僧侣外衣的世界里派生出来的。在那个世界里，"媒体"主要是由一些发行量很小的政治类出版物组成，国家仍然被拥有土地的精英阶层所宰制。这些观点与一些历史上遗留下来的格言一样，与当代的社会现实没有多少关联。因此，有必要对这些观点进行重新评估。③

其次，像很多致力于对当代社会进行批判的学者一样，哈贝马斯也表现出了明显的远交近攻倾向，也就是说，他对于早期资产阶级公共领域的描述过于理想化了；同时，他对当前社会又显得过于悲观，夸大了公共领域的衰落趋势。克雷格·卡尔霍恩（Craig Calhoun）认为："哈贝马斯倾向于以洛

---

① ［德］尤尔根·哈贝马斯：《公共领域的结构转型》，曹卫东等译，学林出版社 1999 年版，第 230 页。
② ［英］约翰·B. 汤普森：《意识形态与现代文化》，高铦等译，译林出版社 2005 年版，第 132 页。
③ ［英］詹姆斯·卡伦：《媒体与权力》，史安斌、董关鹏译，清华大学出版社 2006 年版，第 277 页。

克和康德的思想来评价 18 世纪，以马克思和密尔的思想来评价 19 世纪，以典型的郊区电视观众的水准来评价 20 世纪。"① 在他看来，哈贝马斯的公共领域思想弥漫着一种怀旧情绪，没能对公共领域的古典形态与当下形态一视同仁。事实上，自由资本主义时期远不是一段消失的美好时光，当时，社会上已经出现了大量既无理性又无批判性的庸俗出版物，它们并不像哈贝马斯所假想的那样，通过刊登社会新闻和时事评论来服务于人们之间的公共交往，而是通过大肆报道各种耸人听闻的犯罪和丑闻来吸引人们的眼球。同时，哈贝马斯对当前社会中大众传媒的完全否定也显得过于武断，事实上，大众传媒并非只有消极的后果，"文化消费的大众"也没有完全取代"文化批判的公众"，20 世纪 60 年代批判公众和参与公众的复兴即印证了这一点。

最后，哈贝马斯虽然强调传媒与公共领域之间的关系，但他所理解的公共领域仍局限在咖啡馆、沙龙等实体场所中，他只是把传媒看成构建公共领域的一个辅助条件，而没有考察传媒自身成长为一个公共空间的可能。在这方面，查尔斯·泰勒（Charles Taylor）对公共领域理论做出了重要的发展，他提出，在当代社会中，各种传媒已经建构起了一个"元论题性的公共空间"（metatopical common place），人们不必亲身走到一起，就可以围绕共同关注的话题进行讨论。② 根据这种理解，我们与其说当代社会中公共领域已经衰落了，不如说它借助于各种传媒找到了一种新的存在形式。

三 桑内特论大众传媒与公共人的衰落

与阿伦特和哈贝马斯相比，桑内特对公共领域的理解更为宽泛，在他看来，所谓"公共"，意即在亲朋好友之外度过的生活；所谓"公共领域"，也就是指由互不相同的、复杂的社会群体所组成的社会交往空间。不难看出，他对公共领域的定义具有更多的社会学意味，而较少政治学色彩，如果说阿

---

① Craig Calhoun, *Habermas and the Public Sphere*, The Massachusetts Institute of Technology Press, 1992, p. 33.

② Charles Taylor, "Modernity and the Rise of the Public Sphere", in *The Tanner Lectures on Human Values*, Stanford University Press, 1992.

伦特和哈贝马斯借助于对公共领域的研究，想要表达的是对当前社会民主政治困境的深切忧虑，那么，桑内特则主要着眼于公共生活的衰落对当代社会文化所造成的影响。在《公共人的衰落》《肉体与石头》等著作中，他通过对 18 世纪以来伦敦、巴黎、纽约等大城市中人们日常行为和社交模式变化的分析，描述了 19 世纪以来世俗的公共文化逐渐走向衰落的过程。

（一）公共生活与私人生活的失衡

像其他研究公共生活的理论家一样，桑内特也认为，在一个理想的社会中，人们的公共生活与私人生活应该保持一种微妙的平衡，人们既不会完全鄙弃私人生活，也不至于沉溺于私人生活而拒绝参与公共生活。虽然公共生活与私人生活对于人来说都是必不可少的，但它们却是两种完全不同质的生活，要求人们遵循不同的行事规则。如果说私人生活发生在家庭和亲密关系的小圈子内，对应人的天性，满足的是人的各种自然需求，那么，公共生活则发生在陌生人之间，对应于人的社会属性，满足的是人对文明的或有教养的生活的需要。因而，它们之间的界限也就是自然与文明之间的界限，同时也是人格领域与非人格领域之间的界限。在私人生活中，熟人之间可以互相袒露人格、倾诉衷肠；而一旦进入公共领域，人们就需要戴上面具进行交往，将各自的人格、情感等因素抛诸一旁。桑内特认为，在公共生活中佩戴人格面具不仅不是虚伪的表现，而且还是文明的本质所在，因为"面具隔绝了那些佩戴面具者的个人情感，掩盖了交往双方的能力和心情，从而使得纯粹的社交成为可能"①。在人格面具的掩盖和保护下，人们既能享受到彼此的陪伴，又不会让自己成为别人的负担。

在桑内特看来，18 世纪启蒙时代与奥古斯都驾崩之前的罗马社会非常相似，其间，人们的公共生活与私人生活维持着一种微妙的平衡。但是，进入 19 世纪以后，这种平衡逐渐被打破了。它有两个方面的表现：一方面，人们越来越不愿参与公共生活、不愿与陌生人进行交往，"如今，公共生活也变成了形式的义务。多数公民对国家事务漠然处之固不待言，而且他们的冷漠不仅体现在对待政治事件上。在人们看来，对待陌生人的礼仪以及和陌

---

① ［美］理查德·桑内特：《公共人的衰落》，李继宏译，上海译文出版社 2008 年版，第 337 页。

生人的仪式性交往，往好处说是形式而乏味，往坏处说是虚情假意"①。与之构成此消彼长关系的是，人们对私人生活却表现出过度的关注和迷恋，很多人都认为，公共生活是完全不必要的，只要生活在一个由亲朋好友组成的小圈子中就足够了；另一方面，人们变得不再能够理解公共生活和私人生活之间的界限，不恰当地将对私人生活的心理期待僭用于公共生活之上。也就是说，人们用个人情感的语言来理解公共生活，不切实际地期望从中获得一种与私人生活类似的亲密体验。在桑内特看来，这种将公共生活当成空虚无益之物而将其抛弃、沉湎于私人生活不可自拔且不恰当地对公共生活抱有一种亲密期待的现象可以被称为一种"亲密性的专制统治"，当代社会公共问题的吊诡之处在于一些非人格的行为和事务激不起人们的兴趣，而当人们误认为它们是私人性的事情时，却能激发起人们的兴趣。

由公共生活和私人生活之间的失衡所造成的一个后果是，在我们当前的社会中，自恋主义人格大量涌现。由于人们越来越觉得外部世界空洞乏味，且充满各种不可知的凶险，所以他们就把家庭看成抵御这种凶险的避难所，并对私人生活表现出过度的迷恋。在临床意义上，"自恋就是不断追问'这个人、那件事对我有什么意义'。人们总是不断地提出别人和外界的行动跟自己有什么关系的问题，所以很难清晰地理解其他人以及其他人所做的事情"②。不难理解，自恋性格的养成与人们对公共生活的拒绝是一个互相加剧的过程，在拥有自恋性格的人那里，私人生活的意义必然被无限放大，而公共生活则会因为"与己无关"、不能为自己带来直接的好处而遭到拒绝。显然，一个自恋性格到处蔓延、人与人之间彼此隔绝的社会，不可能是一个健康的社会。

由公共生活和私人生活之间的失衡所造成的另一个后果是，人们越来越混淆二者之间的界限，将私人生活中的行事原则和评价标准僭用于公共生活之上，也就是说，人们越来越不以社会行动本身，而以其中所体现出的行动者的人格特征来评判它的价值。受此影响，很多政客都越来越喜欢通过公开

---

① [美]理查德·桑内特:《公共人的衰落》，李继宏译，上海译文出版社 2008 年版，第 3 页。
② 同上书，第 9 页。

展示自己的人格来证明自己是一个真诚的人，并希望借此赢得人们对自己行动的支持。在桑内特看来，这是一种政治不文明的表现，"如果社会迫使它的市民因为某个领袖能够戏剧化地表达他自己的动机而认为他值得信赖，那么这个社会就是不文明的。这种意义上的领导人是某种形式的诱惑"①。在评价政治行动时，我们应该以行动本身而非行动者的人格或动机作为评价标准。一方面，是因为行动者端正的人格或纯良的动机并不能保证行动一定会具有良好的效果，我们每个人都知道，一个好人也会做坏事。同时，即使是出于良好的用心有时也会办成坏事。而且历史教训告诉我们，人类有史以来最为臭名昭著的恶行，常常都是由良善的原初动机造成的；另一方面，一个人内在的人格和动机是不可见的，也是不可知的，正如大卫·理斯曼所说，"判断一个人是否真诚非常困难。大众可能认为真诚一词的含义就是以宽容的精神表达自己的真实想法，不耍花招。实际上，这一问题并非如此简单。人们简单地相信真诚，才使许多欺骗得逞"②。在评价政治行动时，如果我们贬抑行动的客观性质而夸大行动者主观动机的重要性，就会诱使政客通过作秀表演来伪装自己的人格和动机，并借此转移人们对自己行动的评价。

（二）大众传媒与公共生活的衰落

在这种理论前提下，桑内特提出了自己对大众传媒的评价。在他看来，大众传媒并不是造成当代社会公共生活衰落的罪魁祸首，因为这些问题早在大众传媒出现以前就已经存在了。但是，它却通过毫无保留地迎合人们的偏见，进一步加剧了公共生活和私人生活之间的失衡。

毫无疑问，大众传媒为人带来了更多的信息，并增强了不同群体之间的相互了解，但是，它却未能打破现代人的自我封闭状态，并强化了人们将自己看成社会事务旁观者的观念。就广播、电视等供人们在私人环境中接收的大众传媒来说，虽然它能把相距遥远、互不相识的人联系起来，实时共享同样的节目，但它却没有为人们之间的相互交流提供可能。从这个意义上说，它与现代建筑的玻璃幕墙所起到的作用是一致的，即让人看到更多，但彼此

---

① ［美］理查德·桑内特：《公共人的衰落》，李继宏译，上海译文出版社 2008 年版，第 338 页。
② ［美］大卫·理斯曼：《孤独的人群》，王崑、朱虹译，南京大学出版社 2003 年版，第 199 页。

交流的更少。就电影一类供人们在公共场合接收的大众传媒来说，虽然它把人聚集了起来，却没有由此形成一个公共空间。正如卢梭在论述戏剧演出时所提出的，"公共空间不仅是一个让人们走到一起的地方，同时，还是一个让人们进行交往和建立认同的地方"①，当人们在剧院里相遇时，他们并不关注彼此，而是共同紧盯着舞台；他们也没有直接的联系，而是通过共同观看的行为间接地联系在一起。因而，"人们进入剧院只是建立起了共同体的幻象，而在实际上，它却让人变得更加孤独"②。桑内特赞同这种观点，他认为，电影等大众传媒虽然把人聚集到了一起，但却加剧了人们的冷漠和孤独。正如现代交通技术使人们在城市中的移动变得更便捷，却让城市变得更死寂了一样，大众传媒也增加了人们对社会事务的了解，但却使他们之间的相互交往越来越少。

从另一角度看，大众传媒还使人们对公共生活和私人生活之间的混淆变得更加严重。桑内特提出：

> 电子传媒完全压制了观众的反应，由此造成的必然后果就是观众对政治人物的人格产生了兴趣。在阴暗的房间中，你默默地看着政治家的真人，这并不是什么新奇的事情或者什么需要你发挥想象力的娱乐。但政治实际上是很无聊的，无非就是开会、官僚之间的争吵等等。为了理解这些争吵，你必须主动进行解释。于是你忽略了真实的政治生活，你想要知道是"什么样的人"让这些事情发生。如果电视关注的是政治家的情感生活，那么你自己无需做出反应，也能看到你想看的画面。③

由于大众传媒将受众定位为消费者，具有迎合消费者需求和喜好的天然倾向，所以在呈现政治人物时，它们一般都会选择避开他们冗长而乏味的政

---

① Margaret Kohn, "Homo Spectator: Public Space in the Age of the Spectacle", *Philosophy & Social Criticism*, 2008, Vol. 34 (5).

② Jean-Jacques Rousseau, *Politics and the Arts: Letter to M. d' Alembert on the Theater*, Cornell University Press, 1960, p. 17.

③ ［美］理查德·桑内特：《公共人的衰落》，李继宏译，上海译文出版社 2008 年版，第 361 页。

治行动，而集中在更加饶有趣味的人品和私事上。"我们早就习惯了以消费者的心态来看待政治行为，乃至看不到其后果：媒体和公众对政客人品和私事的无尽关注遮盖了共识平台的存在。"① 在很大程度上，人们对政治人物的人格和私事的关注只是一种娱乐消费，它与人们对娱乐明星花边新闻的消费一样，不具有任何公共意义。不仅如此，为了在政治人物身上发掘出更大的消费价值，大众传媒还会渲染他们身上的偶像品质，如此一来，大众传媒不仅无助于人们对公共事务的了解，还发挥了一种赋魅作用，即赋予政治人物一种世俗卡里斯玛的光环。

在布尔迪厄看来，电视辩论就像是一场高水平的体育比赛，它会强化人们的观众意识，使他们认为这是与己无关的

对此，桑内特与哈贝马斯表达了同样的忧虑：哈贝马斯认为，大众传媒使公共领域重新封建化了，它通过赋予政治人物以超凡脱俗的魅力，使其由批判的对象变为瞻仰的对象。桑内特担心的是，大众传媒具有一种塑造世俗卡里斯玛的能力和倾向，而这种世俗的卡里斯玛具有一种"心灵脱衣舞"的魅惑，"那些被强大的人格所迷住的人变得被动，他们由于被打动而忘记了他们自己的需求。因此，比起早先教会那个文明化的魔法师，这个世俗的卡里斯玛式领导人能够更加完全和更加神秘地控制他的听众"②。他们共同的

① ［美］理查德·桑内特：《新资本主义的文化》，李继宏译，上海译文出版社 2010 年版，第 130 页。

② ［美］理查德·桑内特：《公共人的衰落》，李继宏译，上海译文出版社 2008 年版，第 343 页。

担心是,大众传媒能够摧毁人的理性判断能力,并成为一种反启蒙的力量。

不可否认,大众传媒确实促成了很多由相同的兴趣和爱好联系起来的共同体的出现,如各式各样的粉丝社团。但桑内特认为,这类共同体不仅未能促进它的成员之间的相互交往,还加深了他们对外部世界的疏离。由于这类共同体是由彼此同质的成员构成的,所以,它为其成员带来了一种互相属于对方的感觉,于是,"在'我们'中,所有可能带来差别感觉更不要说是对立的东西,都被从共同体的这一镜像中清除出去了。在这一意义上,共同体团结一致的神话就是一个净化仪式"①。因而,这是一种导致自相残杀的友爱。随着共同体的不断破裂和内部分化,其成员之间的同质化程度也会越来越高,相互之间的交往也会越来越少。由于这类共同体为其成员营造了一个独立于外部世界、免遭外部世界打扰的假象,所以,他们也就不再期望外部世界会发生改变。因为在他们看来,外部世界是与己无关的,只要能够做到"我的地盘我做主"也就足够了。在这点上,桑内特与阿伦特和哈贝马斯可谓殊途同归,他们共同的忧虑是,随着现代社会私人生活的意义被无限放大,公共生活则逐渐为人所遗忘和拒绝。

可以看出,在大众传媒与公共领域之间的关系问题上,西方学者几乎是众口一词的挞伐。在他们看来,大众传媒虽然不是造成当代社会公共领域衰落的罪魁祸首,但却对此起到了推波助澜的作用。从总体上看,他们对大众传媒的批判集中在以下三个方面。

首先,由于大众传媒的信息流动是单向的,缺少反馈和回流的渠道,很多学者据此指责它造成了受众的冷漠和被动状态。比如,哈贝马斯形象地提出,大众传媒具有强制受众"别回嘴"的特点;鲍德里亚也认为,现在的媒介总是阻止回流,使相互交往成为不可能,撇去它的传播内容不谈,仅就其传播方式来说,它就构成了一种强大的社会控制力量。在很多人看来,大众传媒的技术特点不仅强制人们在接受过程中保持沉默,还进一步将它的影响扩散到接受过程之外,助长了人们将自己看成社会事务旁观者的意识。

---

① Richard Sennett, *The Use of Disorder: Personal Identity and City Style*, London: Faber & Faber, 1996, p. 36.

其次，与印刷媒介相比，电子传媒强制性地将人裹挟其中，剥夺了受众停顿和反思的机会，并由此摧毁了他们的理性判断能力。尼尔·波兹曼提出，"观众并没有机会分出几秒钟进行一些思考，因为电视屏幕上的图像会源源不断地出现。图像的力量足以压倒文字并使人的思考短路"[①]。

最后，大众传媒与娱乐文化和消费主义之间的紧密联系也是它饱受诟病的另一主要原因。众所周知，今天的大众传媒不仅已经成为各种娱乐文化的主要生产者和传播者，而且还成为消费主义意识形态最为忠实的布道者。很多学者认为，不管是娱乐文化还是消费主义都对公共领域的衰落负有不可推卸的责任，越是称职的消费者，越是不合格的公民，消费主义的兴起就意味着公共领域的灾难。

总之，在这些持有批判立场的学者看来，大众传媒不仅挤占了人们参与公共领域的时间，还破坏了公共领域得以形成的诸多条件，无论从哪个方面看，它都对公共领域的形成构成了釜底抽薪式的破坏。

在很大程度上，正是这些学者对大众传媒与公共领域之间关系的悲观判断，成就了后来学者对网络传媒与公共领域之间关系的热切期待——从技术上看，大众传媒最为人所诟病的弊端似乎都已经为网络传媒所解决。比如，网络传媒不再是一种单向的信息传播媒介，而是提供了便捷的信息反馈和回流渠道。此外，它还赋予使用者以前所未有的主动性，使人不仅可以像阅读印刷品一样控制自己接收信息的速度，而且还能自主决定接收的内容和时间。更让人感到鼓舞的是，如果说大众传媒的受众只是被相同的接收内容间接地联系在一起，彼此之间无法进行直接的交流，那么，网络传媒则为人与人之间的对话提供了可能。

在网络传媒出现以后，一个最让人着迷和兴奋的问题是，它能否为正处于衰落之中的公共领域带来一些令人欣喜的变化？在这一问题上，很多学者都表现出了强烈的乌托邦冲动，在他们看来，网络传媒不仅实现了古希腊城邦大会的理想，还在现代条件下为每个人的平等参与铺平了道路。但显而易见的是，这种预言显得过于草率和不切实际了，因为任何一种所谓的复兴都

①　［美］尼尔·波兹曼：《娱乐至死》，章艳、吴燕莛译，广西师范大学出版社 2009 年版，第 89 页。

不可能是昨日重现式的,即使我们承认网络传媒的出现,点燃了公共领域复兴的希望,也不应该将阿伦特或哈贝马斯的公共领域理论照搬到对网络传媒的研究中,我们急需解决的问题是,网络传媒是否建构起了一种新型的公共领域?如果是,那么它对经典的公共领域理论提出了哪些挑战?

第三章　网络传播的兴起与公共领域理论的反思

虽然阿伦特和哈贝马斯集中论述公共领域的著作《人的境况》《公共领域的结构转型》分别出版于1958年和1961年，但是，直到1989年哈贝马斯的《公共领域的结构转型》英文版问世以后，公共领域理论才在西方学术界产生了广泛影响。可以想见，20世纪90年代，当公共领域理论在学术界被争论得不可开交的时候，网络传媒也悄然出现，并以其迅猛的成长态势吸引了很多学者的目光，于是，网络传媒与公共领域理论问题仿佛命中注定般地遭遇了。这种遭遇在学术界激起了两种截然不同的反应：一部分人认为，网络传媒克服了大众传媒的种种弊端并将带来公共领域的复兴，因此，我们对当代社会中公共领域正在走向衰落的哀叹可以就此打住、鸣锣收兵了；另一部分人则认为，网络传媒系统性地推翻了公共领域理论得以建立的条件，因而，在解释由网络传媒所带来的新的社会现实时，公共领域理论的阐释力量已经丧失殆尽，我们应该放弃这一概念，而寻找新的解释模型。

长期以来，人们之所以哀叹公共领域的衰落，并指责大众传媒在这一过程中起到的负面影响，在很大程度上是因为大众传媒未能为人提供反驳和参与的机会，造成了受众的冷漠和被动状态。从这一角度看，网络传媒无疑克服了大众传媒最为致命的缺陷，即它恢复了面对面交往中信息双向流动的特点，很多人据此认为，它将重新激发人们的参与热情，并将扭转公共领域的衰落趋势。贝克提出：

早先，人们对互联网，寄以乌托邦的印信，潜在的原因可能就在这里。互联网既能让人们进行"多对多"的传播,先前的束缚就解除了。在真实世界定点甚至定时集结人群,也就不一定必要了。有些人认为,民主参与所真正欠缺的资源,不是信息,而是缺乏讨论,以及,甚至缺乏动机——人们并不关切,也不承诺。虽说还是欠缺保证,"多对多"传播还是有其潜力,它提供了公共领域,响应了这些匮乏。①

贝克的这一观点颇具代表性,很多人都认为,网络传播印证了哈贝马斯所说的"理想化的言说情景"的存在,并为古希腊民主模式在高科技条件下的复兴带来了令人心动的可能。他们乐观地认为,在未来的某一天,假如每个人都具备了连接上网的条件,加之言论自由受到法律的保护,那么,我们就不仅可以见证公共领域在网络虚拟空间中的复活,而且还将看到一个跨越民族国家疆界的全球公共领域的出现。可以看出,这种观点在媒介的转型与公共领域的兴衰之间建立起某种关联,其背后的逻辑是:曾经,印刷媒介催生了公共领域的出现;随后,大众传媒造成了公共领域的衰落;而在网络传媒出现以后,公共领域必将像凤凰涅槃一样获得重生。

从表面上看,这种说法颇有道理,而且它似乎还暗合于黑格尔的正反合逻辑。但是,持有这一观点的人未能意识到,即使我们承认网络传媒能够带来公共领域的复兴,那它所建立的公共领域也与哈贝马斯所说的资产阶级公共领域不可同日而语,换言之,如果我们把哈贝马斯的公共领域理论不加改造地应用于网络传媒研究,就不可避免地会闹出缘木求鱼的笑话。因而,在研究网络传媒与公共领域之间的关系问题时,我们不能通过简单地给出一个"复兴"的判语,就将这一问题打发掉。

在网络传媒与公共领域之间的关系问题上,还有另一种完全相反的观点认为,由于公共领域理论浑身上下都散发着来自 18 世纪的陈腐气息,所以,它的适用性已经大打折扣了。在考察网络传媒时,我们与其紧抱着这一概念不放,不如适时地改弦易张,寻找一种替代性的阐释框架。马克·波斯特分析说:

---

① 〔美〕查尔斯·埃德温·贝克:《媒体、市场与民主》,陈卫星、冯建三译,上海人民出版社 2008 年版,第 376 页。

在哈贝马斯那里，公共领域是处于平等关系的具体主体走入一个共享的空间，通过批判性争论和有效性宣称寻求共识的达成。我认为这种模型在电子政治时代已经被全面推翻了，因而，在考察作为政治空间的互联网时，我们应该放弃哈贝马斯的公共领域概念。①

在他看来，公共领域是指咖啡馆、沙龙之类的供人们进行面对面交往的实体空间。在此空间中，人们不仅借助于语言，而且还通过表情、姿态等将自我全面呈现给他人。而网络传媒却并非这样一个空间，它虽然也能将人联系起来，但这种联系始终无法摆脱处理信息的机器这一中介的影响，在网络交往中，我们直接面对的是机器而不是人。在这种情况下，一个人的身份就不再是通过他人的镜像作用而形成，而完全是由自己手中的键盘来控制，这种可以不断涂改自我身份的主体与公共领域理论所假定的理性主体是大相径庭的。波斯特认为，我们与其继续纠缠于网络传媒是否建构了一种公共领域这一无解的问题，不如转而考察它对主体性建构所产生的影响。

在我们看来，像贝克那样声称网络传媒将带来公共领域的复兴固然显得有些轻率，它回避了很多更为复杂的问题，但像波斯特那样主张彻底废弃公共领域概念，也未免显得过于粗暴。不难理解，任何一种理论都不可避免地会受到时代条件的限制，当时过境迁之后，它的局限性就会暴露出来。在这种情况下，如果我们因为一种理论与变化了的社会条件稍有不符就弃之敝屣，那么，我们就将永远处于不断另起炉灶的徒劳之中。公共领域理论也是如此，虽然它在很多方面都已为新的社会现实所突破，但它的阐释力量并没有完全丧失。

正如查尔斯·泰勒所说，"公共领域是现代社会的核心特征。其重要性已经达到如此程度——即使遭到了压制和操纵，它也必然会以伪装的形式存在"②。对于任何一种形式的民主政治来说，公共领域的存在都是至关重要

---

①　Mark Poster, *What's the Matter with the Internet*, The University of Minnesota Press, 2001, p. 182.

②　Charles Taylor, "Modernity and the Rise of the Public Sphere", in *The Tanner Lectures on Human Values*, Stanford University Press, 1992, p. 221.

的:一方面,公民对公共领域的参与是他们保护私人利益、限制公共权力的重要方式。正如巴伯所说,"事实上,政治甚至比自然更排斥真空。如果公民不积极地行动,那么法官、官僚以及暴徒恶棍都会闯入政治领域"①;另一方面,在一个世俗社会中,公共领域中产生的舆论也已成为政权合法性的主要来源,即使是在那些实际上并不民主的国家中,执政者也不得不通过营造虚假的舆论来展示自己的合法性。

基于这种理解,我们显然不能认为公共领域在当代社会中已经销声匿迹了,而应该看到它通过各种改头换面的方式获得了新的存在形态,其中最为重要的是,在公众之间的面对面交往日益减少的背景下,各种传播媒介尤其是互联网已经成为当代社会最为重要的公共交往空间。在考察这一新型交往空间时,我们一方面不应该废黜公共领域概念,另一方面也不能照搬经典公共领域理论,而应该对它做出一些必要的反思和重构。

一　经典公共领域理论的传媒缺陷

公共领域理论的经典阐释者是阿伦特和哈贝马斯,虽然他们在论述公共领域问题时都不同程度地注意到了传媒的影响,但毋庸讳言,他们都缺少对传媒问题的深入思考和独立判断。阿伦特自不必说,她对传媒问题的轻视是一个公认的让人感到不解的现象。事实上,哈贝马斯在传媒问题上也缺少自己的独立判断,他对大众传媒的批判受到了阿多诺、霍克海默等人的深刻影响。

(一)哈贝马斯与大众传媒

在为 1990 年版的《公共领域的结构转型》所写的序言中,哈贝马斯坦承,在写作本书时他还没有接触过电视,他是在数年之后在美国才接触到电视的,因而,他对电视等大众传媒的批判并不是来自自己的直接经验,而是受到了阿多诺文化工业理论的强烈影响。哈贝马斯认为,在资产阶级公共领域的形成过程中,早期的报纸和定期出版物曾经起到了极为重要的作用——

---

① [美]本杰明·巴伯:《强势民主》,彭斌、吴润洲译,吉林人民出版社 2011 年版,第 127 页。

它们不仅哺育了公众的理性批判精神，还为公共领域中的交谈提供了超越地域限制的信息和话题。但是，自 19 世纪末以来，随着商业化程度的加深，大众传媒已经不再是一个服务于公共交往的有用工具，而是成长为一个具有自身利益的市场主体。可以看出，在大众传媒问题上，哈贝马斯的悲观主义态度和精英主义倾向与阿多诺如出一辙，在很大程度上，它只是将阿多诺得出的悲观结论挪用到了公共领域研究之中。

其实，哈贝马斯与大众传媒之间的隔阂还不只这一层，即使是被他引为理论资源的阿多诺本人，也常常被人批评为缺少对传媒问题的深入研究。比如，马克·波斯特就曾毫不客气地指出，阿多诺等人对大众文化的批判没有任何经验基础可言，它只是一种哲学推演，目的在于维护其自律主体的立场。因而，他们"关于媒介的判断毫无锐气，沦落为攻击和谩骂，《启蒙辩证法》可说是法兰克福学派论及媒介的最好最有影响的一本著作了，而在该书中，阿多诺和霍克海默暴露出现代型知识分子对大众的文化经验反应迟钝"①。波斯特的这种批评虽然显得有些尖刻，但也敏锐地指出了共同存在于阿多诺和哈贝马斯等人身上的一根软肋。正如有学者指出的那样，"阿多诺对文化工业的批判其实并不神秘，他实际上是以被印刷文化培育起来的自律主体的身份在对整个电子文化宣战。或许，在纷繁复杂的表象背后，潜藏着的就是这样一个简单的事实"②。也就是说，他们对电子文化的批判与其说是基于对新兴传媒的客观认知，不如说只是出自他们对已然受到冲击的印刷文化的缅怀。就哈贝马斯而言，这种批判中或许还夹杂着"对'现代性'作为一种未完成计划的乡愁"③，他忧虑的是，如果真如阿多诺等人所言——大众传媒破坏了自律主体的成长条件，那么"现代性"这一未完成的启蒙规划就变得遥遥无期起来。

后来，哈贝马斯本人也意识到，自己早年从阿多诺那里借来的批判武器是有问题的，他反思道："我有关从政治公众到私人公众，'从文化批判的公众对文化消费的公众'这一发展线索的论断过于简略。当时，我过分消极地

---

① ［美］马克·波斯特：《第二媒介时代》，范静哗译，南京大学出版社 2005 年版，第 5 页。
② 赵勇：《整合与颠覆：大众文化的辩证法》，北京大学出版社 2005 年版，第 99 页。
③ 夏铸九：《（重）建构公共空间——理论的反省》，《台湾社会研究季刊》1994 年第 16 期。

判断了大众的抵制能力和批判潜能,这一多元大众的文化习惯从其阶级的局限中摆脱了出来,内部也发生了严重的分化。"① 在这篇序言中,他还特别提到了雷蒙·威廉斯、斯图加特·霍尔等伯明翰学派成员的传媒研究成果,他意识到,在考察公共领域的结构转型问题时,传媒研究,尤其是对电视的社会效果所做的交往社会学研究同样十分重要。但让人感到遗憾的是,哈贝马斯后来另有关注,他本人并没有花费精力去弥补早期理论留下的这一缺憾。

哈贝马斯留下的另一个缺憾是,他虽然高度评价了早期的报纸、定期出版物等传播媒介在资产阶级公共领域形成过程中所起到的积极作用,而且还认为,对于一个大型的公共领域来说,报纸、广播、电视等大众传媒的中介作用是不可或缺的,但他却始终没有把传媒自身理解为一个公共领域,在他那里,传媒仅仅是公众之间进行面对面交往的一个辅助手段。在他的理解中,公共领域只存在于咖啡馆、沙龙等实体空间中,传媒的作用,仅在于它为人们提供了信息和话题,并刺激着人们"自发聚集在一起"围绕这些信息和话题展开讨论。

约翰·汤普森敏锐地发现,"非常清楚的是,哈贝马斯所说的资产阶级公共领域就是'公共生活'这一古希腊经典概念的现代翻版,在欧洲现代社会早期,巴黎和伦敦等地出现的沙龙、俱乐部、咖啡馆等就是古希腊集会和市场的对等物"。② 人们通常认为,哈贝马斯把 18 世纪的沙龙、咖啡馆等看作公共领域的理想范型,在这点上他与阿伦特是不同的。但汤普森的发现告诉我们,其实沙龙、咖啡馆的原型就是古希腊时期的公民集会。由此可见,哈贝马斯对实体空间中面对面交往的强调与阿伦特并无二致,在他心中又何尝没有萦绕着一个古希腊城邦政治的旧梦?

(二) 公共空间的变化

由于阿伦特和哈贝马斯都没有从古希腊城邦政治的旧梦中走出,所以他们不约而同地对大众传媒成长为公共领域的潜能进行了"选择性遗忘"——

---

① [德] 尤尔根·哈贝马斯:《公共领域的结构转型》,曹卫东等译,学林出版社 1999 年版,序言,第 17 页。

② John B. Thompson, "Shifting Boundaries of Public and Private Life", *Theory, Culture & Society*, 2011, Vol. 28 (4).

要么对它视而不见，要么仅把它当成构建公共领域的一个辅助手段。他们对实体空间中面对面交往的偏爱和执着，使公共领域这一概念很难适应 20 世纪的社会状况，并极大地限制了它的阐释潜能。正如约翰·哈特利所说，"现代政治学的术语系统来自古典时期，它把公共领域理解为一个人们可以步入其中的实体空间，但现在的情况与以往相比已经大为不同了"①。现在的情况是，虽然公共空间依然大量存在，但它们已经大都成为人们休闲、娱乐和购物活动的去处，而不再是供人们获取信息和谈论公共事务的地方。

以咖啡馆为例，它先前既是一个信息集散中心，同时也是一个供陌生人进行交往的场所，"坐在咖啡馆里的任何人都有权利和其他任何人交谈，也有权利参与任何谈话，不管他是否认识其他人，也不管他是否被人邀请来发言"②。但现在的情况已大为不同——如果说以前人们进入咖啡馆是为了与陌生人进行交谈，那么现在的情况可能正好相反，人们走进咖啡馆主要是为了寻找一个可以保持沉默、不被外人打扰的环境。在咖啡馆中，虽然人们仍旧与陌生人待在一起，但通常情况下他们并不进行交谈。因而，以传统的划分标准来看，我们已经很难说清它到底是公共空间，还是私人空间。在当代社会中，诸如此类的空间大量存在：一方面，它让人们处于一种"共在"状态，能够互相看见；但另一方面，它又不鼓励人们进行任何交往。在桑内特看来，这是一种"死亡的公共空间"，而鲍曼则将其称为"公共的但不文明的地方"。

随着实体性公共空间的大量"死亡"，它的功能已经为各种大众传媒所取代。现在，人们对公共事务的了解和参与越来越依赖于各种大众传媒的呈现，而不再是亲自走入一个公共空间与人进行面对面的交谈。在这种新的条件下，报纸、电视、网络等传播媒介在人们的政治生活中获得了举足轻重的地位，正如哲学家保罗·维利里奥所说："公共空间曾经是社会交往活动的场所，但现在它已经为公共形象所取代。从现在开始，由角落里的'视觉机器'操作的屏幕和电子显示器，将让城市大街和其他集会地点变得黯然失

---

① John Hartley, *The Politics of Picture: The Creation of Public in the Age of Popular Media*, New York: Routledge, 1992, p. 35.

② ［美］理查德·桑内特：《公共人的衰落》，李继宏译，上海译文出版社 2008 年版，第 102 页。

咖啡馆曾有"一便士大学"的美誉,意指当时的一杯咖啡平均才花费一便士。在这所"社会大学"里,一个人可以与来自五湖四海、三教九流的人士相接触,分享他们带来的各地最新鲜的消息,交流最时髦的思想。1700年左右,仅在伦敦就有近3000家咖啡馆,咖啡馆遍布伦敦的大街小巷。而在欧洲大陆,咖啡馆也很快风行起来

时至今日,咖啡馆已经不再是一个供人高谈阔论的地方,而是变成了供人安安静静工作或朋友间窃窃私语的地方。

色。"① 这也就意味着,今天的公共领域已经主要不是存在于实体空间中,而是变成了一个在大众传媒上完成的意义生产和流通过程,我们仅在隐喻的意义上才将其称为一个"领域"。道格拉斯·凯尔纳则直截了当地提出,"在当代高科技社会,媒体和电脑科技拓展了公共领域的内涵,广播、电视及电脑

---

① Paul Virilio, *The vision Machine*, Bloomington: Indiana Univisity Press, 1994, p. 64.

已为信息传播、民主论战和民主参与创造出一种新的公共领域"①。这种新型的公共领域不再是一个像古希腊时期的城邦广场、18 世纪的咖啡馆那样的实体空间，也不再要求参与者进行面对面的交往，因此，它在很多方面都对经典公共领域理论提出了挑战。

在某种意义上，查尔斯·泰勒的相关论述就是对这一挑战的回应，在阿伦特和哈贝马斯的基础上，他着重考察了公共领域在现代传媒条件下的存在形态。正如伊莱休·卡茨所说：

> 在大规模的民主国家中，公民的参与问题尚未得到足够的讨论和总结。广场会议和市镇会议是"直接民主"的典范，但是一旦运用于规模较大、情况复杂的现代社会，它们就毫无用处。哈贝马斯的"公共领域"概念风行一时，也不过充当了一个概念化的"提醒者"角色：提醒我们还有一个问题尚待解决。②

这也就是说，哈贝马斯只是提出了公共领域问题，而没能解决这一问题——由于他仍然把公共领域理解为一个实体空间，没有认识到传媒自身成长为一个公共空间的可能，所以他仍然没能解决民主规模与公众参与之间的矛盾，最后只能无奈地哀叹公共领域的衰落。而如何解决这种矛盾，就成为泰勒思考公共领域问题的起点，为此，他引入了本尼迪克特·安德森的"社会想象"概念。他提出，现代社会的公众已经不再是由面对面交往聚合而成的共同体，而是一个以大众传媒为中介的"想象的舆论共同体"。公共领域不是一个实体空间，也不要求公众的同时参与，它是由同一个议题在不同时空延展中串联而成的"非集会"空间。③ 如此一来，他就将公共领域理论从空间隐喻的束缚中解放了出来，使其重新获得了对当代社会的阐释力量。

---

① ［美］道格拉斯·凯尔纳：《公共领域与批判性知识分子》，《上海行政学院学报》2007 年第 2 期。

② ［美］伊莱休·卡茨：《大众传播与参与式民主》，见［日］猪口孝等编《变动中的民主》，林猛等译，吉林人民出版社 1999 年版，第 105 页。

③ Charles Taylor, "Modernity and the Rise of the Public Sphere", in *The Tanner Lectures on Human Values*, Stanford University Press, 1992.

二　移动的公、私之界

(一)公共与私人

在西方两千多年的知识传统中,"公共"和"私人"之间的区分一直占据着十分重要的位置,这种观念还形象地体现在雅典的城邦规划中。桑内特提出:

> 古代雅典人把他们从事政治活动的地点普纳克斯山与城邦的中心集市分离开来,这种分离体现了社会学思想中的一个经典假设,即经济活动会破坏人们从事政治活动的能力。其中的逻辑非常简单,用柏拉图的话说就是,经济运作靠的是需求和贪婪,而政治运作靠的是公平和正义。①

在雅典人看来,私人领域和公共领域都是必不可少的。私人领域中的活动满足了人的各种自然需求,为人进入公共领域准备了条件;而公共领域则帮助人实现了自己作为政治动物的潜能,从而成为一个完整意义上的人。一个人在私人领域中对生存必然性的克服,是保证他能够进入公共领域的条件。正如阿伦特所说:

> 古代人将必然性等同于家庭私人领域,在那里,每个人都不得不为自己的生存而去驾驭生命的必然性。虽然自由人可以自己处置自己的私人生活,而不像奴隶那样受到主人的支配,但它依然会为贫穷所"迫"。贫穷迫使自由人像奴隶那样行事。因此,私人财富之所以成为加入公共生活的一个条件,并不是因为财富的主人致力于积累财富,而是相反,因为财富可以确保它的主人不必参加为自己提供使用和消费资料的活动,从而能更自由地从事公共行动。显然,只有在许多更为紧迫的生命

---

① Richard Sennett, *The Culture of the New Capitalism*, Yale University Press, 2006, pp. 136 - 137.

需求得到满足之后，公共生活才是可能的。而满足这些需求的方法就是劳动，因此，一个人拥有的财富通常都是通过他所拥有的劳动力（即奴隶）数量来计算的。在这里，拥有财产意味着驾驭了自己的各种生命必然性，从而潜在地是一个自由的人，可以自由地超越自己的生活而进入一个为所有人所共有的世界。[①]

虽然私人领域和公共领域的叠加构成了一个人生活的全部舞台，但它们之间却有着泾渭分明的界限。一个人在私人领域中拥有财富的多寡，不能决定他在公共领域中的身份。一旦从私人领域进入公共领域，人们就需要遵从完全不同的行事规则。在私人领域中的主人和奴隶之间、男人和女人之间、成人和孩子之间不可能存在平等关系。为了对抗生存必然性，暴力也不可避免地要在私人领域中占有一席之地；而在公共领域中，人与人之间则是完全平等的，每个人都单纯依靠说服的力量赢得同侪的认同和尊重。

由于深受古希腊政治观念的影响，所以阿伦特特别强调私人领域和公共领域之间的区分，我们甚至可以说，这种区分构成了她整个政治哲学思想体系的一块基石。她提出："古代人每天必须跨越鸿沟，从狭隘的家庭领域'跃升'至政治领域，这种鸿沟的消失其实是一个现代现象。"[②] 在她看来，进入现代社会以来，公共领域和私人领域之间的界限变得模糊不清，它们都被吞噬进无所不包的"社会领域"之中，并由此导致了现代社会的种种问题。

终其一生，阿伦特的这一观念都不曾动摇。正是在这一观念的烛照下，她在《论革命》中清理了法国大革命和美国革命出现不同走向和结局的内在逻辑。她提出，革命是一个典型的发生在公共领域中的政治事件，而在法国大革命中，贫困、同情、暴力、必然性观念等这些本来属于私人领域的东西却扮演了最为重要的角色，正是这种"公私不分"，致使它由一场轰轰烈烈的革命最终走向了罗伯斯庇尔执政时期的恐怖统治。相反，美国革命之所以

---

① Hannah Arendt, *The Human Condition*, Chicago：The University of Chicago Press, 1958, pp. 64 – 65.

② Ibid., p. 33.

能够取得成功,除了得天独厚的社会条件外,还在于它的开国者有着明确的"公私分明"意识。

由于哈贝马斯以现代民族国家而非古希腊城邦为分析模型,所以他对公共领域的理解与阿伦特稍有不同。但是,在对公共领域和私人领域之间界限的强调上,他有过之而无不及。在他那里,公共领域是处于国家和社会之间、公共权力和私人利益之间的一个独立交往空间,它既要严格警惕国家权力的干涉和控制,又要时刻提防私人利益的侵入和腐蚀。从这一角度看,他批判大众传媒的根本原因,正是在私人利益和国家权力的双向夹击下,大众传媒已经完全失去了自己的独立性。一方面,大众传媒为私人利益的侵入敞开了大门,"随着个人的新闻写作向大众传媒的转变,公共领域因私人利益的注入而发生了改变。尽管这些私人利益本身并不完全代表作为公众的私人的利益,但是它们在这一领域却优先得到表现"①;另一方面,由于国家机器越来越为各种私人利益集团所控制,大众传媒在国家权力面前的独立地位也变得岌岌可危。如今,它不再致力于引发公众的争论和批判,而是旨在让人瞻仰和欢呼。由此可见,哈贝马斯实际上是想要在国家权力和私人利益之间为公共领域圈出一片纯净的天地:向上它要同国家权力保持距离,向下它要与私人利益划清界限。

（二）大众传媒与公私之界的变化

然而,当人们建立起一个精致的理论架构,并试图用它来盛放纷繁复杂的现实材料时,常常会遭到现实的强硬抵抗,并暴露出捉襟见肘的尴尬。事实上,在公共领域和私人领域之间并不存在一条戒备森严的"三八线",毋宁说,在它们之间存在的更像是一个开放的边境市场,它容许双方不断越界、交融——虽然这也并不意味着它们之间的区分已经不复存在。当人们从私人领域进入公共领域时,并不会由私人一跃而成为公众,人们在私人领域中的生活经验必然会被带入公共领域,并对之产生决定性的影响。正如卡尔·霍恩所说:"在一个文明的社会中,公共领域作为一个民主机制存在和发挥作用,它代表的是人们组织起来通过理性批判的对话来改变自己生存状况的

---

① ［德］尤尔根·哈贝马斯:《公共领域的结构转型》,曹卫东等译,学林出版社1999年版,第225页。

潜力。因而，人们参与其中并不仅仅是为了加入论辩或筹划行动，同时也是为了改变自身的处境。"① 这也就是说，公共领域中的交谈和辩论固然不同于日常闲聊或市场上的讨价还价，但这并不意味着，当一个人从私人领域进入公共领域时，会立即把各种私人关切抛诸身后，摇身一变而成为另外一个人。从私人领域向公共领域的完美一跃，或许只是存在于理论家脑海中的一个高蹈姿态。

在大众传媒条件下，公共领域和私人领域之间的边界变得更加混乱不堪了。首先，我们现在已经很难在政治和非政治之间做出区分。随着政党政治和阶级政治的式微，各种非正式的民间组织和社团遍地开花，并已成为最主要的政治组织形式。与传统的政党不同，这些社团深深扎根于个人的日常生活经验，是一种非正式的、议会以外的政治——安东尼·吉登斯将之称为"生活政治"（life politics）、乌尔里希·贝克将之称为"次政治"（sub-politics）、本内特将之称为"生活方式的政治"（lifestyle politics）。如果用传统的政治标准来衡量，我们已经很难说清它们到底是不是一种政治形式。

其次，信息和娱乐之间的界限也趋于消融，"信息娱乐"（infotainment）成为大众传媒的主要生产内容。一方面，一向严肃的新闻报道越来越多地借用娱乐的手段和包装，更加注重戏剧性、刺激性、趣味性等；另一方面，各种社会新闻和政治新闻也已成为大众娱乐的生产原料，比如，很多脱口秀就是一种将社会批评和娱乐消遣融为一体的节目类型。

最后，公民身份和消费者身份之间的界限也不再清晰。在哈贝马斯、鲍曼等人那里，公民身份与消费者身份是截然对立的，"消费者的兴起是公民的没落，越是有技巧的消费者，越是愚蠢的公民"②。然而，这种简单清晰的二元对立在今天已经越来越不适用了，正如韦伯斯特所观察到的那样，越来越多的人正在变成有社会意识的消费者，"这些消费者会把私人消费的公共

---

① Craig Calhoun, "Nationalism and the Public Sphere", in Jeff Weintraub and Krishan Kumar (ed.), *Public and Private in Thought and Practice: Perspectives on a Grand Dichotomy*, The University of Chicago Press, 1997, pp. 87 - 88.

② ［英］齐格蒙特·鲍曼、凯斯·泰斯特:《与鲍曼对话》，杨淑娇译，台湾巨流图书公司 2004 年版，第 127 页。

在《壹周立波秀》《东方眼》等脱口秀节目中，对当下社会
热点事件的分析与幽默搞笑常常被结合在一起

后果考虑在内，或者说，他们试图运用自己购买行为的力量来推动社会变化"①。不管是绿色和平组织对一些破坏环境和虐待动物的行为的抵制，还是欧洲人对生产转基因食品的孟山都公司的抗议，都可以看作消费者身份与公民身份相融合的典型例证。在这种社会条件下，"公民身份的模型越来越适合描述消费者的行为，比如，古典共和主义强调的公民义务、公共精神和自我教育等"②。

　　既然公共领域理论所假定的各种清晰边界已经变得混乱不堪，那么我们就面临两种选择：要么放弃使用这一概念；要么调整对它的理解。在我们看来，如果不拘泥于公共领域的古典形态，而把它理解为一个对话和交往空间，那么各种传媒就不仅当之无愧地构成了一种公共领域，而且还是当前社会中公共领域的主要存在形态。与公共领域的理想形态相比，传媒是一个混杂的公共空间，它既是人们进行公共交往的舞台，同时也是私人利益、国家权力、大众娱乐同台共舞的场所，因而它显得不是那么整饬有序。但不可否

---

① Frederick E. Webster, JR., "Determining the Characteristics of the Socially Conscious Consumer", *The Journal of Consumer Research*, 1975, 2 (3).

② Margaret Scammell, "The Internet and Civic Engagement: The Age of Citizen-Consumer", *Political Communication*, 2000, 17.

多年来，孟山都几乎成了消费者眼中最"邪恶"的公司。一个名为"向孟山都进军"（March Against Monsanto）的组织更是视其为洪水猛兽，号召全球消费者走上街头进行抵制

认的是，传媒公共空间也有自身的优势，比如，它极大地突破了时间和空间的限制、带来了前所未有的参与规模等。因而，我们不能废黜公共领域这一概念，而应该考察由各种传媒所开创的新型公共领域具有什么样的特点。在这方面，约翰·B. 汤普森和彼得·达尔格伦的研究为我们提供了重要的启发。

三 汤普森：可见性的变化与公共领域的转型

约翰·汤普森认为，一些人之所以悲观地断言当代社会中的公共领域正在走向衰落，是因为他们对公共领域的理解还囿于它的古典模型，没有认识到大众传媒的兴起为我们带来了一种新型的公共领域。在对哈贝马斯的公共领域理论进行反思的基础上，他提出要将"可见性"（visibility）当成公共领域的核心特征，并借助于考察可见性的变化来理解公共领域的转型。

（一）可见性的变化

在《媒体与现代性》一书中，汤普森提出，自中世纪晚期以来，公共和私人之间的划分主要具有两层含义：第一，"公共的"指机构化的政治权力；而"私人的"则指处于政治权力直接控制之外的经济活动和私人交往。第二，"公共的"意味着具有公开性，能够被公众看到或听到；"私人的"指处于公众视野之外的、在私密的小圈子里做的事或说的话。①

从历史上看,这两种公、私之间的界分并不总是重合的,而是处于不断变动的状态,呈现出既交叠又错位的复杂关系。比如,在古希腊城邦国家中,"公共的"两层含义基本上是重合的——政治权力的运作在很大程度上具有可见性,能够被参加集会的全体公民看到或听到。而在传统君主制国家中,这种错位就十分明显了:政治权力是在一个相对封闭的小圈子里运作的,对于大部分民众来说,它不具有可见性。虽然国王或王储有时也会公开亮相,但他们这样做的目的显然不是为了向人呈现政治决策的制定过程,而是为了展示他们的权力。汤普森主要采用了第二种划分方法,即把公共领域理解为一个显现空间——出现在这一空间中的人或事具有一种公开性,能够被其他人看到或听到。基于这种理解,他不仅把可见性看成公共领域概念的题中应有之义,而且还把它当作公共领域的关键特征。

汤普森提出,大众传媒的出现极大地改变了人们经历公共事件的方式,扩展了人们能够经历的公共事件的范围。"在媒介发展之前,个体或事件的公共性与一个共享的场所是密不可分的,只有发生在一个有众多个体同时共在的舞台上,一个事件才能成为公共事件。"② 不管是阿伦特所论述的古希腊城邦大会,还是哈贝马斯所说的 18 世纪的沙龙、咖啡馆等都是这种意义上的公共领域。其特点是,人数相对较少的参与者在同一时空环境中同时共现,通常情况下,这种可见性都是双向的——被看的人同时也能看到其他人,汤普森将之称为"共在情景中的可见性"。

然而,在当代社会中,人们已经很少走进一个实体空间就公共事务展开面对面的交谈,更少有机会亲身经历公共事件的发生,在这种背景下,一些人忍不住为公共领域的消亡而哀伤。汤普森并没有这么悲观,在他看来,当代社会中的可见性并不是减少了,而是获得了另外一种形式,即"媒介化的可见性"。这种新的可见性具有以下特点:首先,它在空间和时间的维度上极大地扩展了人们的视野,人们不仅可以实时观看遥远他处发生的事件,同

---

① John B. Thompson, *The Media and modernity*: *A Social Theory of the Media*, Stanford University Press, 1995.

② Ibid., p. 125.

时也可以把久远过去发生的事件置于眼前；其次，它打破了观看者人数规模的限制，并使观看者变得不确定起来，比如，一个在电视上发表演说的政治家并不能确定自己的观众有多少以及他们是谁；最后，这种可见性是单向的，也就是说，观看电视的观众自己是隐身的，他既不会被电视上的人看到，也不会被收看同一节目的其他观众看到。

在他看来，虽然当代社会中"共在情景中的可见性"已经变得越来越少，但这并不意味着公共事件变得更加不透明了。相反，在传播媒介的帮助下，不管是公共事件还是私人事件都获得了前所未有的可见性。因此，从可见性角度看，公共领域并没有消亡，而是在各种传播媒介上获得了新生，"我们必须把公共领域的古典模式放至一边，将其看作众多模式中的一种，并用一种崭新的眼光考察印刷媒介和其他媒介的兴起如何改变、重构了公共领域"[1]。

（二）媒介化可见性的影响

汤普森意识到，这种新的可见性是一把双刃剑，对于大众来说，利好的消息是，它从时间和空间两个维度上拓展了人的视界，使人不必亲身参与，就能经历遥远他处发生的公共事件。但与此同时，它也带来了一些新的问题，比如，由于对信息获取的控制越来越不可能，我们现在已经很难将一些不合适的信息屏蔽在儿童的视野之外。

对于体制化权力的行使者来说，传媒公共领域带来的消息也是喜忧参半的：一方面，它为政客营造和展示自己的形象提供了绝好的机会，"有手段的政客利用这种情况从中得利。他们通过控制其自我展示，通过营造他们在现代政治的传媒化舞台上具有的可见度，设法产生和维持对他们权力和政策的一个支持基础"[2]。但另一方面，这种新的可见性也给他们带来了前所未有的风险，虽然他们在很大程度上能够控制自己的媒体形象，但却不能控制观众千差万别的解读，因此，"媒体建立起来的可见性成为一种新颖而独特的脆弱性的来源，虽然很多政治人物一直设法控制他们的可见性，但他们却无

---

[1]　John B. Thompson，"Shifting Boundaries of Public and Private Life"，*Theory，Culture & Society*，2011，Vol. 28（4）.

[2]　［英］约翰·B. 汤普森：《意识形态与现代文化》，高铦等译，译林出版社 2005 年版，第 268 页。

法完全做到这一点。媒体可见性能够摆脱他们的控制,并时不时地反戈相击"①。汤普森还提出,现代社会之所以会不断曝出各种政治丑闻,在很大程度上就是由这种可见性的变化所导致。传媒既为政客的表演提供了绝佳舞台,同时也为公众的监督带来了前所未有的可能。

在 2009 年 2 月 14 日的西方七国（G7）财长和央行行长会议闭幕后的记者会上,日本财长中川昭一疑似醉酒。日本媒体批评他在全世界面前"丢人现眼"。后来,中川昭一因舆论压力而辞职

　　汤普森的分析是公允而客观的。的确,在大众传媒兴起以后,公共领域理论的古典模型已经越来越不适用了。它的局限性主要体现在两个方面。其一,"公共领域原来的思想,联系到作为印刷的媒介,以及联系到在一个共同的实体环境内进行面对面互动的行为,不能直接应用于新技术媒体发展所产生的条件"。其二,"公共领域的思想认为,个人通过（并只能通过）原则上向人人开放的自由、平等的辩论而使个人意见成为舆论。但是,这种看法,不论其对 18 世纪政治生活可能有多大适用性（或许比哈贝马斯所提的程度要少得多）,却远离 20 世纪晚期的政治现实和可能性"②。在当代社会中,社会运作的复杂程度已经远远超出了普通人的理解能力,在很多公共问

---

① John B. Thompson, "The New Visibility", *Theory, Culture & Society*, 2005, Vol. 22 (6).
② ［英］约翰·B. 汤普森:《意识形态与现代文化》,高铦等译,译林出版社 2005 年版,第 132 页。

题上，人们都不可能形成自己的独立见解。正如有人所说，"除了根深蒂固的兴趣缺乏外，如果你问一个普通的美国人对于政治的看法，就像让一个码头装卸工去解决天体物理学的问题一样"①。在这样的社会条件下，公众之间的直接交往必然让位于媒介化的准交往，我们与其哀叹古典公共领域的消亡，不如认真分析这种新型公共领域的特点。

（三）汤普森的缺陷

然而，汤普森公共领域理论的缺陷也是非常明显的，首先，他把公共领域仅仅理解为一个显现空间，忽视了这一概念更为关键的内涵，即与公众的相关性。其实，不管是在阿伦特那里，还是在哈贝马斯那里，公共领域都不仅仅是一个显现空间，它同时还是专门为公共事务准备的，只有那些"值得被看到或听到的东西"或"普遍问题"才是公共领域能够容纳的对象。在传媒提供的显现空间中，公共事件和私人事件同时上演，但显而易见的是，它们的公共意义是完全不同的，一个纯粹的私人事件即使被媒体铺天盖地地报道，也不会变成一个公共事件。在今天的大众传媒上，各种名人隐私、娱乐八卦等私人事件越来越多地挤占了公共事件的空间，即使在呈现公共事件时，大众传媒也喜欢采用"小报化"的手段和风格，由此可见，可见性的提高并不一定意味着公共性的增强。汤普森只是看到了传播媒介为公共事件的呈现提供了技术上的可能，但对于真实情况如何以及由此带来的问题，则缺少必要的分析和警惕。

其次，汤普森忽略了政治体制环境对传媒可见性的影响。正如陶东风批评的那样，汤普森"没有关注大众传播所处的具体政治体制环境，亦即大众传播与什么样的政治制度相关联，而实际上，这点正是我们有效地谈论大众传播的政治作用的前提，否则就会落入技术决定论"②。汤普森认为，媒体可见性是一把双刃剑，一方面，它为政治领袖提供了机会，使他们可以把精心设计好的形象和言辞同时发送给规模空前的受众；另一方面，他们也面临着新的风险，稍有不慎，便会失去对自己形象的控制，甚至会酿成政治丑闻。

---

① Harry C. Boyte, *Everyday politics: Reconnecting Citizen and Public Life*, University of Pennsylvania Press, 2004, p. 2.

② 陶东风：《网络交往与新公共性的建构》，《文艺研究》2009年第1期。

显然，汤普森的这种论述只有在一个新闻自由的现代民主社会中才能成立，而在那些新闻管制依然存在的国家，政治人物的媒体形象不仅经过了精心的设计，而且在发送给观众之前还要进行层层把关，如此一来，他所说的那种失控的风险就被化解殆尽了。在这样的社会体制环境中，传媒不再扮演"看门狗"的角色，而是发挥着宣传喉舌的作用。因而，媒体可见性只会赋予政治人物以更大的光环，只有在哈贝马斯所说的"代表型公共领域"的意义上，我们才能将其称为公共领域。

最后，汤普森对传媒可见性的论述主要基于电视传媒，而没有注意到网络传媒带来的新变化。互联网出现以后，公共事件的可见性方式又发生了一次重大变化，现在，人们不再同时关注一个相同的公共事件，而是有了更多的选择。此外，人们经历公共事件的方式也变得大为不同，如果说电视传媒提供的是一种"媒介化准交往"的话，那么网络传媒则使人与人之间的直接交往重新成为可能。网络传媒带来的这些新情况，显然是汤普森的公共领域理论所无法解释的，但是，他关于公共领域有诸多模式的思想，以及通过考察可见性方式的变化来理解公共领域转型的思路还是颇能给人以启发的。按照这种思路，我们自然可以说，网络传媒通过改变公共事件的可见性方式，为我们带来了一种完全不同的公共领域类型。

四　达尔格伦：网络传媒—公民文化—公共领域

皮特·达尔格伦提出，在解释由网络传媒所带来的新的社会现实时，哈贝马斯公共领域概念的缺陷已经暴露无遗，现在它只能说明部分问题，我们需要用另一概念"公民文化"（civic culture）对它进行补充。

（一）日常生活政治的兴起

在他看来，哈贝马斯的公共领域概念建立在传统的政治观念之上，这种政治观念假定了一系列清晰的二元对立，如理性/情感、知识/愉悦、信息/娱乐等。随着政治观念的转型，以及各种新兴的传播媒介尤其是网络传媒的出现，这些泾渭分明的二元对立已经不复存在。因而，我们必须重新理解政治这一概念的内涵，并思考哈贝马斯的公共领域理论在新的传媒条件下的适用性问题。

正如很多人观察到的那样，在当代社会中，政治和非政治之间的界限已经趋于消融，或者说，随着"日常生活的政治"不断崛起，"政治"这一概念的传统内涵已经大大扩容，在人们对传统的政治参与形式兴趣冷淡的同时，各种非传统的参与形式却大量涌现。在这种背景下，哈贝马斯公共领域概念赖以存在的基础已经不复存在，在分析这些新的政治现象时，我们与其继续使用"公共领域"这一不合时宜的笨重武器，不如采用更为灵巧而适用的"公民文化"概念。

20 世纪中期以来，日常生活的政治逐渐兴起，这种新的政治形式与人们的日常生活联系得更加紧密，是一种非正式的、议会以外的政治。如果说传统的政党政治靠某种共同的理念将其成员紧密地凝聚起来，那么，这种新政治则靠某一共同关心的问题将其成员松散地联系在一起。与政党政治相比，它要求的效忠程度更低，成员之间的联系也更为松散，且流动性很强。而且，它的组织形式是水平化的，而不是等级制的。比如，世界绿色和平组织、FEMEN 女权主义组织等就是这种新政治的典型代表。达尔格伦提出，在传统形式的政治参与逐渐低落的同时，这种新政治却在世界各地如火如荼地开展。

> 虽然从表面上看，公众表现出了对政治的冷漠和疏离，但这并不表明他们失去了对政治的兴趣。真实的情况或许是，他们正在重新定义政治的构成，将社会运动也纳入其中。在这些群体中，政治、文化价值、认同过程以及自我依赖方式之间的界限变得流动不居。①

在这种新的政治参与形式中，政治与文化之间的界限逐渐消弭，一个人的公民身份与其他身份变得难分难解，即使是最为个人化的身份——比如性别、种族、性取向等——也常常变得与政治息息相关，并成为政治参与的直接动机。

---

① Peter Dahlgren，"The Internet，Public Sphere，and Political Communication：Dispersion and Deliberation"，*Political Communication*，2005，22.

如此一来，公共领域概念在公共与私人之间所做的严格区分就不复存在了。

FEMEN 成立于 2008 年，是乌克兰知名妇女运动团体。其成员常以"上空"方式抗议情色旅游、性别歧视以及其他相关社会问题。图为 2015 年 11 月 12 日乌克兰警察拘留 FEMAN 的一名成员，因为她在一次要求同性恋权利的示威游行中呼喊口号

不管是在阿伦特那里，还是在哈贝马斯那里，公共领域都被视为一个独立于日常生活之外的政治交往空间。在此空间中，人们必须将自己的私人关切抛诸脑后，将自己的特殊利益置之度外。它假定在私人领域和公共领域之间存在一条鸿沟——在鸿沟的这一边，人们以私人身份进行非政治性的日常交往；在鸿沟的另一边，私人转变为公众，并开始进行一种公共交往。

但是，这种理论假设已经被很多经验研究推翻，有学者发现，大多数政治行动都是基于自己的利益和兴趣，在人们关注和谈论政治事务时，总是倾向于强调那些本地的、与家庭密切相关的事务。更加吊诡的是，与经典公共领域的假设完全相反，私人领域常常是人们谈论政治的主要场所，经验研究表明，在家庭或其他由亲密关系组成的小圈子中，人们会更多地谈论政治；相反，当处于群体之中或对公众和媒体发表演讲时，人们会尽量避免谈论政治。①

————————

①　Nina Eliasoph, *Avoiding Politics：How Americans Produce Apathy in Everyday Life*, Cambridge：Cambridge University Press, 1998.

（二）协商式民主观念的局限

在理解网络传媒所开创的交往空间时，哈贝马斯公共领域概念的另一个弊端是，它所依赖的协商式民主观念大大限制了它的适用性。

首先，协商式民主观念在"真正的协商"与其他形式的对话之间做出了过于严格的区分，忽视了日常生活中各种非正式的对话对于民主政治的作用。达尔格伦指出，公共领域中的政治协商要求人们具备一定的对话能力，而这种能力正是在日常生活中的人际交往中得到培养和锻炼的，也就是说，日常生活中的交谈为人们进入公共领域进行民主协商提供了一个操练场。就此而言，"散漫的闲谈同样可以产生政治影响，在个人对话与政治对话之间存在着不可忽视的关联。对于民主政治的活力来说，轻松的、漫无目的的日常对话及其创造性同样不可或缺"[①]。由于协商式民主观念切断了政治协商与日常对话之间的关联，将公共领域与日常生活领域截然割裂开来，所以在考察网络传媒上的人际交往时，它的弊端就非常明显了。如果按照理性协商的标准来衡量，大部分的网络交往都不能构成真正的公共交往，但不可否认的是，它们已经成为今天主要的公共交往形式，并对当代社会民主政治的运作发挥着越来越重要的影响。

其次，协商式民主观念有一种理性主义偏向，它忽视了其他一些同样有意义的政治交往方式。在哈贝马斯眼中，所谓"协商"应该是完全理性的，它要求每个参与者都超越自己的特殊利益，自觉服从那些最好的观点。为了使人们能在相互竞争的观点中做出理性选择，他要求人们尽量使用透明化的语言，而抛弃任何可能会对人的理性判断形成干扰的修辞技巧。达尔格伦认为，一方面，哈贝马斯的这一要求是不可能实现的，在阐释抽象观念时，一定的修辞技巧是必不可少的；另一方面，这种要求也是不必要的，论证和修辞并不矛盾，恰当地运用一些修辞还会使论证变得更加清晰和有力。因而，"协商式民主的理性主义偏向忽视了许多对于民主来说至关重要的交往模式，

---

① Peter Dahlgren, "Doing Citizenship: The Cultural Origins of Civic in the Public Sphere", *European Journal of Cultural Studies*, 2006, Vol. 9（3）.

比如情感性的、诗性的、幽默的、反讽的，等等"①。我们看到，在今天的网络交往中，那种完全理性化的协商已经颇为少见，大量的论争都显得轻松随意，充满着嬉笑怒骂，它们不仅大量使用各种修辞技巧，而且还常常跨越娱乐和政治之间的界限，呈现出一种表演性。与严肃的理性协商相比，这种交往方式不仅同样能够促进政治知识的传播，而且还能更好地激发人们的参与兴趣。

最后，协商式民主观念假定了参与者之间存在一种平等关系，在达尔格伦看来，这只是一种不切实际的美好愿望。协商式民主观念的一个基本前提是，参与者之间是完全平等的，他们都拥有自己的观点，并单纯依靠说服的力量赢得别人的赞同。而事实上，这种平等关系只是一种假设，它在协商过程中是不可能存在的，这是因为，人们的公共言说能力与他们所拥有的社会资本和文化资本是紧密相关的，而这些资本在不同人群中的分配是不平等的。正如科恩所说，"平等和互惠只能靠争取才能获得，而不能靠假设，对话本身并不能达成它的前提条件"②。从这一角度看，协商式民主观念具有一种宗教意义上的博爱论色彩，它单纯地信仰平等的价值，坚持认为在政治讨论中每个参与者的意见都同等重要，但却没有认识到，对于大多数人来说，他们在很多问题上都既没有时间和精力，也没有相关的知识去发展出自己的原创性意见。在这种情况下，他们不可避免地要受到各种社会精英的影响和引导。

（三）网络交往与公民文化

基于这种理解，达尔格伦提出："在分析和理解互联网上的政治讨论时，尤其是当我们聚焦于那些新型的、议会以外的政治时，协商式民主概念尽管还是有用的，但它已经只能部分地说明问题了。协商式民主视角的理性偏向需要用我所说的公民文化来补充。"③ 也就是说，网络上大部分的政治讨论都

---

① Peter Dahlgren, "The Internet, Public Sphere, and Political Communication: Dispersion and Deliberation", *Political Communication*, 2005, 22.

② Margaret Kohn, "Language, Power, Persuasion: Toward a Critique of Deliberative Democracy", *Constellations*, 2000, 7.

③ Peter Dahlgren, "The Internet, Public Sphere, and Political Communication: Dispersion and Deliberation", *Political Communication*, 2005, 22.

不符合协商式民主的标准，也未能形成一个哈贝马斯意义上的公共领域，但毫无疑问的是，它们组成了一个重要的社会交往空间。在此空间中，不同的观点彼此相遇和交锋，并由此形成了一种公民文化。

如果说公共领域概念指向一个与民主相关的正式交往空间，那么公民文化则描述了人们参与公共领域的社会文化条件，一个社会如果没有发达的公民文化，就不可能有广泛的政治参与。因而，公民文化虽然不同于政治参与，但它对于民主政治的运作来说同样是至关重要的。正如很多学者指出的那样，民主既需要一套制度安排，同时也离不开民主实践和民主传统的支持。就此而言，"尽管在参加社会交往与处理真正的政治问题和冲突之间仍然存在着鸿沟，但是，公民社会可以被看作是一个操练场，为公民的政治参与准备了条件"①。正是在各种非正式的社会交往中，公民的政治参与技能得到了培养和锻炼，因而，在考察网络传媒与民主政治之间的关系问题时，我们与其继续纠缠于它是否建构了一个公共领域，不如考察它在多大程度上有助于公民文化的形成。

在这一问题上，达尔格伦的观点是公允的，他认为，网络传媒与公民文化之间的关系是复杂的，它既培育了民主的公民文化，为积极的社会和政治变化做出了贡献；同时，它也带来了各种反民主的极端主义思潮的抬头，如种族主义、新法西斯主义等。因而，在评价网络传媒与民主政治之间的关系时，我们不能匆忙地得出一种非黑即白的简单结论，而应该认识到问题的复杂性。

就积极方面而言，网络传媒通过增强人们的参与功效感，重新激发了人们的参与热情。正如很多学者指出的那样，西方社会中政治参与的衰落已经成为一个不争的事实，这不仅表现在越来越多的人不愿意参加大选投票，而且还表现在，人们的政党效忠程度、对政府的信任程度以及对各种公民社交组织的参与程度都在全面下降，"独自打保龄"已经成为对这种个体化趋势的生动描绘。达尔格伦认为，公民不参与并不一定是由公民的政治冷漠造成

① Peter Dahlgren, "Doing Citizenship: The Cultural Origins of Civic in the Public Sphere", *European Journal of Cultural Studies*, 2006, Vol. 9 (3).

的，它也可能是在表达对现存政治体制的失望和拒绝，因而我们不能简单地将公民参与的缺乏归咎于公民美德的失败。我们应该认识到，公民不参与是由一些客观的社会原因造成的，一方面，现代社会运作的复杂程度远远超出了普通人的理解；另一方面，现代社会依然存在一些不民主因素，不同人群在经济、政治、文化等方面所拥有的参与资源是不平等的。由于这些条件的限制，人们在传统的政治参与中很难得到一种功效感，他们时常感到自己的力量微不足道，无论做什么都不会对最后的结果产生影响。"这些因素让人产生一种对自己生存环境的无力感和绝望感，或许还有一种被政治精英遗弃和背叛的怨恨情绪"①，并由此造成了参与动机的缺乏。

　　在激发人们的参与动机方面，网络传媒显现出了巨大的优势。我们看到，就在人们无奈地叹惋公民政治冷漠的同时，一些非传统的公民参与形式却在网络虚拟空间中大量涌现，并显示出日益强大的社会影响力。以"网络围观"为例，每当社会中出现一个社会问题或发生一个重大的公共事件时，就会有大量公众在网络空间中迅速集结起来，他们通过点击、评论和转发，形成强大的舆论影响，并常常能够促成问题的最后解决。

　　为什么人们对传统的政治参与形式兴趣冷淡，却对网络围观表现出如此之高的热情呢？这至少可以从以下几个方面来解释：首先，这些被围观的社会问题或公共事件与人们的日常生活有着更加紧密的联系，它们不是高深莫测的，而是每个人都可以理解的，因而它的参与门槛较低；其次，网络围观的参与成本也较低，人们无须走出家门，只需轻轻点击一下鼠标就能完成；此外，在网络围观中，公众之间可以进行互动和交流，因而它不仅是人们联合起来以影响社会的一种努力，同时也是一个寻求集体归属感以及建构自我身份的过程；最后，也是最为关键的是，人们在网络围观中能够体验到很强的参与功效感，他们常常能够看到自己的努力所产生的立竿见影的效果，而这又会反过来进一步激发他们的参与热情。在理解公众不参与问题时，我们不能停留于心理学的解释，而应该认识到，"公众实际上想要更多地参与民

———————

① Peter Dahlgren, *Media and Political Engagement: Citizens, Communication, and Democracy*, Cambridge: Cambridge University Press, 2009, p. 16.

主生活，但前提是，他们感到自己的声音能够被听到并且确实起到了作用"[①]。就此而言，网络传媒不仅为公民参与提供了便利的手段，而且还通过增强人们的参与功效感而重新激发了人们的参与热情，为一个社会中公民文化的培养做出了贡献，并为公共领域的建构准备了社会文化土壤。

然而，我们也不能过分高估网络传媒的进步和颠覆潜能，在网络传媒与公民文化之间的关系问题上，至少有以下几点是值得注意的：首先，互联网在日常生活中有多种使用，如娱乐、闲聊、购物等，其中用于政治目的的使用只占有很小的比重。像其他传统的大众传媒一样，网络传媒也已走上了一条商业化的发展道路，因而，它在很大程度上倾向于培养人们的消费者身份而非公民身份；其次，网络传媒远非一个没有边界的自由空间，与传统的大众传媒相比，它所受到的地理限制以及政府控制虽然弱化了，但并没有完全消失。因此，我们不得不警惕政府

2010 年，随着微博的社会影响力日渐凸显，"关注就是力量，围观改变中国"成为一句响亮的口号。《南方周末》评论员笑蜀说："一个公共舆论场早已经在中国着陆……每次鼠标点击都是一个响亮的鼓点，这鼓点正从四面八方传来，汇成我们时代最壮观的交响。"

机构和私人企业利用网络对个人隐私的破坏以及由此带来的监视风险；最后，虽然在世界范围内网络传媒都发展迅猛、普及程度越来越高，但不管是在一国的范围内，还是在不同国家之间，早期研究者所忧虑的"数字鸿沟"的问题都没有得到完美解决。

这也就意味着，网络传媒的出现既没有敲响公共领域的丧钟，也未能一劳永逸地解决公共领域建构面临的所有问题。在考察网络传媒所开创的新型

---

① Lewis A. Friedland, "Communication and Democracy in a Networked Society: Review Essay of Media and Political Engagement and 'The Internet and Democratic Citizenship'", *International Journal of Press/Politics*, 2010, Vol. 15 (3).

交往空间时，我们一方面不应该废黜公共领域这一概念，另一方面也不能固守经典阐释者对它的理解。正如汤普森所说，公共领域与可见性是密不可分的，如果一种传媒造成了公共事件可见性方式的变化，那么它就会带来一种新型的公共领域。由于网络传媒不仅扩大了人们能够经历的公共事件的范围，而且改变了人们经历公共事件的方式，所以它也必将为我们带来一种新型的公共领域。

尼克·史蒂文森提出，"公共领域的出现是为了使人们能够批判地反思自身以及国家的行为"[①]。为了达此目的，不管哪种类型的公共领域都离不开以下三个要素：首先，它离不开知情的公众，在任何情况下，对公共事务的了解都是参与的前提，在知情权得不到保证的条件下，所谓公共参与就只能沦为空谈。正是基于这种认识，哈贝马斯一直强调公共领域是由"阅读公众"组成的；其次，公共领域还是一个平等的对话空间，它是不同意见进行交锋的平台，而不是一个命令或真理的发布场，一旦进入公共领域，即使是官员和专家也都变成了一个平等的意见拥有者；最后，公共领域中的对话最终能够形成一种叫作公共舆论的东西，它虽然不是一种机构化的权力，却能从外部对权力拥有者施加影响。自公共领域概念出现以来，虽然不同学者对它的理解林林总总，但这些基本要义却始终未变。

其实，公共领域的这三个基本要素与网络传播研究中的三个核心主题大体上也是对应的。有学者提出，在考察互联网与政治参与之间的关系问题时，人们常常集中关注互联网的三个不同面向，即作为信息来源的互联网、作为交往媒介的互联网、作为虚拟公共领域的互联网。[②] 因此，在以下几章中，我们将通过分析网络传播在信息获取、社会交往、虚拟社区建构三方面带来的变化，考察它的公共性问题。

---

① [英]尼克·史蒂文森：《媒介的转型：全球化、道德和伦理》，顾宜凡译，北京大学出版社 2006年版，第 17 页。

② Rabia Karakaya Polat, "The Internet and Political Participation: Exploring the Explanatory Links", *European Journal of Communication*, 2005, Vol. 20 (4).

第四章 网络传播与信息获取方式的变革

不管对哪种类型的公共领域来说，信息的沟通都是至关重要的。哈贝马斯所说的资产阶级公共领域之所以在 18 世纪的伦敦、巴黎等地出现，除了各种复杂的历史条件外，它与现代印刷技术的发明以及邮政系统的建立也是密不可分的，正是在它们的合力作用下，人类才在历史上第一次拥有了大规模的信息沟通工具，并为公共领域的出现准备了条件。正是在这种意义上，有学者提出，"大众媒体是公共领域的前提条件"。[①] 作为公共领域理论的集大成者，哈贝马斯在分析资产阶级公共领域的兴起和衰落时，也始终将其与当时社会中信息沟通状况的变化联系起来。在他看来，资产阶级公共领域一直是由阅读公众组成的——人们首先在私人环境中对报纸、定期出版物等进行阅读，然后再走入咖啡馆、沙龙等场所就所读内容展开交流，如此一来，私人就聚合为公众，公共领域也就诞生了。

很多批评者都曾提出，哈贝马斯的资产阶级公共领域具有高度的排他性，是专为少数资产阶级白人男性准备的，并认为这缘于他法兰克福学派血统中根深蒂固的精英主义偏见。其实不然，哈贝马斯之所以把普通大众排除在公共领域之外，并不是因为他具有什么阶级偏见和性别偏见，而是因为在他看来，只有那些通过阅读报纸、定期出版物等传播媒介而掌握了信息的人，才有能力参与公共领域中的讨论，而在当时社会中，普通大众并不具有

---

① Winfried Schulz, "Changes of Mass Media and the Public Sphere", *The Public*, Volume 4, Issue 2, 1997, pp. 57 – 69.

这些获取信息的手段。

众所周知的是,信息沟通与传播媒介之间的关系十分密切,正如麦克卢汉所说,"媒介即信息",媒介不仅决定了人们传播和接收信息的方式,而且制约着信息沟通的内容,因而,不同的信息传播媒介也必然会对公共领域的建构产生直接的影响。比如,哈贝马斯的公共领域思想主要与印刷媒介相连,在他看来,虽然公共领域要求人们走到一起进行面对面的交谈,但它的前提条件却是人们在私人环境中的阅读。这种阅读不仅为人提供了共同关心的信息和话题,而且还培养了人的理性批判精神。与印刷媒介相比,电视是一种完全不同的信息沟通媒介:首先,电视为人提供的信息是源源不断的,人们根本无法控制自己接收信息的速度;其次,电视是一种"信息丰富"的媒介,它不是只为人提供干巴巴的文字信息,而是把形象、声音、动作、神态等信息都毫发毕现地呈现于人;最后,电视媒介使信息的群体接收成为可能,如果说阅读印刷物只能是一种个体行为的话,那么,观看电视则既可以是个体性的,同时也可以是群体性的。基于此,约翰·汤普森提出:

> 电视媒体产生了一个新型的公共领域,它没有空间限制,它不一定与对话相联系,处在私人化家庭环境中的为数不定的人们都可以看到它。大众传播的发展非但没有敲响公共生活的丧钟,却产生了一种新的公共性并且从根本上改变了人们能经历公共事务的条件以及在今天参与所谓的公共领域。①

如果说媒介变迁意味着信息沟通方式的变化,并将对公共领域的建构产生直接的影响,那么,网络传媒的出现无疑意味着信息沟通方式的重大变革,并为人带来了一种全新的信息环境,因而它也必将带来公共领域的进一步转型。

与各种传统的大众传媒相比,网络传媒给信息沟通方式带来的变化是多

---

① [英]约翰·B.汤普森:《意识形态与现代文化》,高铦等译,译林出版社 2005 年版,第 267—268 页。

方面的，择其要者而言之：首先，网络传媒带来了海量信息，在它出现之前，虽然各种大众传媒已经为人带来了越来越丰富的信息，但它们仍然是有限的。在网络传媒出现以后，信息匮乏问题逐渐为信息泛滥所取代，正如奈斯比特所预言的那样，"我们的社会经济首次建立在一种可再生和自生的重要资源上，再也不会发生资源枯竭问题。与之相反，这种资源太多，造成泛滥却是个大问题"①。

其次，网络传媒突破了大众传播的"广播"（broadcast）模式，而开创了一种被称为"窄播"（narrowcast）的信息传播方式。如果说大众传播的特点是少数制作者将千篇一律的信息同时推给（push）千百万人，接收者在很大程度上是被动的，他们只能选择接收或者拒绝。那么，网络传媒则增强了接收者的主动性，它允许用户主动拉出（pull）自己所需要的信息，用尼葛洛庞帝的话来说，这种情况就好比是每个人都为自己量身定做了一份"我的日报"（the daily me）。

最后，进入 Web2.0 时代以后，随着各种社交媒体（social media）的大量出现，传统上存在于信息发送者和接收者之间的界限越来越趋于消融。现在，每个能够连接上网的人都可以发布自己的信息并与他人展开互动，"这是历史上的头一次，任何人只要有一台电脑，可以连上互联网，就等于拥有一家报社（至少是已开发世界），几乎任何人都能制造新闻"②。鉴于社交媒体带来的这种信息沟通方式的重大变化，丹·吉摩尔将之称为"自媒体"（we the media），中国学者胡泳则将之称为"共有媒体"。总之，网络传播是人类有史以来信息沟通方式的重大变革之一，它为我们带来了一种全新的信息环境。

毫无疑问，网络传播带来的信息方式变革具有十分复杂的社会意涵，我们不能简单地做出一种积极或消极的评价，概而言之，"这种信息传播方式肯定是一把双刃剑：在最坏的时候，它产生的是喋喋不休的妄语累积成的信息垃圾场；在最好的时候，它营造了一种良好的信息和思想交流的氛

---

① ［美］约翰·奈斯比特：《大趋势——改变我们生活的十个方向》，孙道章译，中国社会科学出版社 1984 年版，第 22 页。

② ［美］丹·吉摩尔：《草根媒体》，陈建勋译，南京大学出版社 2010 年版，第 19 页。

围和环境"①。对于公共领域的建构而言,网络传媒的影响也是毁誉参半的:一方面,它克服了大众传媒在建构公共领域方面的一些短板,如信息流动的单向性、议程设置权力的垄断、接收者主动性的缺乏等。另一方面,它也滋生出一些新的问题,比如,网络上各种不知来源的信息泥沙俱下,让人真假难辨;网络的匿名性造成责任感的缺失,使网络谣言和网络中伤大量出现;信息搜索机制净化了人们的信息环境,却也减少了人们接触不期而遇的信息的机会,等等。

一　互联网普及背景下的数字鸿沟问题

像人类历史上出现的任何一项新技术和新发明一样,互联网从出现到普及也经历了一个过程。根据国际电信联盟(ITU)提供的数据,1996 年全球互联网用户还不到 4000 万。经过 20 年的发展,到 2016 年年底,全球已有近50%的人口用上了互联网,约为 39 亿人。在发达国家,使用互联网的人数比例已达到 80%。② 与 20 世纪出现的其他信息传播媒介相比,互联网的普及速度是十分惊人的,有学者发现,"互联网花了 7 年时间进入了 30%的美国家庭,而电话则花了 38 年、电视花了 17 年的时间才达到同样的水平"③。

即便如此,目前全球仍有约一半的人口还没有使用互联网,可以说,他们还被挡在信息社会的门外。根据上面提到的同一份报告,在发展中国家,使用互联网的人数比例为 40%,在经济水平欠发达地区,这一比例还不到15%。而在一些贫穷国家,使用互联网的人数还不到总人数的 10%。报告称,当前欠发达国家的互联网普及率仅为发达国家 1998 年的水平,这意味着欠发达国家的互联网普及水平要落后近 20 年。④ 自互联网出现之日起,所

---

① 胡泳:《众声喧哗:网络时代的个人表达与公共讨论》,广西师范大学出版社 2008 年版,第 3 页。

② 《国际电信联盟:2016 年底前全球近 50%人口用上互联网》,IT 之家网站,2016 年 11 月 22 日,http://www.ithome.com/html/it/274786.htm。

③ [美]詹姆斯·E. 凯茨、罗纳德·E. 莱斯:《互联网使用的社会影响》,郝芳、刘长江译,商务印书馆 2007 年版,第 29 页。

④ 《国际电信联盟:2016 年底前全球近 50%人口用上互联网》,IT 之家网站,2016 年 11 月 22 日,http://www.ithome.com/html/it/274786.htm。

谓"数字鸿沟"（digital divide）问题就引起了人们的普遍关注，学者们进行了大量的理论探讨和经验研究，以把握数字鸿沟的发展趋势和社会影响，并尝试找出弥合鸿沟的可行方案。

（一）什么是数字鸿沟？

虽然人们普遍认为"数字鸿沟"一词最早出现于 20 世纪 90 年代，但对于它的具体来历却众说纷纭，根据中国学者纪秋发的总结，比较流行的说法有三种：一种说法认为，它最早是由马克尔基金会名誉总裁利奥伊德·莫里塞特提出的，他认为数字鸿沟就是指在"信息有者"（information haves）和"信息无者"（information have-nots）之间存在的信息与通信机会上的差异。另一种说法认为，作为一个概念，"数字鸿沟"首次出现在 2000 年 7 月八国首脑会议通过的《全球信息社会冲绳宪章》中。还有一种说法认为，美国前副总统阿尔·戈尔在 1996 年所做的著名报告——《建设国家信息高速公路》中首次使用了这一概念，在 2000 年的总统大选中，他仍然将弥合数字鸿沟当成自己主要的竞选口号之一。[①]

其实，追究"数字鸿沟"一词的来历意义已经不大，因为它所描述的现象早在人们提出这一概念之前就引起了很多人的重视。早在 1990 年，美国著名未来学家阿尔温·托夫勒就在《权力的转移》一书中提出了一个与之相类似的概念，即"电子鸿沟"（electronic gap），并用它来描述人们在"信息和电子技术方面的鸿沟"。[②] 1995 年，海华德·丁在《信息富人、信息穷人》一书中也提醒人们应该重视由信息接触机会不均等所带来的社会问题。[③] 可以说，自从互联网出现以后，在人们还没来得及对它的信息传播特点做出深入探究之前，"数字鸿沟"问题就率先引起了人们的普遍重视。

时至今日，"数字鸿沟"已经成为人们司空见惯的一个概念，以至于人们在使用它的时候都不用再思考它的确切含义是什么，但严格说来，它却有

---

① 纪秋发：《中国数字鸿沟——基于互联网接入、普及与使用的分析》，社会科学文献出版社 2010 年版，第 10—11 页。

② ［美］阿尔温·托夫勒：《权力的转移》，刘江等译，中共中央党校出版社 1991 年版。

③ Hayward Tim, *Info-Rich*, *Info-Poor*: *Access and Exchange in the Global Information Society*, K. G. San, 1995.

不同层次的内涵,并且人们对它的理解也经历了一个由浅入深的过程。

最初,它的含义非常明了,即指人们在互联网接入机会上的不平等,也就是说,一部分人有机会接入互联网并享受它所带来的便利,而另一部分人则没有这种机会和条件。这不仅包括不同国家和地区之间的差别,同时也包括同一国家和地区内部不同社会群体之间的差别。人们通过大量的统计和研究得出结论:不同的收入水平、教育程度、种族、性别、年龄等都是造成数字鸿沟的直接原因。不管从哪项指标来看,处于数字鸿沟不幸一边的都是那些在其他方面也同样处于相对弱势地位的人群,比如,欠发达国家、低收入人群、少数族裔等,很多人提出,由于数字鸿沟的存在,这些人群将在未来的社会竞争中处于更加不利的地位。正如曼纽尔·卡斯特所说,"虽然访问本身不能单独解决问题,但对于一个其主要功能和社交团体都越来越围绕互联网来组织的社会来说,它却是克服不平等的一个前提条件"①。基于这种认识,早期人们提出的消除数字鸿沟的对策一般都是加强信息基础设施建设,以实现互联网接入机会的平等化。

随着互联网的普及以及人们对它认识上的深化,"数字鸿沟"的含义也变得更为丰富,越来越多的学者感到,最初人们将"数字鸿沟"仅仅理解为有没有机会接入互联网之间的差别显得过于狭窄,无法呈现人们在互联网使用问题上存在的更为复杂的不平等关系。正如查德威克所说,"大量研究是从种族、收入、教育、地域或性别的角度对互联网获取机会的不平等进行论述,而没有探讨互联网使用技能的社会差异如何影响上网人群真正能做的事情"②。在很多学者看来,人们在互联网使用上的差异也应该被看成一种数字鸿沟,它同样能够加剧人们在社会生活中的不平等地位。也就是说,即使人们获得了平等地接入互联网的机会,但由于使用技能以及其他各种社会差异的存在,也并不是所有人都能很好地利用互联网的优势。最初人们对"数字鸿沟"的理解仅仅关注接入机会,而忽视了人们在使用技能、经济机会和民

---

① Manuel Castells, *The Internet Galaxy*: *Reflections on the Internet*, *Business*, *and Society*, Oxford University Press, 2001, p. 248.

② [英]安德鲁·查德威克:《互联网政治学:国家、公民与新传播技术》,任孟山译,华夏出版社2010年版,第68页。

主参与等其他各方面的差异，因而，为了使这一概念能够呈现人们在互联网接入与使用上的多维差异，我们需要对它进行重新定义。① 诺里斯把"数字鸿沟"分为三种主要类型，即全球鸿沟、社会鸿沟和民主鸿沟。其中，全球鸿沟是指发达的西方社会与其他社会之间在互联网接入方面存在的差距；社会鸿沟是指一个社会内部的不同群体之间在互联网接入方面存在的差距；而民主鸿沟则是存在于那些已经接入互联网的人群中间的差别，即一些人能够利用数字资源去从事、动员或参与公共生活，而另一些人则不能。他认为："即使我们争辩说，互联网在社会中的渗透率会逐渐提高，但不能不承认，在那些使用或不使用互联网上可获得的、旨在促进公民参与的广泛的政治资源的人之间，仍然存在实质性的数字鸿沟。"②

在当前社会中，随着互联网接入的成本越来越低，虽然人们在互联网接入机会上的不平等状况——即诺里斯所说的"全球鸿沟"和"社会鸿沟"——依然存在，但它们已经不再是最为关键的数字鸿沟问题，现在最为关键的问题是不同人群在具体使用上的差异，即人们在接入互联网以后用它来做什么。比较而言，这是一个更为复杂而棘手的问题，如果说要解决互联网接入机会上的不平等状况，我们只需要不断加强信息基础设施建设就可以了。那么，要想解决互联网使用上的差异却没有一种简单易行的方法。正如温纳所说，把民主议题植根在信息的供应上是种严重的扭曲，现实社会中教育和信息的不平等并不能通过信息供应来解决，否则在那些资源匮乏的地区建一大堆图书馆就够了。真正的问题是，很多弱势群体不会也不知道如何使用这些信息，更不要说对电子民主做出贡献了。③

（二）数字鸿沟：一种十分正常的社会现象？

关于数字鸿沟的社会影响，一些人乐观地认为，数字鸿沟是一种十分正常的社会现象，而且它正处在不断弥合乃至消失的过程中，因而我们大可不

---

① Karen Mossberger, Caroline J., Tolbert, Mary Stansbury, *Virtual Inequality: Beyond the Digital Divide*, Georgetown University Press, 2003, pp. 1–7.

② Pippa Norris, *Digital Divide: Civic Engagement, Information Poverty, and the Internet Worldwide*, Cambridge University Press, 2001, p. 12.

③ Winner, L., "Mythinformation", in R. Holeton (ed.), *Composing Cyberspace: Identity, Community, and Knowledge in the Electronic Age*, New York: McGraw Hill, 1998.

必为此而杞人忧天。一方面，任何一项新技术和新发明都有一个逐步扩散的过程，都会经历一个"有者"和"无者"并存的时期，这是一种再正常不过的社会现象，自古而然；另一方面，在正常的市场条件下，企业必然会在利润动机的驱使下不断寻求降低成本和扩大市场的机会，从而使接入互联网的经济成本和技术门槛都不断降低，按照这种发展趋势，总有一天每个想要接入互联网的人都能如愿以偿，到那时，所谓的数字鸿沟也就自然消失了。因此，数字鸿沟并没有什么特殊的社会意义，也不值得人们大惊小怪。美国联邦通信委员会主席迈克尔·鲍威尔打趣说："我认为存在一种'奔驰鸿沟'：我想拥有一辆奔驰，但我买不起。"[①] 他在这里想要表达的意思是，如同人们已经司空见惯的其他社会差距一样，所谓数字鸿沟也是一种再正常不过的社会现象。

在我们看来，数字鸿沟绝非无关紧要之事。虽然任何一个社会都不可避免地会存在各种各样的社会差距——比如，就像迈克尔·鲍威尔所提出的，一些人拥有足够多的财富，有能力购买奔驰车，而另一些人却没有这种能力。但是，与这些社会差距相比，数字鸿沟却具有完全不同的性质和影响，我们应该对它给予特别的重视。针对迈克尔·鲍威尔的观点，有学者反驳说："没有一辆奔驰车并不会成为人们工作、接受教育和公民参与的障碍，但没有与互联网相关的技能则有可能会限制人们的这些机会。"[②] 虽然与吃饭、穿衣、居住等人类的基本需求相比，上网显得不那么迫切；与选举权、集会权、言论自由权相比，上网的权利也显得不那么紧要。但是，在当前这个信息化的社会中，人们对互联网的使用状况已经越来越成为决定他们经济状况和政治地位的关键性因素。

从经济角度看，只有消除数字鸿沟，才能给社会边缘性群体提供更多的经济机会，并缩小他们与其他社会群体之间的贫富差距。正如莉萨·塞文所说，"贫民可能会得到他们赖以生存的东西，但却永远无法前进。信息技术

[①] Mark Warschauer, *Technology and social Inclusion: Rethinking the Digital Divide*, Cambridge: MIT Press, 2003, p. 217.

[②] Joo-Young Jung, Jack Linchuan Qiu, Yong-Chan Kim, "Internet Connectedness and Inequality: Beyond the 'Divide'", *Communication Research*, 2001, Vol. 28 (4) .

等资源可以帮助这些人走出贫困"①。在当代社会中，经济的运作越来越与信息和信息技术密不可分，为了缩小不同社会群体之间的贫富差距，那种对社会弱势群体进行物质性救济的传统方法已经越来越显得治标不治本。人们逐渐认识到，"授之以鱼不如授之以渔"，从长远看，只有逐步消除数字鸿沟，以使所有人都能平等地利用互联网带来的便利，才能从根本上解决当代社会的贫富分化问题。

从政治角度看，只有消除数字鸿沟，才有望实现不同社会群体之间的权力平等。斯各特·拉什提出，在当前这个信息社会中，虽然权力还是像福柯所说的那样与知识有着紧密的联系，但不同于以往的是，信息性的知识正日渐取代叙事性的和论说性的知识。这也就意味着，那些掌握更多信息资源以及获取信息手段的人将被赋予更多的权力，并对其他人施加一定的影响；相反，那些在信息方面处于劣势的人也会在权力关系中处于弱势地位。他提出：

> 在信息秩序里，不平等倾向于愈来愈少以在某个企业或工厂中资本家与劳工之间的生产关系来界定——这是在工业秩序中不平等的范式。在信息秩序里，核心是排除而非剥削，而关于排除，首先且最重要的一点是：它是与信息和通信流、与信息和通信的结果一道被定性的。②

拉什在这里所说的"排除"，在很大程度上就是指我们正在讨论的"数字鸿沟"问题。由此可见，数字鸿沟已经成为一种新的、最为重要的社会不平等的来源，那些处于不幸一端的人不仅拥有更少的信息，而且还拥有更少的权力。正是因为意识到了数字鸿沟与权力不平等之间的紧密联系，目前很多国家都已经把上网的权利认定为一项基本人权并将它写入法律。比如，2009年6月，法国最高法院裁定，上网的权利是人权。同年，芬兰成为世界上第一个将宽带上网列为公民基本权利的国家，他们立法规定，自2010年7月1日起，芬兰公民将享有不低于1Mbps宽带的上网速度，这项新的

---

① Lisa J. Servon, *Bridging the Digital Divide: Technology, Community, and Public Policy*, Oxford: Blackwell Publishing, 2002, p. 20.

② ［英］斯各特·拉什：《信息批判》，杨德睿译，北京大学出版社2009年版，第18页。

法律意味着,互联网接入服务商将不得以侵权为由切断用户电脑与互联网的连接。据悉,目前联合国也正在考虑将"上网权"列为一项基本的人权。

(三)数字鸿沟:正在走向消失?

还有一种观点认为,人们对数字鸿沟的忧虑主要基于早年互联网应用的现实,那时,接入互联网不仅需要支付高昂的经济成本,而且还存在很高的技术门槛,因而它把大部分人都排除在外了。然而时过境迁之后,"一旦浏览器、调制解调器、带宽、大众和商业互联网资源以及连接变得更加适合用户和更为普遍时,很多数字鸿沟都会消失"[①]。不可否认的是,这种乐观的预测自有其道理,也得到了很多统计数据的支持。根据国际电信联盟提供的数据,截至 2012 年 6 月 30 日,在北美和欧洲等发达国家中,互联网的使用率已经接近于饱和,分别达到了 78.6% 和 63.5%,这也就意味着,早期存在于不同社会群体之间的数字鸿沟有的已经消失,如性别和种族方面的差距,而另一些也正处于迅速弥合之中,如收入水平和教育程度方面的差距。在全球范围内,虽然西方发达社会与其他社会之间在互联网使用方面仍然存在较大的差距,但这种差距也已呈现出逐步缩小的趋势:自 2000 年以来,亚洲和非洲的互联网用户分别增长了 841.9% 和 3606.7%,远远高于同期欧洲和北美洲的增长率 393.4% 和 153.3%。[②] 由此可见,不管在一个社会内部的不同群体之间,还是在发达社会与其他社会之间,人们在互联网接入机会上的差距都在逐步缩小。

显而易见的是,那些关于数字鸿沟正在消失的乐观判断都是基于互联网使用者数量不断增长的现实,而没有考虑不同人群在具体使用过程中所呈现出的各种差异,如果将这些差异也考虑在内的话,事情恐怕就没有那么令人鼓舞了。在具体使用过程中,除了常常被人提到的使用时间和程度的差距外,不同人群之间至少还在以下三个方面存在着不容忽视的差距。

首先,技能方面的差距,在那些已经接入互联网的人群中,即使每个人都拥有相同的硬件条件,甚至是相同的带宽,但由于不同人群在使用计算机

---

① [美]詹姆斯・E. 凯茨、罗纳德・E. 莱斯:《互联网使用的社会影响》,郝芳、刘长江译,商务印书馆 2007 年版,第 46 页。

② 资料来源:http://www.internetworldstats.com/stats.htm。

和应用互联网的技能方面仍存在着不小的悬殊，所以，同样的互联网对于不同的上网人群来说可能意味着完全不同的东西。

其次，人们对互联网的使用方式也存在很大差异，对于不同的人群来说，互联网发挥的主要功能是不同的。对于一些人来说，互联网既是他们工作中必不可少的工具，也是他们寻求社会提升、增强社会影响的有用助手；而对于另外一些社会边缘群体来说，互联网可能与他们的工作并没有什么紧要的联系，而只是充当了一个娱乐和打发时间的工具。迪吉克通过调查发现，"受过良好教育的人因工作、个人业务、教育及其他原因使用电脑，但受教育少的人和年轻人使用电脑首先是为了娱乐和打游戏"[1]。这绝不仅仅是喜好上的差异，而是关乎人们能在多大程度上利用互联网的优势。

最后，还有一种常常被人忽视的更为隐蔽的差距，即互联网提供的信息内容上的不平等。正如查德威克所说，"互联网大大降低了进入理想的自由市场的门槛，但全世界仍有许多地区以及发达国家的大部分人口，他们的文化没有在互联网上得到充分的体现"[2]。对于这些社会边缘性群体来说，由于他们在互联网上找不到自己感兴趣或需要的内容，所以他们就不会产生接入互联网以及掌握相关上网技能的动机。这也就意味着，信息内容上的不平等不仅会使一部分人的文化被边缘化，而且还会反过来进一步拉大人们在互联网接入和使用技能方面的差距。

让事情变得更加雪上加霜的是，所有这些不同层面的数字鸿沟都呈现出一种叠加效应，也就是说，那些拥有较少机会接入互联网的人群，常常也就是那些掌握较少使用技能、无法充分利用互联网的优势且他们自己的文化也较少在互联网上得到呈现的人群。因而，各种劣势的叠加必然会使那些处于数字鸿沟不幸一边的人变得更为不幸。显然，相对于互联网接入方面的鸿沟，人们在使用过程中出现的这些差距都不是简单地通过加强信息基础设施建设就能够拉平的，而且在短时间内我们似乎还看不到有弥合的趋势。

因此，如果我们单纯从互联网接入数量这一角度看，目前的数字鸿沟确

---

[1]　Jan Van Dijk, *The Network Society: Social Aspects of New Media*, Sage, 2005, p. 153.

[2]　［英］安德鲁·查德威克：《互联网政治学：国家、公民与新传播技术》，任孟山译，华夏出版社2010年版，第70页。

实正在走向消失，渐行渐远——不管是从不同国家和地区之间的差距来看，还是从同一国家和地区内部不同社会群体之间的差距来看，都是如此。但是，如果我们把数字鸿沟理解为不同人群在互联网使用上呈现出的多维差异——既包括使用时间和程度的不同，也包括使用技能和方式上的差别，那么，我们就会发现，数字鸿沟并不是在向着远离我们的方向做直线运动，以某些标准来衡量，它甚至还呈现出不断拉大的趋势。

（四）数字鸿沟的社会影响

数字鸿沟具有多重的社会影响，从政治角度看，随着互联网日益成为人们最为重要的信息来源，数字鸿沟将越来越影响人们在知情权方面的平等地位。根据皮尤研究中心（Pew Research Center）提供的数据，从 2007 年到 2010 年的短短 3 年间，美国人主要通过互联网获得新闻的比例已经从 24％ 上升到 41％，与这一变化构成此消彼长关系的是，主要通过电视获得新闻的比例则从 74％ 下降到 66％。仅从这组数据来看，看电视依然是普通美国人获得新闻的主要途径，但是，通过对调查对象进行分组考察，我们会发现，越是年轻的群体，越是倾向于把互联网作为最主要的新闻来源。在 18—29 岁的年龄组中，已经有 65％ 的人将互联网作为主要的新闻来源，比 2007 年的 34％ 上涨了近 1 倍，同期选择电视的比例则从 68％ 下降至 52％。[1] 这也就意味着，随着时间的推移，互联网将很快取代电视成为人们获得信息的最为重要的媒介，那些没有使用互联网或只掌握很少相关技能的人，将很难获得平等的知情权，而这势必会影响他们对公共领域的参与以及在公共领域中的平等地位。与其他信息传播媒介不同，互联网不仅仅是人们获得信息的重要来源，而且还是他们表达个人意见、参与公共讨论的重要途径。随着当代社会的公共讨论越来越向网络空间转移，那些处于数字鸿沟不幸一边的人不仅在知情权方面处于劣势，更为严重的是，他们还将成为公共领域的缺席者，从而在社会中沦为一种被淹没的声音。

数字鸿沟问题的复杂之处还在于，如果一个社会中有越来越多的人能够

---

① 资料来源：http://pewresearch.org/pubs/1844/poll-main-source-national-international-news-internet-television-newspapers。

熟练地使用互联网，利用它所带来的各种便利，那么，那些不幸被排除在外的人就越是会处于更加不利的地位。这里出现的吊诡逻辑是，我们通常所谓的"数字鸿沟"越是缩小，那些处于数字鸿沟不幸一边的人的劣势越是会被拉大。一个颇能说明这一问题的例子是，2012 年"春运"期间，中国铁道部推出了网络和电话订票业务，此后，很多人抱怨这不仅没有给他们带来便利，反而使他们买票变得更加困难了。重庆籍农民工黄永红在写给铁道部领导的信中说："前几年，春运买票只要排队就行，来得早就有机会，拼的是体力，所以我都是凌晨过来排队。今年不一样，弄了个网络购票，对我们来说太复杂，太不切合实际了。其实这是非常不公平，我们连买票的资格都没了。"①此事经媒体曝光后，立即引起人们的热烈讨论，它所反映出的深层问题是：随着当代社会生活越来越离不开互联网，在那些有机会和能力使用互联网的人与那些没有这种机会和能力的人之间将会出现更加严重的不平等。正如布鲁斯·宾伯所说，"1996 年的'离线'状态几乎没有意义，因为在政治上和经济上，非使用者的劣势几乎为零；而在新的世纪，考虑到政治信息的直接获取性，'离线'状态就变得有意义了"②。在这种意义上，我们甚至很难说，随着互联网的日益普及，数字鸿沟是缩小了，还是被拉大了？

面对当前社会中的数字鸿沟问题，我们一方面要承认它不可能得到彻底的解决，就像人与人之间的其他社会差距不可能被完全抹平一样；另一方面，我们也不能放弃缩小数字鸿沟的努力。

> 认为在计算机和互联网使用十分普遍的社会中，不平等现象可以逐渐消失，这是天真的。工业革命期间，社会从主要以农村和农业为主向主要以城市和工业为主过渡时，带来了许多新形式的社会分工，在社会向后工业主义/信息主义时代过渡时也同样如此。③

---

① 黄永红：《一个农民工写给铁道部的一封信》，《温州都市报》2012 年 1 月 4 日。

② ［美］布鲁斯·宾伯：《信息与美国民主：技术在政治权力演化中的作用》，刘钢等译，科学出版社 2011 年版，第 233 页。

③ ［英］安德鲁·查德威克：《互联网政治学：国家、公民与新传播技术》，任孟山译，华夏出版社 2010 年版，第 104 页。

黄永红在写给铁道部的信中说:"显然网络、电话购票更适合那些整天在办公室里坐着的人,我们每天根本没有时间去对付这个。然而网络和电话优先出票,对我们来说剥夺了我们基本的购票权利。"

作为人类历史上的一项具有革命性的技术应用,互联网必然会带来一些新形式的社会分工,并造成一种新的不平等关系。正如拉什所说,在信息社会中,人与人之间的不平等关系主要不再表现为剥削的形式,而是以各种各样的"排除"为基础。从这个意义上说,想要完全消除数字鸿沟,实现所有人在互联网使用上的绝对平等是不可能的。然而,为了追求社会公平和正义,我们又不能放弃缩小数字鸿沟的努力,而这注定是一个漫长而复杂的社会工程。由于数字鸿沟与其他社会差距是密切相关的,也就是说,那些处于数字鸿沟不幸一边的人,常常就是那些在其他方面也同样处于弱势地位的人,所以,数字鸿沟问题的解决不可能是一蹴而就的。如果说要解决人们在互联网接入方面的鸿沟,我们只需不断加强信息基础设施建设、不断降低互联网使用的成本就可以了,那么,要想解决人们在互联网使用上的差异就不那么简单了。从根本上说,缩小数字鸿沟与缩小人们在其他方面的社会差距是同步的,它不可能先于、也不会滞后于其他社会差距问题的解决。

二　信息资源：从匮乏到丰富

互联网的出现无疑意味着人类信息环境的重大变革，它带来的变化是多方面的，其中最为直观的是，它为人带来了海量的信息。正如约翰·奈斯比特所言："我们的社会经济首次建立在一种可再生和自生的重要资源上，再也不会发生资源枯竭问题。与之相反，这种资源太多，造成泛滥却是个大问题。"[①] 在互联网出现以后，很多学者都热衷于讨论它对公共领域建构的影响，而众所周知的是，公共领域的建构与一个社会的信息沟通状况有着十分密切的关系。因而，在考察互联网建构公共领域的潜能时，海量信息就是一个绕不开的话题。目前，人们在这一问题上还褒贬不一、莫衷一是：乐观者认为，它将培养出更加知情的公众，并有助于提高人们参与公共领域的积极性；而悲观者则认为，信息不等于知识，海量信息不仅没有增加人们的知识，相反还会造成公共议题的解体。

（一）网络信息的海量化

长期以来，公共领域建构面临的主要问题是信息匮乏，这是因为，传统的大众传媒为人提供的信息资源是相对有限的。一方面，它们不是受到版面空间的束缚，就是受到播出时间的限制，因而，只有那些经过专业人员仔细挑选出来的十分有限的信息才有机会进入公众视野。另一方面，在很长一段时期内，人们从传媒上获取的信息都主要来自少数几个传媒巨头，因此，这些信息呈现出高度同质化的特征。有数据显示，在 1980 年，美国三大电视网在主要播出时段控有全国 90% 的观众，此后，随着电视频道数量的不断增加，这一数字虽有所下滑，但直到 1990 年，它们的占有率仍保持在 65% 左右。[②] 这也就意味着，当时美国社会的大部分观众只能依靠少数几家主要的新闻媒体来获取信息，面对这些经过专业人员仔细挑选、

---

① 〔美〕约翰·奈斯比特：《大趋势——改变我们生活的十个方向》，孙道章译，中国社会科学出版社 1984 年版，第 22 页。

② 〔美〕曼纽尔·卡斯特：《网络社会的崛起》，夏铸九等译，社会科学文献出版社 2001 年版，第 450 页。

编辑好的信息,人们并没有太多的选择余地,只能选择接收,或者选择关掉电视机。

在互联网出现以后,这种状况发生了根本性的改变。从技术潜能上看,由于互联网既不像报纸、杂志等印刷媒介那样受到版面空间的束缚,也不像广播、电视等电子媒介那样受到播出时间的限制,所以,从技术潜能上看,它能够容纳海量的信息。从另一个角度看,互联网还有一种开源能力,也就是说,它使信息的来源变得无限丰富起来。如果说在大众传媒时代,只有专业的新闻制作机构才拥有发布信息的手段,那么,在进入 Web2.0 时代以后,每个普通网民都获得了发布自己所掌握的信息的机会。这不仅打破了专业的新闻制作机构对信息来源的垄断,具有一种赋权给平民的效应;同时还极大地扩展了人们能够接触到的信息的范围,使网络上的信息总量呈几何级数般增长。根据美国一家调查网站 2012 年提供的数据:现在,互联网上每天更新的信息都足以刻满 1.68 亿张 DVD 光盘。其中,有 2940 亿封电子邮件被发送、200 万篇博文发布、2.5 亿张照片上传至 Facebook、864000 小时时长的视频上传至 You Tube。① 诚如奈斯比特所言,现在人们再也不用担心信息匮乏的问题,相反,这些信息太多,如何从中筛选出对自己有用的信息却成为一个新的难题。

面对如此汹涌而来的信息洪流,人们对公共领域的参与必然会受到影响和冲击。如果说公共参与的障碍曾经是信息不足——正是由于这种原因,哈贝马斯才将普通大众排除在外,那么,在互联网为人提供了如此丰富的信息之后,人们参与公共领域的积极性和能力是不是会随之水涨船高呢?我们将从三个方面对这一问题进行考察,即海量信息是否能够提高人们参与公共领域的积极性、它是否带来了更加知情的公众、它对公共讨论产生了什么样的影响。

(二)海量信息与参与积极性的提高

在一个社会中,人们参与公共领域的积极性是由许多复杂的历史和现实

---

① 《互联网一天:发 2940 亿封邮件,卖 37.8 万台 iPhone》,IT 之家网站,2012 年 3 月 7 日,ht-tp://www.ithome.com/html/it/12390.htm。

条件共同决定的，其中，参与成本和政治功效感是两个十分重要的决定因素。所谓"参与成本"是指，人们参与公共领域所需要付出的代价，它既包括人们在金钱、时间和精力方面的花费，同时也包括人们需要承担的参与风险。显然，在理性人的预设下，参与成本的降低会提高人们的参与积极性。而所谓"政治功效感"（political efficacy）则是一个多维度的概念，"一般研究中都包含两个维度——内部功效感和外部功效感。前者强调个人对自身理解政治和参与政治能力的基本信念，后者指向个体对政治体制（主要是政府）能否对公众进行有效回应的感知"。[①] 从总体上看，政治功效感是指人们对自我理解和影响政治事务能力的一个基本判断，也就是说，如果人们的政治功效感很强，亦即他们能够明显感觉到自己的政治参与发挥了作用、产生了影响，那么，他们的参与积极性就会被进一步激发出来；相反，如果人们感觉到自己的政治参与总是徒劳无益、于事无补，那么，他们的参与积极性就会受到挫伤，并最终走向政治冷漠。因此，我们在这里关心的是，网络海量信息是否能够降低人们的参与成本，并增强人们的政治功效感？

在构成参与成本的诸多因素中，获取信息的成本是一个非常重要的组成部分，在这方面，网络海量信息的积极意义是显而易见的。在大众传媒时代，人们获取信息会受到时间和地点的严格限制——为了从报刊上获取信息，就不得不等待它们或长或短的发行周期；为了从广播或电视上获取信息，就必须在节目播出的时间点上守在收音机或电视机旁。与此不同，网络信息获取在很大程度上摆脱了时间和地点的束缚：人们不仅可以在自己方便的时间随时访问互联网，而且随着智能手机、平板电脑等移动上网设备的出现，人们还越来越少地受到地点的限制。现在，无论是在公交车站，还是在餐厅旅馆，只要有几分钟的时间间隙，人们就可以利用移动上网设备获取信息。

有人提出，"城市化和快速移动的生活方式让日常生活呈现'片段化'，把我们的生活从'日子'变成了'段子'"。[②] 就此而言，互联网可以随时随地获取信息的特点恰好适应了当代人空闲时间越来越零碎化的趋势，它不

---

① 周葆华：《新媒体事件中的网络参与和政治功效感》，邱林川、陈韬文《新媒体事件研究》，中国人民大学出版社 2011 年版，第 217 页。

② 李林容、黎薇：《微博的文化特性及传播价值》，《当代传播》2011 年第 1 期。

仅排遣了人的无聊感，还充分利用了以往被人们浪费掉的大量时间碎片。因此，互联网虽然未必能够降低人们获取信息的经济成本，却毫无疑问地减少了人们所需要付出的时间和精力代价。从这一角度看，网络海量信息的确能够降低人们获取信息的成本，并由此提高人们参与公共领域的积极性。在西方学术界，很多经验研究也都证明了这一点，即那些经常利用互联网来获取信息的人，对各种线上和线下的政治参与都表现出了更高的积极性。

在增强人们的政治功效感方面，网络海量信息也有其自身的优势。这是因为，在这些信息中，有很大一部分都是由普通网民上传和发布的，如此一来，每个普通网民不仅获得了发出自己声音的机会，而且还具有了影响和决定公共议程的能力。在大众传媒时代，人们关注什么议题以及关注这些议题的哪些方面都不可避免地要受到新闻媒体的引导，正如麦克斯韦尔-麦考姆斯所说，"随着时间推移，媒介议程中报道对象的显著性会转移到公众议程上，媒介不仅能成功地告诉我们去想什么，而且能成功地告诉我们如何去想"。① 在这种传播条件下，如果一个议题进入了媒介议程，尤其是得到了一些有影响力的新闻媒体的报道，那它就会迅速得到全社会的关注，并时常能够促成问题的妥善解决。相反，如果一个议题未能在媒体上获得呈现，那么它就很难进入公众议程，并将始终处于湮没不闻的状态。不可否认的是，不管在哪种社会制度环境中，大众传媒都不同程度地会受到各种外部力量的影响和干扰，并受到自身版面空间或播出时间的限制，因而，它必然会有意或无意地屏蔽掉一些对于公众来说至关重要的议题。

在互联网出现以后，由于每个连接上网的人都能够发布自己所掌握的信息，所以，公众关注什么也就不再完全受到新闻媒体的引导和决定，换言之，现在每个普通网民都"分有"了议程设置的权力。这一方面表现为，当前社会中很多公共议题的形成都遵循这样一种模式，即首先由普通网民曝出一个真实发生的事件，继而引发人们对诸如此类的社会问题的关注，并最终

① ［美］麦克斯韦尔-麦考姆斯：《议程设置理论概览：过去，现在与未来》，郭镇之、邓理峰译，《新闻大学》2007 年第 3 期。

将之提升为一个具有广泛影响力的公共议题。有学者提出，"所有的公共问题（我们也可以称之为社会问题）既不是偶然出现的，也不是由事先准备好的公众承担的，它们只有当某些人深陷困境，并将此确认为真正的麻烦时才出现，他们逐渐行动起来将其变成普遍的利益问题，以呼唤公共权力来解决这些问题"。① 就此而言，由于普通网民发布的"草根新闻"常常就是他们自己或身边人面临的真实困境，所以它们在凝聚社会关注、形成公共议题方面具有天然的优势。

另一方面，普通网民常常能够篡改主流媒体预设的公众议程，将其引向完全不同的方向。比如，2012 年 8 月 26 日，陕西延安发生了一起特大交通事故，随后，新华社记者刊发了一组图片对救援工作进行报道。但是，一些细心的网民却利用主流媒体提供的这些材料生发出了完全不同的公共议题——他们先是对陕西省安监局局长杨达才在现场面露微笑的一张照片进行围观，尔后挖掘出他在不同场合佩戴的各种高档手表、皮带和眼镜，并最终形成强大的舆论压力，迫使有关部门对杨达才的违纪违法问题进行调查。可以想象，如果没有互联网，最初的媒介议程就会原封不动地挪移到公众议程之中，人们会围绕这场交通事故展开讨论；然而，网民的力量却彻底扭转了主流媒体为公众议程指引的方向，并将其引向自己真正关心的议题之上。

在增强人们的政治功效感方面，海量信息的优势还在于，它带来了权力的分散化，是一个赋权给平民的过程。正如斯各特·拉什所说，在当前这个信息社会中，"权力还是一如福柯所说的那样与知识有强烈的联系，但信息性的知识正日渐取代叙述性的和论说性的知识"。② 这也就意味着，信息已经成为一种重要的权力来源，这不仅表现在那些掌握更多信息或先于他人得到信息的人会拥有更多的权力，而且还表现在，那些拥有信息发布手段的人也相应地拥有更多的权力。

不管在哪种社会中，信息都处于一种分散状态，"每个人都有自己所知

---

① ［法］雷米·里埃菲尔：《传媒是什么——新实践·新特质·新影响》，刘昶译，中国传媒大学出版社 2009 年版，第 135 页。

② ［英］斯各特·拉什：《信息批判》，杨德睿译，北京大学出版社 2009 年版，第 17 页。

原陕西省安监局局长杨达才在"8.26车祸"救援现场

道而别人所不知道的信息,从整体上说,任何一个人(包括政治家)对于所有其他社会成员所拥有的信息都处于一种无知状态"。[①] 正是由于这种原因,媒体才在一个社会中扮演起了信息沟通中介的角色,它把一些信息挑选出来予以公开呈现,同时把其他一些被认为相对无关紧要的信息屏蔽在公众的视野之外。虽然哪些信息会得到媒体的报道、哪些信息会被排除在媒介议程之外是由许多复杂的因素共同决定的,但不可否认的是,在这一过程中,传媒机构拥有相当大的权力。因此,媒体记者通常被人们称为"无冕之王",新闻媒体的权力也被人们认为构成了与立法权、行政权、司法权相并立的"第四种权力"。有学者提出,"当这种可以利用的电视和广播的时间(例如,能够到达受众的节目时间)是有限的时候,那么,无论从实践上讲,还是从可能性而言,所有人的声音不再具有同等的权力"[②]。当然,这并不是说所有媒体都已为权力所收买,而是说那些拥有信息发布手段或经常能够得到媒体呈现的人必然拥有更多的话语权。

显然,在互联网出现以后,专业的传媒机构对信息发布权的垄断地位动

---

①　[英]弗里德里希·冯·哈耶克:《个人主义与经济秩序》,邓正来译,生活·读书·新知三联书店2003年版,第21页。

②　[美]W.兰斯·本奈特、罗伯特·M.恩特曼编:《媒介化政治:政治传播新论》,董关鹏译,清华大学出版社2011年版,第250页。

摇了，现在，每个普通网民都可以直接发布自己所掌握的信息，他们不再需要借助于媒体记者的中介，也无须经历层层过滤和把关，更不用担心媒体资源稀缺的问题。如此一来，每个普通网民都构成了一个潜在的信源，都被赋予了发布信息的权力。正如丹·吉摩尔所说，"无论是平民还是政客，都能够利用制造新闻的科技，而这种科技也能替我们拯救某种没有科技就会失去的东西，即建立一种系统，让我们对当权者的同意权不仅止于投票而已"①。如果说在大众传媒时代，媒体是一种稀缺资源，只有那些"大人物"或被认为具有典型意义的普通人才有机会获得媒体呈现，那么，在互联网出现以后，每个普通网民都获得了直接发出自己声音的机会。虽然我们不会天真地认为在网络空间中每个人的声音都具有同等的影响力，但即便如此，我们依然不能否认互联网在促进话语权的平等方面所起到的作用。不难理解，当普通人的声音在网络空间中获得更大的影响力时，他们参与公共领域的积极性就会被进一步激发出来。

（三）海量信息与知情公众的培养

如前所述，公共领域是由知情的公众组成的，它虽然在原则上向所有人开放，但只有那些拥有相应信息的人才是它的合格成员，才有能力加入到公共领域的讨论中。正是基于这样的认识，哈贝马斯才把普通大众排除在了公共领域之外。很多人都想当然地认为，信息丰富必然优于信息匮乏，网络海量信息必然能够培养出更加知情的公众，并对公共领域的建构产生积极的影响。然而，这种判断其实是似是而非的，诚如贝丝·西蒙·诺维克所说，"不是信息，而是知识才是对民主有用的东西，信息只有经过提纯和语境化才能产生意义"。② 从这一角度看，虽然互联网为人提供了海量信息，但如果这些信息远远超出了人们能够赋予其意义的能力，那么，它们就只是一大堆毫无用处的原料，既不能培养出更加知情的公众，也不会对公共领域的建构产生任何积极的影响。

很多学者都曾抱怨，互联网虽然解决了信息匮乏问题，但却为人带来了

---

① Dan Gillmor, *We the Media*, Sebastopol: O'Reilly Media, Inc, 2006, p. 89.

② Beth Simone Noveck, "Paradoxical Partners: Electronic Communication and Electronic Democracy", *Democratization*, Volume 7, Issue 1, 2000, pp. 18–35.

信息泛滥这一新的难题。作为一名未来学家，约翰·奈斯比特虽然在总体上对互联网的发展抱有乐观的期待，但他也清醒地意识到，"如此大量的信息，采用目前的手段显然无法处理。失去控制和无组织的信息在信息社会里不再构成资源，相反，它成为信息工作者的敌人。受到大量技术资料困扰的科学家们抱怨这种信息污染，他们说，自己动手重新做实验也比查找资料快"。①安德鲁·基恩也是早期网络科技的热情拥抱者，但他很快就从网络科技的迷思中走了出来，他认识到：

> 一个具有讽刺意味的结果是：媒介的民主化最终会导致我们每个人同时成为业余评论家和编辑。由于越来越多的网络信息未经编辑、修改和核实，我们不得不对任何信息都持批判态度。免费的信息并不意味着我们可以不劳而获，最终，我们将为甄别和使用这些信息付出最昂贵的代价——时间。②

在他们看来，互联网虽然为人提供了丰富的信息资源，但并没有提高人们利用这些信息的效率。这是因为，互联网就像一个庞杂的、没有分类的信息仓库，各种良莠不齐的信息充斥于其中，人们要想从中找出真正有价值并对自己有用的信息，同样不是一件容易的事情，需要付出高昂的时间和精力成本。

在这样的信息环境中，搜索引擎就应运而生了，如今，它已成为人们日常生活中不可或缺的一个助手，对于很多人来说，现在他们碰到问题后首先想到的已经不再是向身边的人请教，而是 Google 一下或百度一下。有数据显示，现在全球互联网用户每个月都会产生超过 1000 亿次的网络搜索行为；在中国，搜索引擎的领头羊百度更是超过各大门户网站，雄踞流量排行榜的第一名。

---

① ［美］约翰·奈斯比特：《大趋势——改变我们生活的十个方向》，孙道章译，中国社会科学出版社 1984 年版，第 22 页。
② ［美］安德鲁·基恩：《网民的狂欢——关于互联网弊端的反思》，丁德良译，南海出版公司 2010 年版，第 44 页。

　　毫无疑问，搜索引擎提高了人们查找信息的效率，如果没有这种工具，互联网相对于传统大众传媒的优势就会荡然无存。但是，它也带来了一些新的问题，其中最为突出的是：面对一些相互矛盾的搜索结果，人们变得不知所从，只能赌博式地选择相信大多数人的意见。被誉为"互联网时代最伟大的思考者"的克莱·舍基提出，在大众传媒时代，由于媒体资源的稀缺性，人们只能选择先过滤后出版，这虽然不可避免地限制了人们可获取的信息的范围，但也保证了这些信息的质量，因为它们都已事先经过了专业人员的过滤。对于互联网来说，尤其是对于社交媒体来说，先过滤后出版的原则显然已经不再适用，相反，先出版后过滤成为唯一可行的信息发布和筛选机制。在这种情形下，"允许任何人生成任何东西并能公布给所有人，这种残忍的经济逻辑让每天的内容都有令人惊愕的数量增长，专业人员的数量无论如何也不足以来过滤这些内容。出版的大规模业余化使得过滤的大规模业余化成为必行"。① 而所谓"过滤的大规模业余化"是指，哪些信息更有价值、哪些信息更值得信赖，如今已经不再取决于专业人员的判断，而是由作为业余者的全体网民共同裁决的。

　　在很大程度上，这是由搜索引擎的工作机制造成的。虽然很多搜索网站都不愿清楚说明其搜索结果的排序原则，但有一些指标还是早已为人所熟知，如网页更新的频率、标题与关键词运算的相似度、网页之间彼此超链接的程度等。根据这些原则，在控制了其他变量之后，那些点击率更高的信息，将最终在搜索结果的排序中位于前列；而人们通常也会认为，那些排在前列的信息必然具有更高的价值。如此一来，"在一个群众书写的时代，近用性已然取代内容、机构品牌，成为决定价值的主要因素之一。而哪些资讯最可能被近用，则取决于群众彼此的选择"。② 从这个角度看，每一次网络点击行为都类似于一次投票，而那些得票更多的信息将最终胜出，被人们当成更有价值的信息来看待。显然，那些被更多人点击的信息并不一定就是更有

　　① ［美］克莱·舍基：《人人时代：无组织的组织力量》，胡泳、沈满琳译，中国人民大学出版社2012年版，第79页。

　　② 吴筱玫：《Page Rank下的资讯批判：新"2·28"事件回顾》，邱林川、陈韬文《新媒体事件研究》，中国人民大学出版社2011年版，第133页。

价值的信息,就此来说,搜索引擎的工作机制带有一种民粹主义色彩。在安德鲁·基恩看来,这种评判信息价值的方式是非常有害的,他忧虑地指出:

> 削弱专家的作用,提倡用户自由生成的内容,必然会威胁人类核心的传统文化。维基百科的信息虽然不可靠,但由于拥有上百万的业余"编辑",它的浏览量排在了全球第 17 位;大英百科全书网虽然有 100 名诺贝尔奖获得者和 4000 名专家"助阵",但它的浏览量只排在第 5128 位。①

总之,搜索引擎能够帮人找到自己所需要的信息,为人带来了极大的便利,这是自不待言的。但是,如果人们想要在这一系列相关信息中筛选出哪些是更有价值的,它就无能为力、爱莫能助了。根据搜索引擎的工作机制,它只能告诉人们哪些信息被更多的人使用了,却无法保证这些信息就是更有价值的——这还不去考虑由搜索网站的商业化所带来的竞价排名问题。

显而易见的是,如果人们对信息价值的评判完全以点击率为标准,那么,所谓专家的观点和业余者的意见也就不再有任何分别了——他们都平等地人手一票。虽然我们并不否认群体的智慧,但同样不可否认的是,在一些专业性较强的问题上,我们更应该信赖专家的观点,而不能指望大多数人的意见。正如安德鲁·基恩所批评的那样,"拥有电脑和宽带的市民并不等同于一名专业记者,正如拥有厨房的人并不会自动成为专业厨师,但成千上万的市民记者却认为这是可能的"②。因此,搜索引擎的工作机制本身就潜藏着以讹传讹的风险。

此外,很多人都未能意识到,互联网上固然存在着海量信息,但我们每个人其实都只会用到其中很小的一部分,也只能理解其中很小的一部分。就此而言,网络传媒虽然为人提供了丰富的信息,但并不能由此克服人们的认知局限。相反,过于丰富的信息还会让人应接不暇、不知所措,从而破坏人们的理性思考能力和独立做出判断的能力。尼古拉斯·卡尔提出:

---

① [美]安德鲁·基恩:《网民的狂欢——关于互联网弊端的反思》,丁德良译,南海出版公司 2010 年版,第 43 页。

② 同上书,第 45 页。

"就在互联网向我们呈上信息盛宴的同时，它也把我们带回到彻头彻尾的精力分散的天然状态。互联网发出的各种刺激性杂音，既造成了有意识思维的短路，也阻碍了我们进行创造性思考。我们的大脑变成了简单的信号处理器，不断地把信息迅速转变成意识。"[①]

在这种信息接收方式的影响下，互联网带来的后果就显得颇为吊诡，即信息的增加反而意味着意义的减少。马克·波斯特提出，随着数字化信息传播技术的出现，信息洪流不断冲破地理界限和文化语境的限制，但由此造成的结果却看似悖论，即人们从中获得的意义反而减少了。由于媒体世界与人们业已建立起来的参照结构并没有明显的联系，所以，世界范围内的人们都经历了赋予媒体世界以意义的困难。[②] 针对这种现象，托德·吉特林形象地提出了"媒体洪流"（media torrents）、"过度饱和"（super saturation）等概念，在他看来，如果人们不能很好地处理汹涌而来的信息，就会反过来为信息所淹没，在这种情况下，人们只能依赖他人对信息的价值做出判断，显然，这又为权力的集中化埋下了新的隐患。为了解决媒体洪流带来的问题，我们必须设计出一种方案，以对那些远远超出我们理解能力的信息进行分类和挑选。[③]

（四）海量信息与公共讨论的形成

除此之外，还有很多学者从其他角度对网络传媒带来的信息丰富问题提出了批评。一些人认为，信息丰富与公众分化是相伴而生的，互联网虽然使更多的声音为人所闻、更多的问题为人所知，但它同时也造成了众声喧哗、每个人都自说自话的后果。正如布鲁斯·宾伯所说，"受技术变化的影响，公共领域变得更加多样分化和流动不居，在这种条件下，无论是达尔格伦所

---

① ［美］尼古拉斯·卡尔：《浅薄：互联网如何毒化了我们的大脑》，刘纯毅译，中信出版社 2010 年版，第 130 页。

② Mark Poster, *Information, Please: Culture and Politics in the Age of Digital Machines*, Duke University Press, 2006.

③ Todd Gitlin, *Media Unlimited: How the Torrent of Images and Sounds Overwhelms Our Life*, New York: Metroplitan Books/Henry Holt and Company, 2001.

说的普遍的'意义生产',还是共享观念的形成都变得困难重重"①。虽然信息匮乏的弊端是显而易见的,但不可否认的是,它也造成了公众关注的集中化,并把分散的公众聚合起来。同样的道理,在一个信息极大丰富的环境中,由于每个人都可以主动选择自己的关注对象,所以,那种能够凝聚起广泛社会关注的公共议题已经很难形成。哈贝马斯忧心忡忡地指出,"网络促进了平等主义的蔓延,我们也为此付出了代价,分散的读者面对的是没有经过筛选的信息。曾经沟通了读者和信息的知识分子,在这样的社会中越来越失去了创造焦点的权力"②。很显然,他在这里并不单纯是在为知识分子的当代命运而自伤自悼,他更为深层的忧虑是,在信息丰富条件下分散的公众已经失去了能够将彼此联系起来的纽带。

此外,还有一些学者提出,虽然网络传媒上信息的数量十分庞大,但无论就其话题的多样性而言,还是就其主题的深度而言,它们都显得严重不足,在很大程度上,它只是为人提供了"更多相同的信息"(more of the same),而没有增加人类的知识。而且,在这些信息中,真正对公共参与有用的政治信息只占很小的一部分,如今,互联网的商业化趋势正愈演愈烈,它的发展前景越来越呈现为一个消费市场,而不是一个民主广场。"网上新闻的发展趋势越来越倾向于,强调最糟糕的相互协作和贪求利润的商业新闻的特性,这些新闻喜欢报道一些琐碎小事、名人动态以及消费者新闻"。③ 因此,在这些发展趋势的共同影响下,网络传媒在培养知情公众方面的潜力就在实践中大打折扣了,相对于信息匮乏,虽然海量信息在很多方面都自有其优势,但我们也不能想当然地认为它必然会带来更加知情的公众。

在我们看来,这些从不同角度提出的批评都是有道理的,的确,尺有所短,寸有所长,像人类信息环境出现的任何一次重大变化一样,网络传媒带来的信息丰富问题也必然是有利有弊的。它既克服了信息匮乏条件下的一些

---

① Bruce A. Bimber, *Information and American Democracy*: *Technology in the Evolution of Political Power*, Cambridge University Press, 2003, p. 245.

② [美]安德鲁·基恩:《网民的狂欢——关于互联网弊端的反思》,丁德良译,南海出版公司2010年版,第52页。

③ [美]罗伯特·W. 麦克切斯尼:《富媒体、穷民主:不确定时代的传播政治》,谢岳译,新华出版社2004年版,第227页。

旧弊端，也带来了一些前所有未的新问题，同时，还使一些在传统大众传媒条件下的固有问题得到了延续。通过仔细分析，我们会发现在以上这些批评意见中，有一些是信息丰富必然会带来的伴生问题，有一些是在互联网出现以前就已经存在的旧问题，还有一些只是来自批评者的理论推演，缺少事实依据的支持。

比如，关于互联网上的平民新闻问题，安德鲁·基恩批评说，"拥有电脑和宽带的市民并不等同于一名专业记者，正如拥有厨房的人并不会自动成为专业厨师，但成千上万的市民记者却认为这是可能的"①。无疑，这种批评是非常机智的，我们确实不能将平民新闻与专业记者采写的新闻等量齐观，但他没有意识到的是，平民新闻的兴起并没有导致专业记者新闻的贬值，而是为其提供了必要的补充。即使搜索引擎完全以点击率为排序原则，我们也应该相信人们具有一定的辨别能力，并不会完全按照一条信息在搜索结果中的排序来衡量它的价值，就如我们应该相信人们能够在专业厨师和只是拥有厨房的业余者之间做出区分。

再比如，互联网上信息的同质化和小报化倾向的确十分严重，但这些问题与互联网的传播方式本身并没有必然的联系，早在互联网出现以前，它们就已经在传统大众传媒上存在并引起人们的警惕了。因而，我们最多也只能说，互联网使这些问题变得更为突出了，而不能将其看成导致这些问题的原因。

最后，那种认为信息匮乏有利于公众聚合，信息丰富则会导致公众分化的观点虽然看起来很有道理，但在事实面前其实是站不住脚的。正如每个人都能看到，不管是在西方还是在中国，在互联网出现以后，各种线上的和线下的公共讨论不是减少了，而是增多了。根据《中国社会舆情与危机管理报告（2012）》提供的数据，在 2011 年出现的 471 起热点社会舆情中，由新媒体首次曝光的事件有 307 起，所占比例接近 2/3。② 互联网既为公共议题的形成提供了广泛的信息来源，还为人们关注和参与公共议题提供了极大的便利，从而使当代社会中的公共讨论呈现出前所未有的议题范围和参与规模。在这些

---

① ［美］安德鲁·基恩：《网民的狂欢——关于互联网弊端的反思》，丁德良译，南海出版公司 2010 年版，第 45 页。

② 谢耘耕：《中国社会舆情与危机管理报告》，社会科学文献出版社 2012 年版。

事实面前，那种认为信息丰富将导致公众分化的观点显得不堪一击。

从总体上看，对于我们所关注的公共领域的建构而言，信息丰富的积极影响要远远大于它的负面效应。正如麦奎尔所说，"传统的大众媒介受制于正式或非正式的控制，这些控制来自于那些为了自己的利益而影响公众对现实的感知的机构"①。从这一角度看，网络传媒的优势是非常明显的，虽然我们并不会天真地认为网络空间是一片完全摆脱了外在力量控制的自由之地，但不可否认的是，网络传媒允许每个人上传信息的技术特点确实为监管带来了前所未有的麻烦。尤其是在那些传统大众传媒的信息发布权受到严格限制的社会制度环境中，网络传媒的优势就体现得更加淋漓尽致了。

三　信息方式：从广播到窄播

在信息传播方式方面，网络传媒带来的一个革命性变化是，它在传统大众传媒的广播模式之外，开创了一个被称为"窄播"的信息传播类型。各种传统的大众传媒有一个共同的特点，即它们都是一种"一对多"的传播，都是由少数制作者将相同的信息传送给规模巨大的受众。在人类传播史上，这种广播模式的优势是显而易见的：它大大提高了信息传播的效率，促进了信息权利的民主化。然而，它的缺陷也同样明显，仅就其最为表浅的层面而言，它将完全相同的内容传送给千差万别的受众，无法满足人们的个性化需求。正如克里斯·安德森所说，"广播电视有一个了不起的地方，它可以用无可匹敌的效率将一个节目传送给数百万人。但是，相反的事情它却做不到，即把数百万个节目分开传送给每一个人，而这正是互联网的强项"②。在网络传媒出现以后，虽然传统的广播模式依然存在，并且依然是一种非常重要的信息传播类型，但是，人们已经有了更多的选择，尤其是对于年轻一代而言，他们已经越来越习惯于通过窄播的渠道"寻找"自己所需要的信息，

① ［英］丹尼斯·麦奎尔：《麦奎尔大众传播理论》，崔保国、李琨译，清华大学出版社 2006 年版，第 56 页。

② Chris Anderson, *The Long Tail：Why the Future of Business Is Selling Less of More*, New York：Hyperion, 2006, p. 5.

而不是通过广播的渠道被动地"接收"打包好的信息。对于网络传媒带来的这种信息传播方式的变化，不管我们做出怎样的评价，都无法否认它会对我们当前及未来的社会产生深刻的影响，而且这种影响将最为直接地反映在公共领域的建构中。

（一）广播模式批判

在网络传媒出现以前，人们已经从各个角度对传统大众传媒进行了全方位的批判，其中一个最为密集的火力点就集中在它广播式的传播方式上。很多人提出，大众传媒由上而下的垂直组织架构以及中心辐射式的传播特点与科层制和中央集权式的权力结构具有一种内在的同构性，因而，它是一种导致权力不平等和集中化的反民主力量。正如伊尼斯所说，"广播传通万里，覆盖广大地区，由于它不受文化程度的限制而打破了阶级界限，有利于集中化和官僚主义"①。而"对于阿多诺和霍克海默而言，第一媒介时代的播放模式实际上就等同于法西斯主义"②。可见，人们之所以对大众传媒心存戒备，在很大程度上是由它的传播方式本身造成的，即它能在一瞬间将完全相同的内容传送给规模近乎无限的受众，反过来说就是，它能将千百万人的注意力同时集中于一点。在很多人看来，这是一幅相当恐怖的画面，很容易让人联想起福柯所论述的敞视式监狱。如果说在这种监狱模式中，位于中心的监视者与分散在四周的被监视者形成了一种中心辐射式的关系结构，权力关系正是借助于这一结构发生作用的，那么，在大众传媒那里，这种中心辐射式的关系结构依然未变，只不过看与被看的关系发生了颠倒。对此，有学者分析说：

> 按照福柯的说法，敞视式的监狱是一个通过透明度达成权力的公式，通过照明来实现压制。而电视颠倒了视觉，允许被监视的人在不被监视的情况下看。这里起作用的不是纪律机制，而是产生幻想、诱惑、敞视。电视是一个"组织机器"，成为"被颠倒的敞视"，可以象征权力的功能。③

①　［加］哈罗德·伊尼斯：《传播的偏向》，何道宽译，中国人民大学出版社 2003 年版，第 66 页。
②　［美］马克·波斯特：《第二媒介时代》，范静晔译，南京大学出版社 2005 年版，第 6 页。
③　单世联：《现代性与文化工业》，广东人民出版社 2001 年版，第 435 页。

图为 1933 年 2 月 1 日,希特勒第一次以总理身份向全国发表广播讲话。西方很多对大众传媒的批判,都源于对它成为极权主义帮凶的忧虑。

在奥威尔的《1984》中,这种集体担忧得到了形象化的表达,在那里,正是借助于广播式的技术手段,"老大哥"才得以成为监视和控制人们日常生活的一双无所不在的眼睛。在很多人看来,只要这种中心辐射式的关系结构不被摧毁,即使看与被看的关系发生了颠倒,依然不可能触动旧有的权力关系。正是出于这种担忧,在网络传媒出现以后,很多学者最为看重的就是它对广播式的信息传播模式的突破。有人提出,"互联网是一项自由的技术。它允许绕过制度上的控制来建立以自己为导向的平等交流网络"①。在他们看来,由于广播模式在人与人之间建立起一种垂直联系,信息的发送者和接收者之间构成了一种中心辐射式的关系,所以它必然会导致权力的等级化和集中化;相反,网络传媒不仅在人与人之间建立起一种水平联系,还使信息来源变得更为多样和分散,因而,它是一种促进社会平等化和民主化的技术力量。

（二）什么是"窄播"?

如果我们把"窄播"仅仅理解为信息来源和接收选择的多样化,那么我

---

① ［美］曼纽尔·卡斯特:《网络社会:跨文化的视角》,周凯译,社会科学文献出版社 2009 年版,第 268 页。

们就会发现，其实这种趋势早在互联网出现之前就已经存在了。以电视媒体为例，自其出现以来，在卫星技术和数字技术的相继推动下，全球各地的电视台数量一直都处于不断增加的状态。有数据显示，在20世纪80年代至90年代中期这段时间里，美国独立电视台的数量由62家增长至330家，欧盟国家的电视联播网也由40家增长至150家。[①] 在20世纪50年代初，大多数美国家庭能够收到的电视频道还不到4个，现在，这一数字早已突破50个。显而易见的是，电视频道的增加意味着人们有了更多的选择，意味着观众不再同时收看相同的节目内容，而是按照年龄、性别、种族、喜好等各种界限不断分化。

对于这种趋势，人们褒贬不一。一些人认为，这种趋势无疑会给人带来更为丰富的信息，有助于人们成功规避政治意识形态和商业意识形态力量的宰制，并在此基础上做出更加理性的选择和判断。另一些人则提出，由于这种多样化的选择在很大程度上是以娱乐兴趣为导向的，所以它必然会导致社会共同文化的丧失和公共议题的解体，正如曼纽尔·卡斯特所说，"当媒体开始在全球范围内互相连接起来的时候，当节目和信息开始在全球网络中流通的时候，我们不是生活在一个地球村中，而是生活在一个全球化生产却按地区性分配的小村舍之中"[②]。让很多人感到忧虑的是，媒体的多样化与受众的分散化是一个硬币的两面，当人们拥有了越来越多的媒体选择时，他们是不是会更加难以聚合成为一个整体？

在这种意义上，网络传媒只是进一步加剧了传统大众传媒时代业已存在的窄播化趋势，使信息来源的多样化和受众的分散化都达到了前所未有的程度。从信息来源方面看，随着报纸、电台和电视台数量的不断增加，虽然传统的大众传媒已经为人提供了越来越多样化的媒体选择，但无论如何，这种选择终归是有限的。在互联网出现以后，人们的信息来源可谓变得无限丰富了，丹·吉摩尔提出，我们已经进入了一个"自媒体"时代，现在，每个登录上网的人都成为一个潜在的信息源。"这在历史上是头一次，至少是在发

---

① ［美］曼纽尔·卡斯特：《网络社会的崛起》，夏铸九、王志弘等译，社会科学文献出版社2001年版，第419页。

② Manuel Castells, *The Rise of Network Society*, Blackwell Publishers Ltd, 2000.

达世界,任何一个人只要拥有一台电脑并能连上互联网,就等于拥有了一家报社,就能够制造新闻"①。以自媒体的典型微博为例,有人提出:当你的粉丝超过 100,你就好比一本内刊;超过 1000,你就是布告栏;超过 1 万,你就是一本杂志;超过 10 万,你就是一份都市报;超过 100 万,你就是一份全国性报纸;超过 1000 万,你就是电视台。② 不难理解,当信息来源变得无限丰富的时候,人们对信息的接收也会变得空前分散起来。就此而言,互联网已经不是名副其实的大众媒体,因为,大众媒体时代的所谓"大众"已经解体和分化,我们正在由"大众媒体"(mass media)时代进入一个"乱众媒体"(mess media)时代,甚至正在走向大众分化的终点,即"一人受众"。③ 在这种传播条件下,不要说那些能够凝聚起全民关注的公共议题,就连那些在大众传媒时代受到万众瞩目的娱乐明星现在都已很难再出现了。正如布鲁斯·宾伯所说,"信息丰富会使更大程度的平等成为可能,但是,它也会通过同样的机制使公共领域变得不可理解"④,很多学者之所以对"窄播"方式心存忧虑,主要就是出于对它将导致公共领域解体的担心。

然而,互联网带来的"窄播"绝不仅仅只是传统大众传媒受众细分策略的一个强化版本。一方面,传统大众传媒之所以选择"窄播",主要是基于商业上的考虑,在很大程度上,它们是为了将商品广告更为精确地发送给特定人群,才将节目内容进行细致分类以吸引相应的目标受众。"在媒体营销者看来,公众是忙碌的、分散的、寻求自我满足的消费者,我们必须不惜一切代价去取悦他们,哪怕这将意味着丢弃更高尚的职业传统。"⑤ 如此一来,

---

① Dan Gillmor, *We the Media*, O'Reilly Media Inc., 2006, p. 24.

② 《传播学者:微博粉丝超过 1000 万,你就是电视台》,中国新闻网,2011 年 6 月 3 日,http://www.chinanews.com/it/2011/06-03/3090060.shtml。

③ 胡泳:《众声喧哗:网络时代的个人表达与公共讨论》,广西师范大学出版社 2008 年版,第 121 页。

④ Bruce A. Bimber, *Information and American Democracy: Technology in the Evolution of Political Power*, Cambridge University Press, 2003, p. 246.

⑤ Underwood, D., "Reporting and the Push for Market-Oriented Journalism: Media Organizations as Businesses", in Bennett, W. L. and Entman, R. (eds.), *Mediated Politics: Communication in the Future of Democracy*, New York: Cambridge University Press, 2001, p. 99.

"商业性的窄播往往把观众定位于各种类型的消费者，而不是有不同政治经济利益、不同观点、有责任、有义务的公民和利益群体，它们提供的往往是多样，而不是多元，是'可口可乐'与'百事可乐'之间的没有根本区别的选择"①。显而易见的是，互联网的"窄播"并不是由商业动机促成的，而是由它的技术手段本身决定的。另一方面，无论传统大众传媒对受众的细分达到了多么细密的程度，也无法改变它作为一种"一对多"传播的事实。也就是说，它依然是由少数制作者将完全相同的内容发送给为数众多的接收者，不同之处仅在于，现在的接收者可以在不同制作者之间做出自己的选择。

网络传媒却与之完全不同，它不再是一种中心辐射式的传播，而是一种网状传播。正如"互联网"一词所揭示的，我们可以把它理解为一张巨大的互相连接的网络，位于这张网络上的每一个节点都可以接收来自其他任何一个节点的信息，同时也可以向其他任何一个节点发送信息。虽然互联网兼容并蓄了人类有史以来的各种传播方式，如"一对一"传播、"一对多"传播、"多对一"传播等，但它最为本质的特征还在于，它是一种"多对多"的传播。有学者提出：

> 互联网这种首度出现的多对多媒介，曾经把我们从集权媒体的暴政和腐败的消费主义中解救出来，从过去财团对阅听大众予取予求（包括媒体集团在内）、想塞什么就塞什么的状况中解放出来。网络曾经把"要就拿去，不要就拉倒"的说辞转变成消息灵通的全球对话。②

我们之所以认为互联网的"窄播"不同于传统大众传媒的"窄播"，并带来了信息传播方式的根本性变化，就在于它提供了无限丰富的信息来源。就其本质而言，互联网的"窄播"其实是建立在"多对多"传播技术基础上的一种"多对一"的传播——位于这张网络上的每一个节点都可以各取所需

---

① 赵月枝：《传播与社会：政治经济与文化分析》，中国传媒大学出版社 2011 年版，第 119 页。
② Dan Gillmor, *We the Media*, O'Reilly Media, Inc, 2006, p. 209.

地从所有节点发出的信息中挑选自己需要的信息。在这种意义上,与传统大众传媒的"窄播"相比,互联网带来的变化绝不仅仅只是选择机会进一步增多的问题,而是一种信息传播方式的根本性变革。

(三)"窄播"与公众分化

对于这种变革,学界发出的忧虑之声远远多于溢美之词。正如有学者总结的那样:"窄播引发了人们对美国民主活力的担忧,人们不禁要问,如果公民不再从同一口信息之井中取饮,他们是否会分裂成不同的交往社群?如果人们的背景和喜好变得各有差异,人与人之间的交往是否会因此而减少?"① 对于这些问题,很多人都做出了肯定的回答。他们提出,互联网的"窄播"方式增加了人们在获取信息和人际交往方面的主动选择权,其积极意义是毋庸置疑的;但它的负面效应也同样不容忽视:它使人们可以完全过滤掉那些自己不想要的信息,并只与那些和自己有相同兴趣和观点的人进行交往。如此一来,互联网不仅加剧了社会的碎片化程度,还成为滋生各种极端主义思想的温床。有学者总结说,"倘若大众传播时代那种追求最大公约数的传播不利于个性表达的话,那么过细的窄播也不是理想的民主传播方式,它意味着社会公共论坛的削弱"②。为了描述这种效应,人们提出了很多形象化的概念,如"网络巴尔干化"(cyber balkanization)、"回音室效应"(echo chamber effect)、"信息茧房"(information cocoons)、"群体极化"(group polarization)等。

在这一问题上,凯斯·桑斯坦的观点颇有代表性。他认为,对于自由和民主来说,官方的信息检查曾经是一个巨大的威胁,它限制了人们能够接触到的信息的范围,造成了信息匮乏。但是,在互联网出现以后的西方民主社会中,信息匮乏问题已经为信息泛滥问题所取代,在这种环境中,我们必须经过层层过滤才能得到那些自己真正需要的信息,如此一来,信息检查威胁的紧迫性就让位于另一种新的威胁形式,即由"无限过滤"(unlimited filtering)所造成的"信息茧房"问题。他提出,一个表达自由的完善机制应该

---

① Doris A. Graber, *Processing Politics: Learning from Television in the Internet Age*, The University of Chicago Press, 2001, p. 166.

② 赵月枝:《传播与社会:政治经济与文化分析》,中国传媒大学出版社 2011 年版,第 119 页。

同时满足以下两个基本条件：其一，"人们应该置身于任何信息下，而不应事先被筛选。未经计划的、无法预期的信息接触，对于民主是至关重要的，即使某些主题或观点是人们从没想过的，甚至是令人不安的"①。虽然在一个民主社会中，我们不能强迫公民去关注那些他们设法避免的东西。但我们也必须认识到，民主要想健康运行，人们就不能只关注那些自己感兴趣的狭窄话题；其二，"大部分公民应该拥有一定程度的共同经验。假若无法分享彼此的经验，一个异质的社会将很难处理社会问题，人与人之间也不容易互相了解"②。在他看来，这种共同经验提供了一种社会黏性，可以防止一个社会走向四分五裂。基于这种理解，桑斯坦提出，互联网带来的无限过滤问题同时破坏了以上这两个基本条件，成为自由和民主的威胁。

在很大程度上，我们在此讨论的窄播问题就是由桑斯坦所说的"无限过滤"造成的。在使用互联网的过程中，人们对信息进行过滤的方式有很多种。

> 这些过滤的例子包括：用户通过添加书签和收藏的方式设置他们喜欢的网站、登录那些支持他们个人观点的网站进行阅读和互动、在他们的网页与那些相似的网页之间建立起链接、选择自己订制的新闻以及利用搜索引擎寻找那些有关自己特殊兴趣的信息，等等。③

经过这样的层层过滤，一方面，人们可以准确地挑选出自己所需要的信息，另一方面，这也大大减少了人们接触那些不期而遇的信息的机会。在桑斯坦看来，这种信息过滤机制为人营造出一个信息茧房，它就像一个回音室，让我们只能听到自己的回声，只能听到那些我们自己选择的东西和能够愉悦我们的东西，除此之外，其他任何与自己意见相左或令自己不快的声音都被屏蔽在外了。"对于领导人和其他人而言，信息茧房是一个让人感到舒

---

① Cass R. Sunstein, *Republic. com*, Princeton University Press，2001，p. 9.

② Ibid..

③ Lincoln Dahlberg，"Rethinking the Fragmentation of the Cyberpublic: From Consensus to Contestation"，*New Media & society*，2007，Vol. 9 (5)．

适的地方，它温暖而友好，其中的每个人都分享着我们的观点。但是，这种舒适的代价却是重大的错误，对于私人和公共机构而言，茧房可以变成可怕的梦魇。"① 更让人忧虑的是，在信息茧房内部，不同成员之间也会进行相互交往，但由于他们分享着相同的立场和观点，所以，交往的结果不仅不会对每个人固有的倾向有所矫正，还会使其变得更加极端。桑斯坦总结说，"新科技，包括网络，让人们更容易听到志同道合的言论，却也让自己变得更孤立，听不到相反的意见。仅仅由于这一原因，它就种下了极端化的因子，对社会和民主都是潜在的危险"②。也就是说，群体意见的极化是信息茧房的必然归宿。

在桑斯坦之外，其他很多学者也都对网络传媒窄播式的信息传播方式表达了相似的担忧。比如，达尔格伦提出，互联网为人们找到那些与自己拥有相同兴趣和相似观点的人提供了极大的便利，因此，它能够推动身份政治和差异政治的发展，并催生出大量的反公共领域（counter-public spheres）。但与此同时，它也导致人们对自我小团体的兴趣和利益过度迷恋，以及相应地对更大的社会性和全球性权力问题的忽视。如果任由这种趋势发展，它将破坏我们社会中共享的公共文化，使大量分散的小团体之间很难进行相互交流和理解，也很难重新结为一个整体。就其对个人的影响而言，它还会促进单向度心智的发展。③ 还有学者认为，"与传统媒体相比，互联网带来了受众的分化以及信息获取的个性化，这将导致个人议程的进一步碎裂、共享知识的进一步减少"④。可以看出，尽管这些学者并没有直接使用"窄播"这一概念，但他们所提出的问题无不是由互联网的这种特殊的信息传播方式造成的。他们共同的忧虑是，互联网的窄播方式会给人营造一个同质化的信息环境，加剧不同社会群体之间的分裂，并层层递进地威胁到我们社会中的共同

---

① Cass R. Sunstein, *Infotopia: How Many Minds Produce Knowledge*, Oxford University Press, 2006, p. 9.

② Cass R. Sunstein, *Republic. com*, Princeton University Press, 2001, p. 67.

③ Peter Dahlgren, *Media and Political Engagement: Citizens, Communication, and Democracy*, Cambridge University Press, 2009, p. 165.

④ Heinz Bonfadelli, "The Internet and Knowledge Gaps: A Theoretical and Empirical Investigation", *European Journal of Communication*, 2002, 17.

文化、公共领域和民主政治。

在我们看来，这些学者的忧虑绝不是无中生有的。从技术上讲，网络传媒确实是一种导致公众分化的力量，它不仅能帮助人们迅速找到自己的同类和自己感兴趣的话题，还能帮助人们把那些自己不愿碰到的人和不感兴趣的话题屏蔽在视野之外，就此而言，它的确具有一种营造同质化信息环境并带来群体极化恶果的风险。正如阿伦特所说，公共领域是由复数的人组成的，正是人与人之间的差异性，才为我们观照这个共同世界提供了众多不同的视角，并为人与人之间的交流提供了可能和必要；相反，如果这些不同的视角被破坏或取消了，那么随之而来的就将是共同世界的毁灭以及人与人之间交流的终止。本杰明·巴伯也认为，"从定义上讲，公民是一个以我们为出发点的思考者（we-thinker）"①，很显然，他这里所说的"我们"不应该是同质化的，而应该包含不同的立场和视角，惟其如此，一个人才能超越个人一己的立场，并获得一种更具普遍性的视野。基于这种政治哲学思考，我们认为，假如真的如批评者所言，网络传媒的"窄播"通过无限过滤的方式完全屏蔽了那些自己不感兴趣的话题和与己相左的观点，让人只能听到自己选择的东西和能够愉悦自己的东西，那么，它的消极影响就是不言而喻的。

然而，通过仔细考察我们会发现，学者们对网络传媒"窄播"的批评在很大程度上只是出自对其技术潜能的担忧，而缺少具有说服力的事实依据。很多经验研究都表明，互联网既没有把人完全束缚在信息茧房中，也没有导致网络空间的巴尔干化。根据皮尤研究中心 2010 年的一份研究报告：

> 92％的美国人每天都会利用多种媒体资源来获取新闻，其中 46％的人每天都会用到 4 到 6 种媒体，包括报纸、电视和互联网；就互联网的使用情况而言，65％的人表示他们在获取新闻时并没有一个固定的特别喜欢的网站，82％的人同意或特别同意"喜欢偶然碰到一些关于自己以前没有过多关注过的话题和事件的新闻"；还有 80％的人表示，他们

① ［美］本杰明·巴伯：《强势民主》，彭斌、吴润洲译，吉林人民出版社 2011 年版，第 177 页。

每周都会有几次在网上做其他事情的时候偶然发现一些新闻,其中
59%的人表示这种情况几乎每天都会发生。[①]

从这些数据可以看出,似乎没有迹象表明,互联网的传播方式会为人营
造出一个信息茧房;相反,它提供的超链接方式还很有可能会增加人们碰到
那些不期而遇的信息的机会。关于互联网会带来受众分化这一问题,同样也
存在大量相反的证据,詹姆斯·汉密尔顿注意到,在美国,五大报纸占前
100名报纸发行总量的21.5%;而排在前5名的报纸网站却占了前100名报
纸网站总链接的41.4%。[②] 这也就意味着,相对于报纸,互联网不仅没有导
致公众注意力的分散,反而使其变得更加集中。欣德曼也有相似的发现,根
据他对一些数据的综合分析:在美国,排在前20名的新闻网站占了全部网
络流量的41%,而排在前20名的报纸却只占到全国报纸发行总量的29%。[③]
这也就是说,网络用户之集中于前20家新闻网站的程度,要远甚于报纸读
者之集中于前20家报纸。所有这些研究结果都表明,虽然互联网允许人们
各取所需地"拉出"自己所需要的信息,甚至允许人们订制一份独一无二的
"我的日报",但这好像并没有带来一些学者所忧虑的后果,即人们从此以后
就不再从同一口信息之井中取饮了,或者是会分裂成许多老死不相往来的小
团体。

桑斯坦等人对网络传媒"窄播"的忧虑之所以会被很多研究经验推翻,
显然是因为它们犯了技术决定论的错误,在很大程度上,他们的悲观结论都
是从互联网的技术特点推演出来的,而没有考虑在具体使用过程中不同个
体、不同群体、不同社会环境中的用户之间的巨大差异。比如,在大众传播
研究中曾出现过一个经典案例,即1938年上百万美国人对"火星人入侵地
球"的广播剧信以为真,坎垂尔的研究表明,"个体差异对媒介效果的影响
非常重要:批判能力、宗教信仰、社会阶层、人格因素(不安全感、缺乏自

---

① 资料来源:http://pewinternet.org/Reports/2010/Online-News.aspx。

② James Hamilton, *All the News That to Sell*:*How the Market Transforms Information into News*, Princeton University Press, 2004.

③ Matthew Hindman, *The myth of Digital Democracy*, Princeton University Press, 2009, p. 93.

信、宿命论）等都关系到听众是否相信地球正在被火星人入侵"①。显然，对于网络传媒的影响效果而言，这一结论同样也是适用的。虽然我们并不否认一些人通过"窄播"式的信息获取方式变得更加封闭了、一些群体借助于网络讨论变得更加极端了，但我们同样不能忽视的是，网络传媒对不同个体、不同群体、不同社会环境中的用户会产生不同的影响。换一个角度来说，即使在互联网出现之前，也会有一些人主动选择为自己营造一个信息茧房，也会有一些小团体会在自我封闭中将群体意见推向极端，因而，我们也不能认为互联网上的所有问题都完全是由互联网自身造成的。

我们认为，像人类有史以来每一次信息传播方式的重大变革一样，网络传媒的"窄播"也带来了让人喜忧参半的后果：从技术上看，它既具有消解权力等级化和集中化的潜能，同时也带来了社会碎片化以及每个人都走向自我封闭的阴影。因而，我们既不能盲目乐观，甚至寄望于技术本身来解决社会问题；同时也不能过于悲观，甚至抱有一种宿命论的态度，认为它潜在的风险将让人逃无可逃。我们必须认识到，任何一项技术和发明都蕴藏着多种多样的潜能，到底它的哪种潜能将得到释放，是由复杂的社会条件以及人类自己的选择决定的。虽然从总体上看网络传媒"窄播"的积极意义是其主要方面，但是我们尤其应该重视的却是那些显得有些悲观甚至是危言耸听的批评意见，如"信息茧房""群体极化"等，尤其是在今天很多人尚未从互联网的庆生狂欢中完全走出的背景下，这些对它的潜在风险的提示就显得更加弥足珍贵了。

---

① 何威：《网众传播：一种关于数字媒体、网络化用户和中国社会的新范式》，清华大学出版社2011年版，第105页。

第五章　网络传播与媒介化交往的兴起

对于公共领域的建构来说，知情的公众只是一个必不可少的前提，它最终能否实现还取决于这些分散的公众是否走到一起，就公共议题展开对话与交往。无论是在阿伦特那里，还是在哈贝马斯那里，这种对话与交往一直都是在一个共享的时空环境中面对面发生的。

阿伦特自不必说，由于她的公共领域概念直接来自对古希腊城邦经验的发掘和总结，所以在她那里，公共领域就是一个像古希腊公民大会的会场那样的有形场所，在其中，人与人之间彼此相遇，并以言说和行动的方式展开面对面的交往。

在哈贝马斯那里，资产阶级公共领域是建立在传媒的中介作用之上的，很多学者据此认为，哈贝马斯公共领域概念的空间性减弱了，"视觉性的公众逐渐变成了听觉的公众；公众现在不是面对面交流的群体了，而是越来越多地通过报纸、书籍、文学和科学期刊等非个人化媒介而建构（当然，在沙龙、咖啡馆和政治集会中，仍然存在分散的、小规模的面对面交流）"。① 根据我们前面的分析，这其实是一种误解，在哈贝马斯看来，各种印刷物虽然在资产阶级公共领域的形成过程中起到了决定性的作用，但它们自身并不构成公共领域，而只是激发人们走到一起进行面对面交往的一个辅助性手段。正如约翰·B. 汤普森所说，"像阿伦特一样，哈贝马斯也深深受到了古希腊思想的影响，强调平等的参与者聚集到一起就共同关心的事务进行对话和争论"，"非常清楚的是，哈贝马斯所说的资产阶级公共领域就是'公共生活'

---

① 胡泳：《众声喧哗：网络时代的个人表达与公共讨论》，广西师范大学出版社 2008 年版，第 177 页。

这一古希腊经典概念的现代翻版，在欧洲现代社会早期，巴黎和伦敦等地出现的沙龙、俱乐部、咖啡馆等就是古希腊集会和市场的对等物"①。也就是说，哈贝马斯所理解的公共领域依然是一个像咖啡馆、沙龙那样的有形场所，依然是由人与人之间的面对面交往构成的。

到了后来的查尔斯·泰勒和约翰·B. 汤普森那里，公共领域概念才开始摆脱实体空间的束缚，不再把面对面的交往当成必不可少的前提。泰勒提出，"公共领域是一个公共空间，在其中，社会成员通过各种媒介彼此相遇，包括印刷的、电子的、面对面的；他们讨论有关公共利益的事务，并由此形成共同的意见"②。在他看来，面对面的交往不再是构成公共领域的必要条件，彼此相距遥远的两个人同样可以通过各种媒体发生联系，并建立起相互对话的关系。与此相应，公共领域也不再拘囿于实体空间，各种媒体同样也构成了一个对话和交往的空间，在其中，各种不同的意见彼此交锋，并最终形成一种共同的意见。

汤普森也认为，大众传媒能够造成"时空离距"，即把社会互动与实际地点分开，使处在不同时空背景下的人们可以通过各种大众传媒进行互动，如此一来，它就大大扩展了公共领域的类型和规模。他提出，传媒化的互动在性质上大大有别于面对面情景下的互动，"因为大众传媒在象征形式的生产与接收之间设定了基本的分离，它就能造成跨越时空的一种特殊种类的互动，可称之为'传媒化的准互动'"③。这包含两层含义：一方面，它是一种"互动"，因为它涉及个人与他人之间的传播交往以及他人以某种方式做出回应，并由此建立起友谊、感情或忠诚等人际联系；另一方面，它又是一种"准"互动，因为大众传播的信息流动主要是单向的，接收者的回应方式受到了严格的限制。

根据汤普森的思路，网络传媒无疑为我们带来了一种新型的社会互动方

---

① John B. Thompson, "Shifting Boundaries of Public and Private Life", *Theory, Culture & Society*, 2011, Vol. 28 (4).

② Charles Taylor, "Modernity and the Rise of the Public Sphere", in *The Tanner Lectures on Human Values*, Stanford University Press, 1992, p. 220.

③ ［英］约翰·B. 汤普森：《意识形态与现代文化》，高铦译，译林出版社 2005 年版，第 249 页。

式，孕育出一种新型的公共领域类型。与电视相比，以互联网为中介的人际交往的不同之处是显而易见的。首先，电视传播的信息流动主要是单向的，即使接收者可以做出某种形式的回应，这种回应也不可能是即时的，而是会出现或长或短的时滞；而互联网则带来了信息的即时双向沟通，就此而言，它不再是一种媒介化的"准"互动，而是一种名副其实的"媒介化互动"或"媒介化交往"。

其次，当一个人出现在电视上时，他呈现为一个有声音、有面貌、有表情的丰满形象；而在大部分的网络交往中，人们只是通过屏幕上闪烁的文字去感知对方，也就是说，网络交往的主体通常都是匿名的、去身体化的。

最后，在以电视为媒介的交往中，人们几乎不能决定话题的来源以及自己的交往对象；而在网络交往中，人们主动选择的权力大大增强了，一个人不仅可以主动选择自己关注的论坛、博客、新闻群组等，而且还可以自己主动发起一个话题，吸引他人的加入。

基于这种变化，网络传播无疑为我们带来了建构新型公共领域的可能，其中，人与人之间的交往既不同于面对面情景下的口语交往，也不同于大众传媒条件下的"传媒化准互动"，而是一种名副其实的"媒介化互动"或"媒介化交往"。

从网络传媒自身的角度看，它与各种传统的大众传媒的不同之处也恰恰在于，它不仅是一种信息传播的媒介，而且还是一种为个人表达和公共讨论提供了可能的媒介。自其诞生之日起，它最为人津津乐道的功能不是给人带来了更为丰富的信息选择，而是为人与人之间的直接互动开辟了令人怦然心动的可能。正如有学者所说，"互联网通过集体互动促进社会资本的功能远胜于其通过个人化信息寻求激发内省的功能"[1]。因而，在网络传媒研究中，对它所带来的"媒介化交往"的研究一直是一个重要主题，这些研究大都引入了一种比较的视角，即将它同面对面情景下的交往、以大众传媒为中介的交往进行比较，经过这样的对照，它的特点就清晰地浮现出来，如去身体

---

① James E. Katz and Ronald E. Rice, *Social Consequences of Internet Use*, Massachusetts: Massachusetts Institute of Technology, 2002, p. 203.

化、匿名性、可选择性等。

一　网络交往的匿名性

1993 年，著名的《纽约客》杂志刊登了一幅漫画：一条狗坐在电脑前，它一边敲击键盘一边得意地对身边的同伴说："在互联网上，没有人知道你是一条狗。"随着互联网的普及，这句话以惊人的速度传遍世界，成为对网络交往匿名性特点的形象化阐释。

（一）何谓"匿名性"？

所谓匿名性，也就是指相对于面对面的交往而言，在网络交往中一个人可以把自己在真实世界中的身份和特征部分或全部地隐藏起来，包括性别、年龄、职业、社会地位、个人容貌，等等。用马克·波斯特的话来说就是，一个人同他在网络空间中的身份分离开来——他成为自己身份的作者，而他的身份则成为他为自己建构的一个角色。[1]从技术上将，匿名性又分为"前台匿名"和"后台匿名"两种，目前我国实施的是"前台匿名，后台实名"管理办法[2]。

"On the Internet, nobody knows you're a dog."

"在互联网上，没有知道你是一条狗"，成为网络匿名性的形象化表达。

时至今日，网络交往的匿名性特点早已为人所熟知，以致人们在使用它的时候已经不再去追问它的准确含义是什么。仔细分析会发现，人们通常所说的网络匿名性具有两个不同层面的含义：一方面，它是指网络交往的去身体化特征，也就是说，与面对面交往的

---

① Mark Poster, *What's the Matter with the Internet*, The University of Minnesota Press, 2001, p. 75.

② 2012 年 12 月 28 日，第十一届全国人民代表大会常务委员会第三十次会议通过《全国人民代表大会常务委员会关于加强网络信息保护的决定》，其中明确提出："网络服务提供者为用户办理网站接入服务，办理固定电话、移动电话等入网手续，或者为用户提供信息发布服务，应当在与用户签订协议或者确认提供服务时，要求用户提供真实身份信息。"这被业界解读为"前台可匿名，后台须实名"。

情形不同，在网络交往中人们彼此之间既看不到对方的表情和容貌，也听不到对方的声音和语气，他们只能依赖电脑屏幕上闪烁的文字呈现自我，并感知对方，这些文字构成了揭示自我和对方身份信息的全部线索。从这一角度看，网络交往的匿名性是由网络传播的技术特点决定的。

另一方面，网络匿名性是指身份的虚构性，亦即在网络空间中一个人不仅可以虚构一个与自己的真实身份完全不同的身份，而且还可以随时更换自己的身份。这是因为，在大多数情况下，网站都允许它的用户以任意一个"用户名"注册和登陆，而不需要在前台透露自己真实的身份信息。如此一来，一个人就可以将自己的真实身份完全隐匿起来，并像更换面具一样随时更换自己在网络空间中的身份。显然，匿名性的这两层含义是联系在一起的——正是网络传播的去身体化特点才使人们在网络空间中虚构自我的身份成为可能。

很多学者都把匿名性看成网络交往的首要特征，并围绕匿名性的影响做了大量研究，得出了一些不同的甚至是相互矛盾的结论。有人认为，在网络交往中，人们可以把自己的身体特征完全隐藏起来，只凭借自己的观点赢得赞同或反对、重视或忽略，因此，它避免了各种基于身体特征的歧视，实现了交往主体的平等化，并为人创造了一个可以畅所欲言的环境。很多研究都表明，"网上讨论往往比当面会谈更坦诚、更平等。因此，电脑互联通讯可能有利于抚平等级差异"[1]。

也有人认为，由于匿名性使人可以随时、随意更换自己的身份，所以它会造成人与人之间的责任缺失和信任匮乏，正如皮特·列文所说，"匿名性弱化了社会约束，助长了进攻性的、不怀好意的行为"[2]。公允地说，这些观点都是有道理的，它们从不同角度指出了匿名性可能会引发的后果，但同时我们也发现，由于这些研究者没有对匿名性的不同内涵进行区分，所以这些或乐观或悲观的评价也呈现出明显的错位。大体上来说，当一些人把匿名性同网络交往的平等化问题联系起来时，他们关注的其实是网络交往的去身体

---

① ［美］罗伯特·帕特南：《独自打保龄：美国社区的衰落与复兴》，刘波等译，北京大学出版社2011年版，第198页。

② Peter Levine, "The Internet and Civil Society", in Verna V. Gehring (eds.), *The Internet in Public Life*, Rowman & Littlefield Publishers, Inc., 2004, p. 84.

化特征；而当另一些人将匿名性与自由、责任等问题联系在一起时，他们关注的其实是网络交往允许人虚构自我身份的特点。这两个问题虽然时常都是勾连在一起的，但它们却是两个不完全相同的问题，其对网络交往的影响也是不同的，因而，我们有必要将它们剥离开来进行讨论。

（二）网络交往的去身体化

当我们把匿名性交往理解为去身体化的交往时，它的优势主要体现在促进公共讨论的平等化方面。

首先，它解决了规模的限制，使所有人都加入公共讨论具有了技术上的可能。在面对面交往的情形中，公共领域的规模受到了严格的限制，原因很简单，即约翰·塞尔登曾经提出的——"屋子里装不下所有的人"，必须把一部分人排除出去，公共讨论才能得以开展。在互联网出现以后，人们参与公共讨论不再需要身体到场，而只需要把自己的观点通过互联网呈现于人即可，如此一来，公共领域就变成了一个去身体化的、只有各种信息穿梭于其中的虚拟场所，参与者的规模再也不会受到物理空间的限制。

其次，在面对面的交往中，由于受到参与者规模的限制，所以将一部分人排除在公共领域之外就成为一种看似顺理成章的选择，而长期以来，这种系统性地将一部分人排除出去的依据恰恰就是人们在身体方面的特征，如性别和种族。而在网络交往中，这些身体特征都隐匿不见了，我们通常都无从得知对方到底是男性还是女性、白人还是黑人，因而，网络交往使各种以身体特征为基础的排除变得不再可能了。

最后，网络交往还能够消除其他各种基于身体特征的偏见和歧视，使每个人都完全凭借其观点得到评价。众所周知的是，不管是阿伦特，还是哈贝马斯，都非常强调公共领域是由平等的参与者组成的。但是，这并不是说每个人的意见都具有同等的价值，都应该一视同仁，而是说"每个人的发言内容或发言价值都是不一样的，但对发言价值的评估，不应该以发言人的社会地位为标准，而完全要以内容的好坏为依归"①。然而，这显然只是一种理想

---

① 李丁讚：《市民社会与公共领域》，见许纪霖主编《公共空间中的知识分子》，江苏人民出版社2007年版，第72页。

化的言说情景，在实际中发生的面对面交往中，由于人们在听到一个观点的同时，也会看到这个观点所有者其他方面的特征，如年龄、性别、衣着等，而这些特征通常都是揭示一个人的社会地位的线索，所以，我们实际上很难做到只考虑对方的观点，而完全忽略其社会地位。在这种情况下，如果一个人的衣着、神情、谈吐显现出他可能具有很高的社会地位，那么，他的观点就会在无形中增加一些分量，反之亦然。从这个角度看，由于匿名性交往完全隐去了一个人的身体特征，抹去了能够揭示一个人社会地位的各种线索，所以它更有利于实现平等化的交流。

其实，这种去身体化的努力早在互联网出现以前就已经存在了，不管是阿伦特，还是哈贝马斯，都倾向于将身体看成公共领域中平等交往的干扰因素，并试图将其影响降至最低。阿伦特提出，古希腊人在私人领域中对生存必然性的驾驭是他们进入公共领域的前提，而所谓生存必然性，也就是指人的各种身体需求。在她看来，只有在身体需求得到满足之后，人们才能进入公共领域展开自由的交谈，否则，身体需求就会成为一种干扰。无论是贫困还是疾病都会让人受制于必然性，从而失去自由。除此之外，进入公共领域还意味着，人的身体将失去庇护，"无论是谁，只要他进入政治领域，就必须做好将自己的生命置于风险中的准备，过于爱惜自己的生命会妨碍自由，而这正是奴性的标志"①。从这里我们不难看出，在特定意义上，阿伦特将身体看成是获得自由的障碍和累赘，在最好的情况下，我们应该彻底遗忘身体，只凭借言谈进行相互交往。

哈贝马斯同样也表现出了去身体化的努力，有学者提出："我们可以从哈贝马斯的公共领域理论中读出对匿名性的保护，尤其是在早期的印刷媒体中，人们通过设计一个类似于旁观者那样的去身体化的公共形象，建立起一种普遍化的公众的声音。"② 他还认为，在公共讨论中，论证的权威要压倒社会等级制度的权威，每个人发言的内容都完全凭借其自身的价值得到评价，为了做到这一点，我们就必须把除此之外的一切都暂时悬置起来，其中最为

---

① Hannah Arendt, *The Human Condition*, Chicago: The University of Chicago Press, 1958, p. 36.

② Diana Saco, *Cybering Democracy: Public Space and the Internet*, University of Minnesota Press, 2002, p. 206.

重要的是社会地位以及与其紧密相关的身体特征。

显而易见的是，在面对面交往的情形中，这种去身体化的努力无论如何也不可能取得完全的成功，因为，当我们听到一个观点的同时，也会看到这个观点持有者的各种身体特征，它们总是难分难解地纠缠在一起，以致我们很难做到不受身体特征的干扰而完全服膺于论证的权威。在描述 18 世纪咖啡馆中的交谈时，桑内特提出：

> 这种交谈有一条重要的原则：为了让信息尽可能全面，社会等级的差别暂时被悬置了；坐在咖啡馆里的任何人都有权利和其他任何人交谈，也有权利参与任何谈话，不管他是否认识其他人，也不管他是否被人邀请来发言。此外，当在咖啡馆里和其他人交谈的时候，询问他们的社会身份是一种糟糕的行为，因为这样一来，无拘无束的交谈就会遭到妨碍。①

可以看出，当时人们确实在有意进行一种匿名化交往，以尽量排除社会地位对论证权威的干扰。但是，由于面对面交往是一种身体在场的交往，所以身体特征的影响不可能被完全消除，即使不去直接询问对方的社会身份，我们也可以从他的衣着、口音、讲话方式等方面推测出个大概来。从这个角度看，网络交往帮助人最终实现了长期以来孜孜以求的去身体化努力，至少在促进公共讨论的平等化这方面，它更接近于理想化的言说情景。从这个角度出发，有学者甚至提出，"在去身体性（bodiless）这点上，阿伦特和哈贝马斯的公共空间概念更适合于网络空间"②。

然而，网络交往的去身体化特征也给公共讨论带来了一些前所未有的问题。一方面，它增加了误解的可能。在面对面交往中，人们不仅通过对方说了什么，而且通过对方在说话时的语气、表情、身势语等各种媒介来把握对方想要传达的信息，这就使信息传递具有了高保真性，减少了存在于信息发

---

① ［美］理查德·桑内特：《公共人的衰落》，李继宏译，上海译文出版社 2008 年版，第 102 页。

② Diana Saco, *Cybering Democracy：Public Space and the Internet*, University of Minnesota Press, 2002，p. xxvi.

送和接收之间的偏差。相反，在网络交往中，人们只能凭借电脑屏幕上闪烁的文字去把握对方想要传达的内容，"那种因为怀疑或者反对而出现的沉默、挖苦的手势、短暂的题外话——所有这些都是在相互交流中会出现的——被技术消灭了"①。因而，网络交往增加了误解的可能。也正是为了弥补这种缺陷，人们在网络交往中经常会加入一些提示自己说话时的语气和表情的符号，如"呵呵""😁"等。然而，即使加上了这些符号，也显然并不能完全补充面对面交往中所具有的丰富信息。

另一方面，由于在网络交往中人们不能直接向他人呈现自己说话时的语气、表情等信息，所以在表达一些强烈的情感和态度时，他们就倾向于通过增加语言本身的强度来达到这种效果，如此一来，在网络交往中，人们就更容易使用一些过激的语言，这些语言可能是他们在面对面交往中从来都不会使用的。从另外一个角度看，"由于缺少形象的和语气的线索，我们较难发现语言造成的伤害，所以互联网降低了对言语行为的约束，使人们以更加冲动的方式进行交往"②。在英语中，人们把网络空间中的这些激烈言辞、恶语攻击称为"喷火"（flaming），而在中文里也有"拍砖""炮轰"等说法，所有这些词语都形象地表明，人们在网络交往中的语言暴力具有强大的攻击性。当然，网络交往中语言暴力的增多与匿名性的另一层含义，即网络身份的虚构性之间也关系密切。

（三）网络身份的虚构性

如前所述，当学者们把匿名性理解为网络身份的虚构性时，他们关注的更多是网络交往中的自由和责任问题。很多学者都曾指出，政治领域是有风险的，当一个人站在普遍的立场上发言时，他时常会将自己置于某种危险的境地，正是由于这种原因，阿伦特才将勇气视为首要的政治品质，而在民主社会中，人们也普遍采用匿名投票的方式来对投票者进行保护。从这个角度看，由于人们在网络交往中可以躲在一个虚构的身份后面发言，所以它会给

① ［美］理查德·桑内特：《新资本主义的文化》，李继宏译，上海译文出版社2010年版，第136页。

② William A. Galston, "The Impact of the Internet on Civil Life: An Early Assessment", in Verna V. Gehring (eds.), *The Internet in Public Life*, Rowman & Littlefield Publishers, Inc. , 2004, p. 84.

人带来更多的安全感，并鼓励人们畅所欲言，说出自己的真实想法，而不必担心由此可能会给自己带来的麻烦。

　　然而，自由与责任总是相伴而生的，当人享有了更多的自由时，也就意味着他要承担起更大的责任。很多学者担心，由于网络交往是匿名的，人们彼此之间并不知道对方的真实身份，且每个人随时都可以为自己换上另外一件"马甲"，所以在网络交往中，人们对自己言行的责任感就会降低，他们将变得不再谨言慎行，而是动辄使用一些激烈的言辞、做出一些极端的行为。责任缺失的后果则是信任匮乏，如果确如一些人所言，匿名性让人变得为所欲为，那么，人与人之间的信任也就无从谈起了。有人不无讥讽地说，"我们很难想象，在一群互相不愿透露真实姓名的人之间最终会形成理性的决定"。在他看来，如果人与人之间缺少了基本的信任，以至于连真实的身份都不愿意透露给对方，那么，我们就很难指望他们之间会存在有意义的公共讨论。

　　在我们看来，网络交往的匿名性的确具有一种"松绑效应"（disinhibition effect），它带来的结果让人喜忧参半：一方面，它减少了人们在说话时的各种顾虑，鼓励人们说出自己的真实想法；另一方面，它也弱化了一些人的责任意识，使人更加不注意自己说话的方式，更容易使用一些激烈的语言，而不太考虑这些语言可能会造成的后果。一些人在面对面的交往中可能表现得彬彬有礼、温文尔雅；一旦进入网络空间，在匿名性的掩护下，他们就会觉得可以不必再为自己的言行负责了，于是，他们动辄就对人恶语相向，见人稍不顺眼便攻击谩骂、造谣生非。马克·斯劳卡提出："当真实世界用各种检查制度和权衡措施把住邪恶之门时，人性中的所有恶魔，却在极短时间内跳到赛博空间里重新开张营业。"[①] 在中国，也有人曾经抛出了"公共厕所"论，认为网络空间中到处充满着不负责任的恶毒攻击，已经成为一个供人泄私愤的地方。不管是在西方，还是在中国，网络匿名交往的这些阴暗面都不同程度地存在，值得我们警惕。

---

　　① ［美］马克·斯劳卡：《大冲突：赛博空间和高科技对现实的威胁》，黄锫坚译，江西教育出版社1999年版，第71页。

但是，我们也应该区别对待网络交往中的不文明语言和仅仅是显得有些激烈的语言，不可将它们等而视之。其实，并不是所有激烈的语言都是非理性的、都是与公共讨论水火不容的；也并非只有冷静的、克制的语言才是理性的，才适合于公共讨论。达尔格伦提出："激情也有理性，也包含着值得珍视的价值。激情不是盲目的，它包含有对善（good）的渴望和追求，并且通常还包含有对如何达到这种善的见解。"① 虽然我们并不否认网络交往中确实存在一些不负责任的人，他们经常躲在虚构身份的后面发表一些极端不文明的言论；但同样不可否认的是，另外一些人之所以使用激烈的语言，或许只是为了表达对某个问题的强烈态度和坚定立场，在这种情况下，这些激烈的语言非但不会破坏公共讨论，而且还会使公共讨论变得更热烈、更有活力。帕帕凯利斯也认为，"文明"（civility）和"礼貌"（politeness）是两个不完全相同的概念：文明是指对社会整体利益和共同善的关切，而礼貌则是对通行的社会规范的遵守。一些不文明的语言可以通过完全符合礼貌要求的方式表达出来，比如，当一个人在彬彬有礼地表达带有种族歧视的观点时，他可能并没有违反礼貌的要求，但却是不文明的；同样，一些不礼貌的语言也可能并不违背文明的标准，比如，当一个人激烈地表达对战争的谴责时，他可能会使用一些不礼貌的说话方式和词汇，但很显然他是符合文明标准的。在帕帕凯利斯看来：

> 不管是真实的还是虚拟的政治对话，都应该遵守文明的准则，但是，我们不能仅仅因为一个对话是不礼貌的就将它打发掉。不礼貌的对话常常是真挚情感的自然流露，相反，在其根本上，不文明却是与态度和信念联系在一起的，因而，它具有更加可怕的影响。②

在网络交往中，一些人的确会变得更加粗鲁，更容易使用一些不礼貌的

---

① Peter Dahlgren, *Media and Political Engagement: Citizens, Communication, and Democracy*, Cambridge University Press, 2009, p. 84.

② Zizi Papacharissi, "Democracy Online: Civility, Politeness, and the Democratic Potential of Online Political Discussion Groups", *New Media & Society*, 2004, Vol. 6 (2).

说话方式，比如，讽刺挖苦、爆粗口、骂人等。但是，这些不礼貌的语言并不一定就是不文明的，我们不能将它们一概都视为所谓"人性中恶魔的释放"。相反，如果公共讨论的语言过于恪守礼貌的要求，那么，它不仅会显得刻板乏味，而且还会限制人们讨论的广度和多样性。

（四）网络匿名性与社会语境

在对网络匿名性交往进行评价时，我们还要将其与具体的社会语境联系起来，否则就会走向媒介决定论。一般来说，在民主社会中，人们主要关心的是匿名性交往的去身体化特征；而在另外一些社会中，人们最为津津乐道的是它允许人虚构自我身份的特点。这是因为，在一个言论自由得到切实保护的社会中，人们在进行公共讨论时一般不会感到有虚构自我身份的必要。对于他们来说，网络空间只是为公共讨论提供了另一个场所而已，它的不同之处仅在于，人们无须亲身到场就可以参与其中。而在另外一些社会中，由于人们的言论自由受到了限制，他们在发表一些观点时会首先进行一种"自我审查"，如果他们感到自己的言论可能会让自己惹上麻烦，那么，他们就面临着两种选择——要么甘愿冒险，要么干脆闭嘴。对于他们来说，网络匿名性似乎给人带来了另外一种可能，它让人既可以说出自己的意见，又可以规避相应的风险——尽管很多事例都证明，匿名性的保护其实是非常脆弱的。

根据 2007 年发布的一份研究报告，在对互联网的使用上，中国和美国青少年之间的最大不同即表现在他们对匿名性的态度上：在中国青少年中，有 79％的人认为网络匿名表达能够让人更真实地说出自己的观点，73％的人表示在网络上他们能够更加自由地说或做一些他们在现实中不会说或做的事情；而在美国青少年中，这两个数字分别是 42％和 32％。[①] 道科特罗夫分析说，不同的使用目的决定了人们匿名与否。在美国，人们主要把互联网用作获取知识、表达自己个性的工具，所以，让你的名字、面孔、观点广为人知是成功的第一步；而在另一些国家，互联网则被视为逃离危险区域的安全通道，所以人们更倾向于进行匿名性交往。可见，在不同的社会制度环境中，人们对匿名性的认识和使用也是极为不同的，那些在现实社会中感到缺

---

① 资料来源：http：//iac. mediaroom. com/index. php？ s＝43 & item＝1455。

少言论自由的人，会更加珍视网络匿名性的掩护作用。

此外，在分析网络公共交往中出现的弊端时，我们还应该分清它到底在多大程度上是由现实世界的状况造成的，又在多大程度上是由匿名性本身造成的。正如陶东风所说，"网络不是与现实世界隔绝的绝对真空，网民毕竟同样生活在现实世界，现实世界的政治、经济、文化力量必然要渗透到网络空间，网民不可能不把在现实世界中形成的政治意识、语言方式、人格特征等带入网络世界"①。如果人们在现实世界中就唯我独尊、听不得不同意见，那么，我们也很难想象这同样一些人在进入网络空间后会变得更加包容。同样，如果人们在现实世界中就彼此提防，互不信任，以至于连见到倒在地上的老人都首先要怀疑是不是此中有诈，那么，我们也不能指望他们在网络空间中会变得彼此信任。正如有学者所说，"上网既不会增加信任，也不会减少信任，但是，信任却决定了人们如何与他人进行交往"②。在我们看来，匿名性对网络交往的影响是毋庸置疑的，这种影响既有积极的一面，也有消极的一面，但是，我们并不能把网络交往中出现的所有弊端都归咎于匿名性。其实，网络交往中出现的很多问题都根源于现实世界，它们和匿名与否的关系并不大。如果不明白这一点，我们就不可能找到克服这些弊端的有效方法，而且还会为加强网络管制提供合法性。

最后，我们还要指出一个可能会让很多人感到沮丧的事实，即网络交往的匿名性是相对的，彻底的匿名是根本不存在的。从技术上看，一台电脑要想连接上网，就必须有一个 IP 地址，而 IP 地址通常都是按照国家、省份、城市、街道等现实中的区位来分配的。于是，根据这个地址，我们就可以准确地定位使用者所在的位置。近些年来，"人肉搜索"屡屡显示出巨大的威力，这也说明了所谓的匿名性只是相对而言的，一个人在网络空间中不可能做到彻底的隐姓埋名。

---

① 陶东风：《网络交往与新公共性的建构》，《文艺研究》2009 年第 1 期。

② Eric M. Uslaner, "Social Capital and the Net", in Verna V. Gehring（eds.），*The Internet in Public Life*, Rowman & Littlefield Publishers, Inc. , 2004, p. 103.

二　网络交往中的倾听与表达

哈贝马斯提出："如果没有具有批判意识的公众的相互交流，即便舆论有公共潜力，也不会发展成一种公共舆论。"① 恐怕所有人都不会否认，公共领域得以形成的一个最为关键的条件就是公共交往，而所谓公共交往，也就是指人与人之间通过倾听与表达而进行的互动。从公共领域建构的角度看，大众传媒之所以饱受指责，在很大程度上就是因为它是一种单向的信息沟通媒介，也就是说，它只允许倾听，而不支持表达，从而造成了倾听与表达之间的严重失衡。

在互联网出现以后，很多人之所以感到欢欣鼓舞，恰恰也是因为它是一种双向沟通的媒介，如果说大众传媒的受众在很大程度上只是一个被动的倾听者，那么网络用户则同时是一个倾听者和表达者，他们既能接收信息，同时又能发送信息。正如互联网理论家迈克尔·斯坦格拉（Michael Strange-love）所说："互联网的精髓不是科技，也不是信息，而是沟通——人们互相交谈，互发电子邮件，互相交换信息。互联网是一种大众参与的大众沟通，是完全双向的、自由的；沟通是它的基础，所有社区都在其上出现、生长并繁荣。互联网是那些不擅沟通者的社区。"② 毫无疑问，互联网为倾听者与表达者之间的即时互动提供了技术上的可能，如果说查尔斯·泰勒提出的大众传媒条件下的元论题性公共空间还只是一种想象的共同体的话，那么，互联网上的倾听与表达则真真切切地形成了各种各样的虚拟社区，就此而言，它对公共领域建构的积极影响是毋庸置疑的。

然而，这也绝不是说网络空间中的倾听与表达已经符合或接近了理想的言说情景。由于网络交往与面对面交往之间的明显差别，我们看到，虽然互联网建立起了双向沟通的渠道，但它并没有彻底解决人们在公共交往中遇到的问题，比如参与机会问题、平等的话语权问题等。像在其他方面一样，互

---

① ［德］尤尔根·哈贝马斯：《公共领域的结构转型》，曹卫东等译，学林出版社 1999 年版，第 247 页。

② Michael Strangelove, "The Internet, Electric Gaia and the Rise of the Uncensored self", *Comput-er-Mediated Magazine*, 1994, Vol. 1 (5).

联网对公共交往的影响也是利弊同在的,它既克服了一些旧问题,同时也带来了一些新麻烦。

(一)表达与倾听之间的失衡

如果说在互联网兴起之初,人们对它的潜能和优势进行热情礼赞和美好畅想是合理的,也是十分必要的,因为这有助于人们对它的认识和接受。那么,在互联网已经彻底融入人们日常生活的今天,我们最需要做的恰恰是对其弊端和潜在风险的考察和评估。基于这种认识,我们在这部分将集中分析网络交往与互动过程中存在的问题,对于它显而易见的优势则不做过多讨论。

在各种社交媒体出现以前,网络交往中存在的一个突出症候是,倾听者远远多于表达者,也就是说,它并没有完美地解决传统大众传媒条件下倾听与表达之间的失衡。正如有学者所说:

> 尽管双向联接的可能性包含深刻的好处,它并不是什么万灵药。网络上的交互性不受技术性限制,但它仍然受到人们认知能力的重大限制:无论你是谁,你只能读这么多博客文章,只能和这么多人交换电子邮件……这些社会制约因素意味着,即使一个媒介是双向的,最受大众欢迎的使用者们也会被迫采用单向模式。①

比如,那些粉丝数量动辄上千万的明星博主,即使他们有意与读者进行互动,其实也是不可能实现的,就此而言,他们的博客或微博依然可以被视为一种广播式的信息传播媒介。相反,那些籍籍无名之辈虽然也有机会成为草根名人,并受到万众瞩目,但实际上这种机会是微乎其微的。在大多数情况下,他们都不可能得到太多的关注,而这又反过来会降低他们的表达功效感,并使他们重新退回到沉默的大多数中去。有学者提出,互联网使公民与公民之间、公民与其代表之间的连接变得更加容易了,并因此而消除了民主

---

① [美]克莱·舍基:《人人时代:无组织的组织力量》,胡泳、沈满琳译,中国人民大学出版社2012年版,第74页。

交往过程中的时间和距离障碍，但是它并没有能够解决规模问题，"即使在虚拟共在的情境下，规模的问题依然存在"①。这似乎意味着，只有在那些规模相对较小的群体中才可能存在真正的对话，而庞大的规模将不可避免地使有意义的公共交往变得不再可能。对于这一点，其实古希腊人早就有清醒的认识，"他们清楚地知道，只有保持对公民数量的限制，城邦及其强调的行动和言说才能得以存续。众多的人聚集在一起，就几乎不可抗拒地会向专制主义发展，这种专制可能是一人专制，也可能是多数人专制"②。由此看来，平等的要求与规模的限制似乎是一个无法化解的矛盾，这也提醒我们，在网络交往中技术手段的平等并不等于话语权的平等。

很多经验研究也表明，虽然互联网为人提供了双向互动的技术可能，但其实大多数使用者仍然只是一个被动的倾听者，他们很少发出自己的声音，或者即使发出了自己的声音，也很难被人听到。比如，通过考察以博客为载体的人际互动，洛文克提出了"1％法则"，即如果有100个人在线，会有1个人创造内容，10个人与之互动（评论或提供改进），另外89个人只是观看。③ 如此看来，与面对面交往的情形相比，网络交往中的表达与倾听关系并没有发生根本性的变化，它依然是少数人在说，而多数人在听。

欣德曼也发现，"在今天的美国，尽管数以百万计的美国人都拥有博客，但是，那些读者数量能够超过一张普通大学校报的博主只不过有寥寥几十人"④。对于大多数人来说，无论他们发布的内容有没有价值，他们的博客都很难得到别人的光顾，长此以往，他们的表达积极性势必会受到挫伤。于是，我们很容易想象，在网络空间中其实存在着大量僵尸般不活跃的用户，他们即使曾经建立起了自己的博客或微博，也因为长时间得不到人们的关注而疏于管理，并使之长期处于休眠或废弃状态。因此，虽然在世界范围内网民的数量在突飞猛进，各种社交媒介的用户数量也在不断增加，但是，网络

① Stephen Coleman, Jay G. Blumler, *The Internet and Democratic Citizenship*：*Theory*，*Practice and Policy*，Cambridge University Press，2009，p. 28.

② Hannah Arendt，*The Human Condition*，The University of Chicago，1958，p. 43.

③ Geert Lovink，*Zero Comments*：*Blogging and Critical Internet Culture*，Routledge，2008，p. xxvii.

④ Matthew Hindman，*The Myth of Digital Democracy*，Princeton University Press，2009，p. 103.

交往的实际状况可能并不像统计数字所反映出来的那样令人鼓舞。

　　而且,即使我们假定网络空间中的确有很多人在说,在表达,但是,说和被听到是完全不同的两回事,对于公共交往来说,真正有意义的并不是有多少人在说,而是有多少人的声音被听到了。在传播学中有一个概念叫"有效传播",它指的是发出的声音能否被听到、被多少人听到了以及产生了多大的影响等。如果一种声音没有被人听到或只被很少的人听到了,那么它就只是一种自说自话,不能构成有效传播。从这一角度看,网络空间中的个人表达在多大程度上是一种有效传播呢?意大利经济学家维弗雷多·帕累托曾经提出了著名的财富分布法则,他发现,在一个社会中,80%的财富都集中在20%的少数人手里。很多学者认为,这一法则是普遍有效的,很多社会现象和自然现象也都遵循着同样的规律,网络交往也不例外。具体来说就是,在网络交往中,20%的少数人吸引了80%的注意力,相应地,80%的人只能分享剩下来的20%的注意力。当然,这只是一个笼统的说法,而不是一个精确的比例,对于网络交往来说,真实的情况可能更加严重。有人做过统计,2005年3月,在美国最受欢迎的前5000个博客中,排名首位的博客就独自占有10%的访问量,而前5名一共占有28%的访问量,前10名则几乎占到了总访问量的一半(48%)。[①] 在这项研究中,贝尔斯只是对一些排名靠前的博客进行了统计,如果我们把目光移向末端,就会发现其实有很多博客几乎都无人问津,即使那些博主勤于更新,并的确发布了一些有价值的内容,他们也只能偶尔捕捉到一些匆匆而过的游客。

　　欣德曼提出:

　　　　的确,公民们在线贴出他们的观点时很少面对正式的阻碍,但这只是最微不足道的开放。从大众政治的角度看,我们最关心的不是谁发布了观点,而是谁的观点被听到了——有大量正式和非正式的阻碍使普通公民的观点难以到达受众。大部分在线内容都得不到链接,吸引不了眼

---

　　① Bear, N. Z. (2004), "Weblogs by Average Daily Traffic", http://www.truthlaidbear.com/TrfficRanking.php.

球，只有很少的政治意义。①

虽然很多学者都津津乐道于网络的赋权潜能，但真实的情况可能并不如很多人想象的那样乐观，无论是在西方还是在中国，那些在网络空间中拥有大批追随者的博客或微博用户常常就是那些在现实世界中也同样受到万众瞩目的人物，如娱乐明星、知名记者或其他社会精英。从这一角度看，网络交往并没有触动现实世界中的话语权力关系，而只是复制了它，甚至是强化了它。以微博为例，有学者通过考察揭示出了其中的权力关系。

> 微博传播是一种塔形结构，呈"45度仰望"传播模式，微博的用户总是以45度仰角在仰望着那个他所"关注"的用户，大部分的微博用户除了自己发文，就是接收来自他所仰望的人的信息，并且转发给其他同样用45度仰角看着自己的人。这个信息传播过程被称为"高攀"。②

如果我们单纯从表达（"说"）的角度看，微博的确给每个人都提供了平等的话语权；但如果我们以"有效传播"（"被听到"）的标准来衡量，就会发现微博的话语权力结构依然是等级制的，那些位于顶端的少数人常常拥有一呼百应的权力，而大多数普通人则只能在个人的小圈子里窃窃私语。大量事例表明，虽然很多社会热点事件最初都是由草根网民发现并发布出来的，但是，它们真正产生巨大的社会影响却是在得到了一些名人的关注和转发之后。因而，在很多人都在为草根网民的胜利而欢呼时，我们也需要冷静下来想一想草根网民是如何取得胜利的。

在很大程度上，正是因为人们对匿名环境下的个人表达难以到达受众、难以构成一种"有效传播"感到沮丧，才为各种实名交往方式的兴起准备了条件。从当前情况看，实名交往是未来互联网发展的趋势，如果说Web1.0时代更多强调的是虚拟性，那么Web2.0时代则更多强调的是真实性，从博客向微

---

① Matthew Hindman, *The Myth of Digital Democracy*, Princeton University Press, 2009, p. 18.
② 周根红：《微博45度仰望与话语权》，《网络传播》2011年第9期。

博的转变就印证了这一点。关于微博取代博客地位的原因，人们进行了各种各样的分析，比如，它的内容更加简短随意，降低了对用户知识素养的要求；它的发布途径更加多样，人们可以随时随地分享信息，等等。但在我们看来，其中被很多人忽略的一个重要原因是：博客主要是一种匿名性的交往工具，它很少能够借用人们在现实世界中形成的各种社会关系，并由此使很多普通人的博客难以得到别人的关注；相比而言，微博主要是实名性的，它能把现实世界中的社会关系移植到网络交往中，使用户的个人表达更容易得到别人的回应。因此，在以微博为媒介的交往中，表达与倾听之间的关系更加平衡，人们的表达功效感也更强。正如我们所见，在各种社交媒介兴起以后，普通人的表达热情得到了空前释放，网络空间中出现了前所未有的众声喧哗局面。

（二）社交媒体的私语化

然而，社交媒介的兴起也给网络交往带来了一些新的问题，其中最为人所诟病的是私语化。如果说网络交往的主要障碍曾经是自说自话、缺少互动，那么现在它最为突出的问题则是公共性不足，也就是说，社交媒介上充斥着大量闲言碎语，它们在发挥情感慰藉功能的同时，也削弱了网络交往的公共意义。当然，我们并不否认社交媒介上存在大量有价值的信息，很多社会热点问题最初都是由社交媒介引爆的。但同样不可否认的是，从总体上看，社交媒介上更多是一些无聊的唠叨，这些唠叨时常会淹没一些有价值的信息。

现在，很多人热衷于把自己的一举一动都发布到网上，随时与人分享自己生活中的点点滴滴。在匿名状态下，这些闲言碎语几乎不可能得到别人的关注和回应，但由于社交媒介上的好友大多来自现实中的生活圈子，所以即使人们发出的只是一声叹息，也常常能够得到众多好友的关心和询问，而这又反过来增强了他们的表达欲望。在 Web1.0 时代，人们在发布一条信息之前大都会对它的价值进行评估，一般来说，人们只会发布那些被认为对他人有意义的信息；而进入 Web2.0 时代以后，很多人都把社交媒介当成了宣泄个人情感、打造自我形象的工具，他们在乎的不是自己发出的信息有没有意义，而是这些信息能不能得到别人的关注、能不能为自己的形象增色。从这个角度看，社交媒介的情感慰藉功能要远远大于它的公共意义。

在一些人看来，网络交往的私语化趋势不仅不值得大惊小怪，而且还能弥补现实生活中人际交往的不足，发挥一种情感抚慰功能。然而，这里的关键问题是，社交媒介到底是一个私人空间还是公共空间？如果它是一个私人空间，那么人们自然可以在其中倾吐情感、相互告慰；而如果它是一个公共空间，那么人们就不得不注意公共和私人之间的界限。很多网络事件表明，虽然社交媒介能够服务于私人交往的目的，但它绝不是一个私人空间，而是开放的、透明的，即使是亲密好友之间的窃窃私语，也无法完全阻挡别人注视的目光，无法排除暴露在大庭广众之下的风险。一些人不明白这一点，他们误认为社交媒介完全是一个私人空间，人们在其中可以无话不谈，其结果往往是给自己或他人带来了严重伤害，这样的例子已经不胜枚举。既然社交媒介是一个公共空间，而非私人空间，那么，我们在进行网络表达时就应该有所选择、有所节制，因为有些东西在私人空间里可能无伤大雅，一旦进入公共空间，就有可能造成严重后果。

2011 年，在微博刚开始出现的时候，曾有某地官员将其误当作私人聊天工具，将与情人的打情骂俏公之于众。

阿伦特曾经强调，"只有那些与公众相关的、值得被人看到或听到的东西才是公共领域应该容纳的内容；而那些与公众不相关的东西则自动变成了私人事务"①。如果逾越了公共和私人之间的界限，那么，人们的公共生活和私

---

① Hannah Arendt, *The Human Condition*, The University of Chicago, 1958, p. 51.

人生活就会两败俱伤。正如耐格尔所说:

> 在公共交往过程中,如果我们毫无节制地表现欲望、贪念、蛮横霸道、焦虑不安与妄自尊大,那么我们就不可能有公共生活。同样,在公共空间中,如果我们毫无顾忌地表达个人的想法与情感,借此成为公共舆论的焦点,并将此当成坦荡人格的表现,那么我们也毫无私人生活可言。[①]

因而,社交媒介的私语化一方面使网络交往的公共性湮灭不彰,另一方面还把人暴露在各种风险之中,使人更容易受到一些不怀好意的攻击和伤害。

(三)网络交往不等于众声喧哗

与面对面交往相比,网络交往的另一个弊端是,由于人们加入和退出对话不受任何约束,可以来去自由,所以它使人们更没有耐心去倾听,并由此导致网上讨论很难深入。在面对面交往中,人们会感到一种回应或反驳对方观点的压力,在对方表达一个观点后,如果我们不做任何回应而保持缄默,或者非常突兀地转向了别的话题,这通常都被认为是不礼貌的;在激烈辩论的过程中,这还会被认为是理屈词穷的表现。为了回应或反驳对方的观点,我们就需要耐心倾听,以辨析对方观点中有哪些合理之处,又有哪些不合理成分。公共讨论既离不开表达,也离不开倾听,就像人的两只脚只有交替挪动才能前进一样,公共讨论也只有在你一言我一语的互动过程中才能真正实现观点交锋,并把讨论引向深入。不管是在谈论公共讨论问题时,还是在考察网络交往时,人们通常都侧重于强调表达的作用,而忽略倾听的价值;人们往往更关注有多少人在说,而不太关心到底有多少人在听。但正如本杰明·巴伯所说:

> 好的倾听者也许是不称职的律师,但是,他们却是娴熟的公民和优

---

① Thomas Nagel, *Concealment and Exposure: And Other Essays*, Oxford & New York: Oxford University Press, 2002, pp. 28 - 29.

秀的邻居……倾听是互惠的艺术，正是这种实践增强了平等。当两个人
通过谈话和相互理解弥合了差异之后，移情的倾听者变得更像他的对话
者了。事实上，健康的政治谈论的一个标准就是它所允许和鼓励的沉默
的数量，因为沉默是一种能够孕育反思和培养移情的珍贵的媒介。如果
没有沉默，那么就只有喧嚣为利益而竞争的嘈杂声和坚持自己的权利而
拒绝倾听烦躁不安的对手的声音。①

可见，公共讨论并不等于众声喧哗，对于它来说，倾听和表达是同等重
要的，如果每个人都坚持己见而不考虑别人说了什么，那么公共讨论就难以
为继，其对民主政治的贡献也是微乎其微的。

从这一角度看，互联网虽然激发了人们的表达热情，扩展了政治讨论的
范围，但它的无政府主义特征却影响了公共讨论的质量。一方面，网络空间
里的发言一般都不是发送给特定个人的，因而人们很少能够感受到做出回应
的压力；另一方面，网络页面设置的一个特点是，如果一条发言得不到及时
回应，那它很快就会沉下去，从而更难得到别人的关注和回应。由于这些原
因，我们发现，网络空间里的很多表达其实都是孤立的噪声，它们既不是对
已有观点的回应，也没有得到别人的任何回应，因而，它们只是作为一个公
共讨论的起点孤零零地存在着。很多实证研究也都支持了这一点，威尔海姆
通过个案考察发现，在一个网络论坛中，只有不到20％的帖子是对前一个
帖子的直接回答，而其余的大部分帖子都是在自说自话，彼此之间毫无联
系。据此，很多学者提出："网上论坛充满了自我表达和独白，而缺乏'倾
听'、回应和对话，从而难以完成哈贝马斯所说的交往行为，即为议题排序、
处理差异、达成一致并计划行动以影响政治议程。"②

在面对面讨论的情形下，当对方表达完一个观点后，我们在进行反驳之
前可以进行短暂的停顿和思考，但这种停顿的时间显然不能过长，否则讨论
就很难再进行下去；而在进行网络讨论时，人们有充分的准备时间，可以在

---

① 〔美〕本杰明·巴伯：《强势民主》，彭斌、吴润洲译，吉林人民出版社2011年版，第202页。
② 胡泳：《众声喧哗：网络时代的个人表达与公共讨论》，广西师范大学出版社2008年版，第231页。

自己认为最合适的时机进行回应。从一个角度看,这种停顿是"慎议"所必不可少的,它给人们把握对方的观点并斟酌自己的回应方式留下了充足的时间,有利于提高公共讨论的质量。但从另一个角度看,这也不可避免地会造成网络讨论的拖沓,由于人们不知道参与讨论的双方何时会做出新的回应,所以,为了及时追踪一场网络讨论,人们就需要不断地关注相关网页以查看有没有新的进展。因此,虽然参与网络讨论既不需要人们走出家门,又不需要人们腾出特定的时间,就此而言,它降低了人们的参与成本;但是,由于网络讨论不像面对面讨论那样紧凑,它能历时数十天甚至更久,在这段时间里,人们要想了解它的最新进展就不得不随时保持关注,所以,从这个角度看它又增加了人们的参与成本。不仅如此,如果网络讨论持续的时间过长,人们的参与热情就不可避免地会逐渐流失;而且在它持续的这段时间里,还极有可能会出现其他新的社会热点问题,从而打断公共讨论的进程,使它无果而终。

最后,我们还是要重申,虽然我们在这里论述的主要是网络交往的弊端,但这绝不意味着我们对它的优势视而不见,与面对面交往相比,网络交往的优势是非常明显的,在以上各章节中我们已经对此多有论述。我们这样选择是基于以下考虑:在关于互联网将掀起公共讨论热潮的迷思还没有完全散尽的背景下,我们首先要做的是打破这种迷思,只有这样,我们才能着手进行客观的研究。而且通常情况下,批评往往比赞美更具有建设意义。

三 网络谣言的产生与传播

最近几年,随着互联网在中国的普及,网络谣言大量出现,并造成了广泛的社会影响。与官方治理网络谣言的步调相一致,主流新闻媒体也对网络谣言展开了连篇累牍的讨论。然而,纵观这些讨论,我们会发现它们的主要目的并不是深化人们对网络谣言的认知,而是为了编织一套顺滑的逻辑,为打击网络谣言以及推行网络实名制提供合法性。比如,为什么要打击网络谣言?是因为网络谣言造成了恶劣的社会影响。网络谣言为什么会大行其道?是因为互联网降低了信息发布的门槛,加快了信息传播的速度,给谣言"插上了翅膀"。如何治理网络谣言？要完善法律法规，加大惩处力度，对造谣者勇敢亮剑。

　　这种逻辑看似顺理成章，其实是经不起推敲的，它建立在对谣言的根深蒂固的偏见之上，而没有顾及相关的学术研究成果；它不仅假定谣言的内容必定为假，而且假定制造和传播谣言者都居心叵测。因此，虽然网络谣言是一个显而易见的热点话题，但其实并没有得到充分的讨论。显然，正确认识谣言是有效治理网络谣言的前提，我们不应该停留于习以为常的偏见，而应该借鉴相关的学术研究成果，以形成对网络谣言的正确认知。

　　（一）谣言的去污名化

　　哪里有人群，哪里就有谣言，它与人类社会如影随形，是一种最古老的信息传播媒介，不管是在西方还是在中国，人们对谣言问题的关注都由来已久。但长期以来，谣言并没有成为学术研究的课题。

　　西方的谣言研究肇始于"二战"时期，此时谣言大量出现，这有三个方面的原因：一是在战争、社会危机等动荡状态下，人们面对更多的不确定性，谣言自然会大量产生；二是战争期间有更多的军事机密，信息更加不透明；三是战争期间谣言被作为一种战术来使用，各方都有意散布一些谣言。在这样的背景下，早期的研究大都把谣言当成一种破坏性因素，主要关注的是谣言对军队士气的影响。比如，奥尔波特的《谣言心理学》就将谣言分为三种类型，即恐惧性谣言、希望性谣言和挑起分裂的谣言。恐惧性谣言容易打击士气，招致不必要的焦虑；希望性谣言则使人们放松战斗准备，削弱战斗力。第三种是战时谣言中最多的一种，容易

这幅创作于 16 世纪的版画《谣言女神》，是画家根据古罗马诗人维吉尔在《埃涅阿斯纪》中的描述创作的："她走路迅速，生着灵巧的双翼，真是个怪物，可怕又巨大，身上长着羽毛无数，羽毛下仿佛奇迹般，有着许多警惕的眼睛，还有那许多舌头，说着话的嘴和偷听的耳朵。"

1969年，A. 保尔·韦伯创作的绘画《谣言》表现的是一条巨龙在城市中穿行，它有着长长的耳朵、巨大而密集的眼睛。这幅绘画向我们透露出的信息是：谣言具有巨大的吸引力，所有人都从窗户上探出头来，并被它吸引，成为它身体的一部分，加入到传谣的大军。

带来仇恨和敌意。截至"二战"时期，谣言始终没能摆脱污名色彩。

"二战"结束后，谣言研究开始摆脱战争的影响，出现了为谣言正名的趋势。人们给谣言下了很多定义，比如，涩谷保提出，"谣言是在一群人议论过程中产生的即兴新闻"[1]；卡普费雷认为，"谣言是在社会中出现并流传的未经官方公开证实或者已被官方辟谣的信息"[2]；迪方佐和波迪亚则提出，"谣言是在模糊或危险情景下产生的未经证实却正在流传的工具性说法，能够帮助人们弄清事实并控制风险"[3]。这些定义看起来林林总总，但它们的基本内核却是高度一致的，包括以下几点：第一，谣言的内容一般都涉及当时社会中发生的重大事件；第二，谣言主要是通过口耳相传的；第三，谣言传播的不是纯粹的信息，还带有传播者的倾向性；第四，谣言的真假是未经证实的。

综上可以看出，这些定义都没有对谣言的真假进行判断，更没有去揣测人们制造和传播谣言的动机，而是把谣言定义为"未经官方证实的信息"。显然，未经官方证实的信息未必都是假信息，在互联网时代更是如此。面对一些突发事件，官方媒体的反应往往滞后于个人化的信息传播，比如，在舟曲特大泥石流灾害发生后，第一个进行图文直播的就是大学生王凯的个人微博；现在，很多官方媒体也常常借用普通网友用手机拍摄的视频。如果仅从定义上看，这些信息在其出现之初都是"谣言"，但很显然它们是真实的。

---

① Tamotsu Shibutani (1966), *Improvised News*: *A Sociological Study of Rumor*, Indianapolis: Bobbs-merrill.

② ［法］让-诺埃尔·卡普费雷:《谣言：世界最古老的传媒》，郑若麟译，上海人民出版社 2008 年版，第 15 页。

③ Nicholas DiFonzo & Prashant Bordia (2006), *Rumor Psychology*: *Social and Organizational Approaches*, American Psychological Association, p. 13.

同样，经过官方证实的信息也未必都是真实的，比如，在国家能源局原局长刘铁男被实名举报后，国家能源局新闻办公室曾回应称，举报者"纯属污蔑造谣"。然而几个月后的事实证明，当初的"谣言"就是事实，而官方的辟谣信息才是虚假的。基于此类事件大量出现，有人针对官方发布的虚假信息提出"官谣"一说，然而从定义上看，这个词本身其实是自相矛盾的。

　　既然谣言的真假是悬而未决的，那么，谣言为什么能够广泛传播呢？奥尔波特和波斯特曼曾经总结出一个著名的公式：即"谣言＝（问题的）重要性×（事实的）模糊性"。[①] 从这一公式可知，谣言通常都涉及那些与公众关系重大却又显得扑朔迷离的问题。这个公式可以帮助我们解释很多问题，比如，近年来发生的谣言为什么大都与公权力、食品安全、地震有关？因为这些问题对公众来说非常重要。为什么在那些新闻受到管制、人们无法获得充分信息的社会中谣言会此起彼伏？因为在这样的社会中，公共事件显得更加扑朔迷离。如果我们把信息比作一个市场的话，那么"重要性"就是指人们需要更多的信息，"模糊性"就是指官方提供的信息不足，当信息供不应求时，谣言就会出现。从这种意义上说，人们在私下传播的谣言与正规渠道发布的信息构成了一种相互竞争的关系：如果人们能够从正规渠道获得充分、可信的信息，那么谣言发生的概率就很低；相反，如果正规渠道的信息很匮乏或者不能赢得人们的信任，那么，谣言就会大行其道。正是在这种意义上，涩谷保把谣言称为一种"即兴新闻"（improvised news），即人们为了弥补正规渠道信息供应不足所做的一种努力。

　　不管在哪种社会中，谣言每天都会大量出现，据统计，仅 2012 年 3 月 28 日至 4 月 4 日一周时间里，有关部门就查处网络谣言 39 万多起。[②] 但很显然，这些谣言大都来去匆匆，几乎不会产生什么影响，而只有很少一部分能够得到广泛传播，并赢得公众的信任。那么，人们为什么会相信一些谣言而拒绝另外一些呢？不管是传播学上的"认知一致"概念，还是心理学上的"偏颇吸收"概念都表明，人们总是倾向于接受那些与自己已有认知相一致

---

① ［美］奥尔波特等：《谣言心理学》，刘水平等译，辽宁教育出版社 2003 年版，第 17 页。

② 《舆情综述：网民支持查处网络谣言》，人民网，2012 年 4 月 5 日，http：//opinion.people.com.cn/GB/17577312.html。

的信息，正如法国谚语所说，"想听的话，再聋也能听到""谣言之所以能够兴起并被传播，是因为谣言与相信谣言的人的已有信念相吻合，并且能够被这些人接受"①。如果谣言的内容完全是一种无稽之谈，那它根本就不可能赢得人们的信任；同样，如果谣言的内容与人们既有的认知大相径庭，那它也很难产生大的社会影响。在大多数情况下，人们之所以相信谣言，恰恰是因为它应验了人们隐隐约约已经存在的担心或希望。

因此，那些得到广泛传播的谣言，大都是人们倾向于相信的谣言。对于人们传播谣言的动机，涩谷保曾经做出过全面的分析。

一些人之所以在明知信息未经证实的情况下还要把它传播出去，是因为他们认为群体正处于危险之中；在灾难情形下，所有信息交换都出自互助精神。而另外一些人则可能是为了显示自己能够获得"内部消息"，并借此来提高自己的声誉；那些处于重要位置上的人还可能会觉得自己在传播网络中扮演着关键角色，因而有责任表达自己的观点。②

不管是哪种情况，我们都可以把谣言看成一种善意的提醒，提醒人们可能会发生某种危险；而人们之所以相信并传播谣言，也大都是出于"宁可信其有，不可信其无"的心态。因此，尽管网络谣言会引发社会恐慌，甚至它的内容后来也可能被证明为子虚乌有，但我们依然不能采取简单粗暴的打击手段。正如有学者所说，今天的法治国家之所以对媒体在灾难和事故报道方面的新闻采取宽容态度，是因为这样做可以避免更大的危害，"与此相比，可能的恐慌混乱仍然属于较小的恶，是不得已的容忍"③。因而，即使不从保护言论自由的高度，而从非常现实的角度考虑，我们也应该对网络谣言表现出更多的宽容。

---

① ［美］凯斯·桑斯坦：《谣言》，张楠迪扬译，中信出版社 2010 年版，第 6 页。

② Tamotsu Shibutani (1966), *Improvised News*：*A Sociological Study of Rumor*, Indianapolis：Bobbs-Merrill, pp. 14－15.

③ 顾肃：《从松花江污染事件说起》，《二十一世纪》2006 年 2 月号总第 93 期。

如何在惩治造谣毁谤与保护言论自由之间找到一个平衡点，一直是困扰现代民主社会的一个难题。根据凯斯·桑斯坦的介绍，美国法院在裁决这类问题时，一般都会优先考虑保护言论自由。在他们看来，在自由辩论中出现错误言论是在所难免的，如果只允许人们发表正确言论，那么，人们对公共人物和公共事件的讨论就会受到压制，民主辩论和自由言论也会受到损害。基于这样的考虑，他们为自由言论留下了充足的空间，"如果有人散布了关于你的虚假信息，只证明这些说法对你造成了伤害是不够的，还要证明说话者没有表现出适当的谨慎。但是，就像要证明'真正的恶意'非常困难一样，辨别何为疏忽也不是那么容易的"①。这也就意味着，只要不是恶意中伤，人们就可以畅所欲言，而不用担心这样做会给自己带来什么麻烦。对待谣言，人们之所以要宽容，是因为在日常生活中，人们根本没有能力和精力对他们接收并转播的信息进行逐一验证，人们之所以相信一条信息是真的，通常都是基于对信息传播者的信任，而不是通过亲自验证。如果要求人们对自己传播的每一条信息负责，就必然会导致人们在发表言论时畏首畏尾，并由此造成一种"寒蝉效应"。与谣言可能会引发的恐慌相比，这种"寒蝉效应"的社会危害显然要大得多。

可以看出，西方的谣言研究早就将谣言去污名化了——不仅对谣言的真假不置可否，而且对人们制造和传播谣言的动机不妄加揣测。而在中国，不管是在公众的刻板印象中，还是在主流新闻媒体中，甚至在学术研究中，谣言都被妖魔化了——不仅认定谣言的内容必定为假，而且认定人们制造和传播谣言的动机都是"居心叵测的""不可告人的"。正如胡泳所说："把'动机论'应用在谣言上，极其容易将谣言涂抹上伦理色彩，视同捏造、挑拨、诽谤、污蔑，进而产生一系列可见的恶果。"② 且不说人们传播谣言的"险恶用心"是否存在，动机是否可考，这本身就是一个十分复杂的问题。因此，要有效治理网络谣言，首先要对谣言有一个正确的认知，对于我们来说，当务之急就是将谣言去污名化。

---

① ［美］凯斯·桑斯坦：《谣言》，张楠迪扬译，中信出版社 2010 年版，第 132 页。

② 胡泳：《谣言作为一种社会抗议》，（香港）《传播与社会学刊》2009 年总第 9 期。

(二) 从谣言到网络谣言

很多学者都曾指出，从谣言到网络谣言，谣言的基本内核并没有发生变化，它依然是指"未经官方证实的信息"，就此来说，网络谣言甚至是一个伪命题。正如人们所见，今天的谣言与网络谣言基本上是同义的：一方面，几乎所有的谣言都上了网；另一方面，也几乎没有什么谣言完全是在网上传播的。周裕琼提出，"网络谣言是那些在其产生、传播、影响的某阶段或全过程中，互联网起了关键性作用的谣言"[①]。但何为"关键性作用"，显然并没有什么明确的标准。尽管互联网没有改变谣言的基本内核，但它对谣言传播的影响还是显而易见的。"如果说传统谣言的传播像'多米诺骨牌一样'，那么新谣言在新媒体上的传播则像'乱石入水'一样，后者因为'蝴蝶效应'所产生的能量叠加远远高于前者。"[②]

首先，互联网使谣言的传播环境发生了变化。长期以来，谣言一直是通过熟人关系口耳相传的，这也就意味着，它主要发生在私人空间中，这既限制了它的传播速度，也限制了它的传播范围。而网络空间的复杂之处在于，它既不是一个私人空间，又不是一个纯粹的公共空间。一方面，互联网是开放的，人们发布的信息能够被所有其他人看到，就此来说，它不是私人性的；但另一方面，随着微博、微信等社交媒体的出现，很多网络虚拟社区都是由熟人组成的，其主要功能就在于分享经历、交流情感，就此来说，它又不完全是公共性的，我们不能要求所有的发言都达到"理性协商"的标准。因此，网络空间既具有公共性，又具有私人性，为谣言的传播提供了十分适宜的环境——在发布信息的时候，人们认为自己身处私人空间，可以不必谨言慎行；而信息一旦发布出去，就会获得公共空间的传播效应。互联网带来的变化还在于，人们既可以把面对面交往中听到的谣言上传至网络空间，又可以把从网络空间中获取的谣言通过面对面交往、手机等媒介传递给其他人。如此一来，网络谣言就不断地在网络空间和现实世界之间往返穿梭，获得一种滚雪球效应。

---

① 周裕琼：《当代中国社会的网络谣言研究》，商务印书馆 2012 年版，第 35 页。
② 同上书，第 257 页。

其次，互联网加快了谣言传播的速度，也缩短了谣言传播的周期。由于传统谣言是通过口耳相传的，所以它的传播速度是非常缓慢的，通常都是从一个中心区域出发，然后逐渐向四周扩散，具有明显的地域轨迹。而互联网则"为谣言插上了翅膀"，使它来去无踪，从技术上看，它到达天涯海角的时间与到达隔壁邻居的时间几乎是一样的。如果把传统的谣言传播比作步行的话，那么，网络谣言则完全摆脱了地理空间的限制，可以瞬间到达任何一个地点。然而，谣言传播的速度越快，就越容易被事实证实或证伪，因此，传统谣言大都经年累月，像击鼓传花一样在各地出现；而网络谣言的生存周期一般都比较短，它们更多是在短暂的沸沸扬扬之后就同时在各地戛然而止。

再次，互联网使谣言的影响范围从地方扩展至全国乃至全球。传统的谣言大都是地方性的，在向四周扩散的过程中，它的影响力会越来越弱，以致最终消失。而网络谣言的影响范围通常都是全国性的，乃至全球性的。这一方面固然与现代社会不同地域之间的联系越来越紧密有关，另一方面也与互联网带来的信息方式变化密不可分。由于网络传播不受地理空间的限制，所以很多地方性事件也常常能够引发全国乃至全球范围内的关注和讨论。

最后，互联网还带来了谣言传播媒介的变化，即从口语到图文并茂。传统谣言的传播媒介是口语，受制于人的听力和记忆力，它们在传播过程中很容易出现变形。很多实验都表明，经过简化、强化、同化等机制，谣言在传播过程中会变得面目全非，甚至完全变成了另一则谣言。而网络谣言大都是通过复制、粘贴的方式传播的，因此，它能够最大限度地保持谣言的原貌。还有一些网络谣言不仅有文字，而且有图片，这就增强了它的可信度，扩大了它的影响范围。同时，由于口语不会留下什么物理痕迹，所以传统谣言大都无法找到那个最初的造谣者，一直被看作一种"集体创作"；而网络谣言却不同，我们可以通过技术手段找到那个最早把谣言上传至网络的人，这就为打击制造谣言提供了便利。我们今天对网络谣言的打击，一般也都只追溯到这一点。

（三）网络谣言大量出现的原因

从谣言到网络谣言，谣言的基本内核并没有发生变化，但不可否认的是,在当前这个网络社会,谣言的数量增加了,影响力也变大了。于是,网络谣言问题引起了政府部门和社会舆论的高度重视。但是,"网络谣言"这个概念容易造成一种误解,即网络是滋生谣言的罪魁祸首,打击谣言,就要加强对网络空间的管制。其实不然,当代中国网络谣言大量出现的原因是多方面的,而互联网只是起到了推波助澜的作用。

首先,对于任何一个社会来说,公共事务不透明、政府公信力下降都是谣言大量出现的根本原因。如前所说,谣言产生于信息的供不应求,而供不应求的原因可能有两种:一种是信息供给不足;另一种是供给的信息不为人所信。当一个重大的公共事件发生后,人们急需关于它的信息,这时,如果正规渠道的信息供给不足,各种小道消息就会不胫而走。比如,2011年"甬温线动车事故"发生后,面对公众对合理解释的需求,原铁道部发言人王勇平说,"这是一个奇迹""不管你信不信,我反正信了"。公众的疑惑得不到解答,就会自行寻找更合理的解释,于是各种"集体创作"就出现了。公众之所以对这两句话如此在意,正是他们长期以来期待真相而不得后的受挫心理的一种反应。

公共事务不透明必然会导致政府公信力下降,并造就谣言滋生的土壤。当公共事件发生后,如果政府不能提供一个有说服力的解释,就势必会引发各种猜想。这也可以解释魔术、谍战剧、宫斗剧在中国流行的原因,它们都需要并锻炼一种能力,即"猜"或"琢磨"的能力,这种能力已经成为在当下中国社会生存的必备素质。当然,政府公信力下降也是由其他原因造成的,比如把"维稳"看得高于一切,为了维稳,不仅可以不顾事实,而且可以不顾逻辑。比如,地震发生后,有关部门会出面解释说地震预测是世界级难题,无法解决;而面对地震谣言,有关部门又会出面辟谣说,近期不会发生地震。不可预测地震发生却可以预测地震不会发生,这种明显的自相矛盾势必会造成公信力下降,于是很多人感叹:你不辟谣我还不信,你一辟谣我就信了,并把谣言解释为"遥遥领先的预言"。

古罗马史学家塔西陀说过:"权力得不到正确行使,久而久之,就会失去人们的信任,后来即使正确行使,也不被人们相信。"这种危险被称为"塔西陀陷阱"。公众一旦形成官方惯于隐瞒真相、官方信息不可信等负面刻板印象，就会很难改变，即使有一天官方及时公布了真实信息，人们也会不相信这就是事实的全部。当前，网络谣言的大量出现与"愤怒产业"（outrage industry）的兴起是一致的。所谓愤怒产业，就是指公众对负面社会现象的消费。人们发现，一些事件越是能够引起人们的愤怒，就越能够获得更高的点击率，越具有更大的消费价值。于是，与官方对"正能量"的倡导恰恰相反，网络空间中铺天盖地的都是一些具有"负能量"的社会事件，可以说，网络主流话语与官方话语已经完全分裂。在这样的环境中，官方辟谣往往是无济于事的，因为网络谣言滋生的土壤恰恰也是使辟谣变得无效的土壤。

其次，当代社会运作的复杂化也是网络谣言大量出现的客观原因。1918年，电报的普及使 C. W. 奥曼教授不无得意地宣称："电报问世以来，平时的谣言已不可能再存在下去。这是因为在短时间内就可以发现是否发生了这件事。"[1] 然而，各种新媒介的出现不仅没有终结谣言，还使它大量出现了。这一方面是因为新媒介使我们的眼界不断开阔，未知的领域也相对扩大了；另一方面，是因为当代社会运作的复杂程度越来越高，普通人越来越难以理解了。博伊特曾说："除了根深蒂固的兴趣缺乏外，如果你问一个普通美国人对于政治的看法，就像让一个码头装卸工去解决天体物理学问题。"[2] 他在这里想要表达的是，当代社会的政治问题已经高度专业化了，普通人已经很难形成关于某个问题的个人意见，因此，经典公共领域理论假定的通过公共讨论形成舆论的方法已经行不通了。事实上，不惟政治领域如此，当代社会已经全面复杂化了，对于很多问题，普通人都是只知其然而不知其所以然，比如，金融系统是如何运作的、计算机的工作原理是什么、转基因食品是否有害，等。2011 年"谣盐风波"发生后，很多人提出我国公众常识缺乏的问题——我国 80% 的食用盐是井矿盐，根本不会受到海洋污染的影响。很多人连这种"常识"都不知道，就更不要说其他更为专业的问题了。这种变化造成了人们在很多问题上的轻信，并为谣言的广泛传播提供了客观条件。

最后，我们也不能否认互联网的确增强了谣言的影响力，起到了推波助

---

① 周裕琼：《当代中国社会的网络谣言研究》，商务印书馆 2012 年版，第 35 页。

② Harry C. Boyte（2004），*Everyday Politics：Reconnecting Citizen and Public life*，University of Pennsylvania Press，p. 2.

澜的作用。这不仅表现在互联网使谣言的传播速度更快，影响范围更大；而且，互联网大大增加了谣言的数量和威力。根据 DCCI 发布的数据，2010 年6 月中国互联网发展出现了历史性的拐点，用户产生的内容流量超过网站专业内容流量，前者占互联网总量的 50.7%，后者占 47.32%，这也标志着中国正式步入 Web2.0 时代。[①] 由于传统媒体的信息发布大都需要经过层层把关，在一些社会中，它们还发挥着宣传喉舌的作用，因此它们传播谣言的概率不高。而互联网则弱化了看门人的功能，使每个人都获得了信息发布权，这无疑大大激发了人们的参与热情，尤其是在那些传统新闻媒体受到管制的社会中，网络谣言就呈现井喷之势。

同时，谣言不仅是一种信息传播，也是人与人之间的一种对话和交往，并孕育着转化为社会行动的力量。在互联网出现以前，由于缺少组织和协调的手段，谣言的社会影响大都停留在舆论层面；当权者之所以不得不出面辟谣或公开真相，往往也是因为感到了舆论的无形压力。而互联网不仅为谣言的传播提供了便利的工具，还为人们对谣言的讨论提供了绝佳的平台。在很多情况下，这种讨论都会溢出网络空间而转化为现实世界中的行动。因而，在互联网出现以后，谣言的对抗性格暴露得更加明显了，它与权力之间的冲突也变得更加直接和激烈了，在这种背景下，有学者甚至把谣言看成一种"社会抗议"[②]。或许正是意识到了网络谣言对社会稳定的这种变本加厉的破坏作用，人们才对它给予了前所未有的重视。

（四）网络谣言与实名制

在治理网络谣言的过程中，实名制作为一种对策被提出并付诸实施。在一些人看来，网络谣言泛滥的罪魁祸首是网络的匿名性，因此，消除网络谣言的治本之策乃是推行实名制。这背后隐藏着两条重要的假定：一是网络谣言的内容都是虚假的；二是制造和传播谣言都是有意的，都居心叵测。只有在这样的假定之下，实名制才会对人们在网络空间的言行产生影响。根据以上分析可知，这两个假定都是不成立的，因此实名制并不是治理网络谣言的

---

① 李强、胡宝荣：《当代中国网络思想动态及其反思》，《毛泽东邓小平理论研究》2013 年第 1 期。

② 胡泳：《谣言作为一种社会抗议》，(香港)《传播与社会学刊》2009 年总第 9 期。

有效手段。

其实，早在实名制推行以前，网络交往就表现出了从匿名向实名过渡的趋势。然而，这种实名化趋势主要发生在私人交往中，而在公共讨论中，匿名性的优势是无可取代的。早在互联网出现以前，人们就意识到了匿名讨论的好处，如前所述，在 18 世纪的咖啡馆、沙龙等公共空间中，人们之间的交往就是匿名的。此时，人们选择匿名主要是为了排除社会等级对公共讨论的干扰，使论证的权威压倒社会等级的权威。而在网络交往中，人们选择匿名的主要原因则是担心个人信息暴露可能会给自己带来麻烦。

在不同社会中，人们对待网络匿名的态度是不同的，在那些言论自由得不到切实保障的社会中，人们更看重和珍视网络交往的匿名性。因此，"网络实名制对言论自由的伤害与国家的民主程度成反比，民主化程度越低，则政府利用实名制来限制言论自由的可能性就越大"[①]。这是因为，只有在那些言论自由得不到切实保障的社会中，实名制才会对人们的言论产生实质性的影响；反过来，也只有在这样的社会中，官方才会想到把实名制用作影响人们言论的一种手段。

在中国之前，韩国是世界上第一个也是唯一一个尝试推行网络实名制的国家，然而，韩国的实名制立法于 2012 年宣告废除。韩国实名制的失败给我们带来很多启示。首先，实名制无助于减少网络暴力。2010 年 4 月，在实名制实施近 3 年后，韩国首尔大学一位教授发表了《对互联网实名制的实证研究》，其中的数据显示，在实施实名制后，网络上的诽谤跟帖数量从原先的 13.9% 减少到 12.2%，仅减少 1.7 个百分点。另一份调查显示，在实名制实施两个月后，恶意网帖仅减少 2.2%。可见，实名制并未管住网民的"恶意"[②]。

其次，实名制威胁公民的隐私权、安全权和言论自由权。韩国政府实行网络实名制的初衷之一是保护隐私，2011 年 7 月韩国一家著名的门户网站和一家社交网站被黑客攻击，约有 3500 万网民（接近 2010 年韩国总人口

[①]　周永坤：《网络实名制立法评析》，《暨南学报》（哲学社会科学版）2013 年第 2 期。

[②]　朱景：《网络实名制的全球先行者，韩国为什么失败了》，南方报网，2012 年 1 月 19 日，http：//int. nfdaily. cn/content/2012 - 01/19/content_36711818. htm。

4800 万的 73％）的个人信息外泄，这显然是个绝妙的反讽。此外，韩国首尔大学一位教授的研究显示，以 IP 地址为基准，网络实名制前后，网络论坛的平均参与者从 2585 人减少到 737 人，减幅达 71.5％。基于此，有人提出，"互联网实名制导致的自我审查可能在一定程度上抑制了网上的沟通"①。

最后，网络空间无须过多立法。在当前的主流舆论中，一个常见的说法是网络空间不是"法外之地"。这种说法是没有问题的，的确，在网络空间中的违法犯罪同样适用于一般的法律。但是，主流舆论由此得出的结论是，我们应该加快网络立法的步伐，使网络治理有法可依。但是，同样的前提也可以推出完全相反的结论——既然现实世界中的法律同样适用于网络空间，那么网络空间就无须过多立法。不可否认，网络谣言具有不同的性质和类型，其中有一些是恶意的诽谤，有一些背后有商业推手和网络水军的支持，对于这些网络谣言，我们应该依法打击，必要的时候还应该出台新的法律。但是，在打击网络谣言的同时，我们也应该谨防伤害言论自由，避免出现"寒蝉效应"。

（五）网络谣言是一种社会资本

如何理解网络谣言，直接决定了我们对待网络谣言的态度和做法。我们看到，目前国内学界基本上已经将网络谣言去污名化了，但与此同时，很多人又将网络谣言政治化、敏感化了。卡普费雷的《谣言：世界最古老的传媒》是谣言研究的集大成之作，也是较早被介绍到国内的谣言研究成果之一。书中提出，谣言是对权威的一种挑战，"它揭露秘密，提出假设，迫使当局开口说话。同时，谣言还对当局作为唯一权威性消息来源的地位提出异议"②。很多研究者都从这里找到了兴奋点，并提出了各种各样的理解网络谣言的方法，比如将它看成一种"权力的补偿渠道""弱者的武器""社会抗议""非制度化的政治参与""舆论监督"等③。

---

① 朱景：《网络实名制的全球先行者，韩国为什么失败了》，南方报网，2012 年 1 月 19 日，http://int.nfdaily.cn/content/2012 - 01/19/content _ 36711818. htm。

② ［法］让-诺埃尔·卡普费雷：《谣言：世界最古老的传媒》，郑若麟译，上海人民出版社 2008 年版，第 16 页。

③ 郭小安：《网络谣言的政治诱因：理论整合与中国经验》，《武汉大学学报》（人文科学版）2013 年第 3 期。

不可否认，这些从不同角度对网络谣言的认知都有一定的合理性，很多网络谣言确实可以看作一种"弱者的武器""非制度化的参与"；从客观效果上看，也的确发挥了舆论监督、社会抗议的作用，如 2009 年的"欺实马事件"、2010 年的"我爸是李刚事件"等。但如果我们以此来概括所有的网络谣言，就有以偏概全之嫌了，很多网络谣言虽然也表达了对公共权力的不信任，但我们很难说这些谣言的制造者和传播者是有意在进行一种"舆论监督"或"社会抗议"，它们更多是面对危机时的一种自保行为，比如层出不穷的地震谣言、2011 年的"谣盐风波"等。因此，我们不应该无限拔高网络谣言的政治意义，这一方面与实际情况不符；另一方面也将网络谣言敏感化了，使其更容易招致打击。

那么，我们该如何理解网络谣言呢？在我看来，将网络谣言理解为一种罗伯特·帕特南意义上的社会资本是一种切实可行的方法。帕特南认为，"社会资本指的是社会上个人之间的相互关系——社会关系网络和由此产生的互利互惠和互相信赖的规范"①。简单地说，社会资本就是一种广义的互惠原则，即"我为你做这件事，不期待任何回报，因为我相信以后待我需要帮助的时候，也会有人挺身而出"②。社会资本产生于人与人之间的相互信任和协作，是一种无形的社会财富。如果一个社会缺少社会资本，人们互不信任，以邻为壑，那么就不仅会降低人们的幸福感，而且会大大增加社会运作的成本。

显然，社会资本与信任相关，信任能够增加社会资本。正如卢曼所说，包围人类的社会环境和自然环境太复杂了，必须找出一些简化机制来应对，其中，信任就是这样一种简化系统。它把一些不确定因素悬置起来，就像这些可能不存在一样采取行动。③ 因此，虽然信任意味着冒险，是一种赌博，但它依然为人类社会所必须。如果缺少了信任，我们在社会中就将寸步难行。奥尔波特曾经提议，"我们抵御谣言唯一可靠的办法，就是对所有道听

---

① ［美］罗伯特·帕特南：《独自打保龄：美国社区的衰落与复兴》，刘波等译，北京大学出版社 2011 年版，第 7 页。

② 同上书，第 10 页。

③ ［德］尼克拉斯·卢曼：《信任：一个社会复杂性的简化机制》，瞿铁鹏、李强译，上海人民出版社 2005 年版。

途说的描述持普遍怀疑态度"①。显然,这种对策根本行不通,它会破坏社会资本,使人们的生活成本高昂得无法承受。

而信任与谣言之间的联系也是显而易见的。一般认为,谣言是社会信任危机的一种反映,如果一个社会谣言此起彼伏,那就说明这个社会的信任已经破产。其实,谣言和信任之间的关系要更为复杂。费恩提出:谣言一方面表明对机构的信任已经破产,人们认为权威来源的信息是不完整的或不准确的;另一方面也表明,公民之间拥有一种相互信任,人们认为虽然公共机构的信息是不可靠的,但谣言却是值得信赖的。可以想见,如果公众之间也互不信任,那么谣言就将寸步难行。因此,"谣言是公民社会的一个有机组成部分,在一定意义上,它们促进了社会的稳定。我认为,谣言的规模形成了一个倒 U 形的曲线:适当数量的谣言意味着社会参与、对集体秩序的投入和社会信任;但如果谣言成了主导话语或几近消失了,那就意味着不信任或冷漠(或恐怖)"。② 在一个理想的社会中,谣言是不可或缺的,但它应该维持在适当的规模,不能太多也不能太少。

因此,谣言反映了一种信任的政治:一方面,谣言是社会公众之间相互信任的反映。一个谣言绝迹的社会,要么是一个冷漠的社会,人们彼此互相提防,漠不关心;要么是一个恐怖统治的社会,人们对传递任何小道消息都心存忌惮。另一方面,谣言也表达了对公共权力的不信任。在现代社会中,对公共权力保持适度怀疑是民主政治运作的基本条件,彼得·什托姆普卡甚至认为,民主政治的原则就是对所有权威保持怀疑,是制度化的不信任。③基于此,我们可以把谣言看作一种社会资本。

对于网络谣言来说,我们把它理解为一种社会资本就更为确当了。很多学者都曾提出,谣言是一种集体行动,试图赋予不确定的情境以意义。但在互联网出现以前,这种"集体行动"还缺少组织和协调的手段,谣言主要还是一种线性传播。而互联网却使谣言真正成了一种"集体行动",在网络平

---

① [美]奥尔波特等:《谣言心理学》,刘水平等译,辽宁教育出版社 2003 年版,原著序。

② Gary Alan Fine (2007), "Rumor, Trust and Civil Society: Collective Memory and Cultures of Judgment", *Diogenes*, Vol. 54 (1).

③ [波兰]彼得·什托姆普卡:《信任:一种社会学理论》,程胜利译,中华书局 2005 年版。

台上，人们不仅可以实现谣言的网状传播，而且可以通过"求辟谣""求真相"等方式就谣言的真实性展开讨论，甚至可以引发线下的集体行动。在这种条件下，将网络谣言视为公众探求真相的一种集体行动，就显得更加名副其实了。

最后需要指出的是，将网络谣言理解为一种社会资本，并不是要否定它可能会有的负面意义。正如帕特南指出的那样，社会资本也能够用来做坏事，比如，一些极端组织可以利用社会资本相互协作，实现反社会的目的。同样，网络谣言在发挥社会预警作用的同时，也可能造成极大的社会危害，对此，我们不能视而不见。将网络谣言视为一种社会资本，就是要反对将它污名化、妖魔化，同时也反对将它政治化、敏感化，而是希望把它看成一个社会的有机组成部分。

（六）如何应对网络谣言？

最近一些年来，随着互联网的发展，以及各种社会矛盾的凸显，网络谣言层出不穷，很多都造成了严重的社会恐慌。如今，在几乎每一起网络公共事件发生后，都会有谣言随之而起。如何正确应对网络谣言，已经成为对各级党委和政府部门的严峻考验。显然，只有树立了正确的网络谣言观念，而不再将之视为洪水猛兽，才有望找到正确的应对方法。面对网络谣言，我们既不必过分恐慌，也不可不加分析地一味礼赞。正如有学者所说，"就和一个没有细菌的世界比细菌更可怕一样，一个没有谣言的世界也比谣言更可怕"[1]。随着互联网越来越深地融入人们的日常生活，我们必将与网络谣言相伴而行。在网络谣言出现以后，有关部门的应对需要把握以下原则。

第一，准确把握网络谣言的成因，区别对待不同种类的网络谣言。网络谣言的成因是多种多样的，从动机角度看，大部分都出自无意中的信息误传。在日常生活中，人们每天都会接收和发布大量信息，要求他们逐一去核实这些信息的真伪是不现实的。因此，对于这类网络谣言，有关部门要及时提供权威信息，以正面引导为主。不可否认的是，也有网络谣言是一些人为了达到

---

① 张千帆：《没有"谣言"的世界比谣言更可怕》，共识网，2012 年 6 月 25 日，http://www.21ccom.net/articles/dlpl/szpl/2012/0625/article_62503.html。

某种目的而刻意炮制的,如很多政治谣言、商业谣言等,对于这类谣言,有关部门要借助于各种技术手段查找谣言源头,对造谣者依法严厉打击。

第二,提前研判网络谣言的影响力,采取不同的应对策略。在网络传播时代,社会信息环境鱼龙混杂,各种谣言层出不穷。有研究显示,仅在微信平台上,每天收到的谣言举报就有 3 万余次,日均谣言拦截量达 210 万次。①显然,这些谣言大部分都产生不了什么社会影响,完全可以凭借社会的自净化能力予以消除。对于这类谣言,如果有关部门出面辟谣,反而会助长它的社会影响力,在公众中产生"你不辟谣我还不信,你一辟谣我反而信了"的效果。相反,对于那些有可能产生重大社会影响的网络谣言,有关部门要提前研判,及时出面澄清,以防止谣言的进一步扩散。

第三,及时发布准确、权威的信息,回应公众关切。在任何一个社会中,谣言(小道消息)都与正规渠道发布的信息构成一种竞争关系。一般情况下,公众都更愿意相信正规渠道发布的信息,只有在正规渠道提供的信息不及时、不可靠或不完整时,人们才会相信谣言。因此,每当一个重大公共事件发生后,有关部门都要及时发布准确、权威的信息,以回应公众期待,消除产生网络谣言的隐患。行动迅速、反应及时一直是危机管理的首要原则,在网络谣言形成后,有关部门要在慎重调查的基础上及时回应,一些学者提出了"黄金 24 小时定律""黄金 4 小时法则"等,都是在强调及时回应的重要性。

第四,采取平等对话姿态,重视社会情绪引导。当前,很多网络谣言的传播者与谣言内容都没有直接的利害关系,他们之所以加入到传播者的行列,更多不是出于维护自身利益的考虑,而是为了发泄对社会不满情绪。对于这些网络谣言,仅仅提供准确、权威的信息是不够的,还要重视社会情绪的引导,如果不消除社会对立情绪,政府辟谣的效果就微乎其微,即使平息了一个谣言,也会有其他谣言紧随其后。在辟谣时,政府要采取平等对话的立场,而避免表现出真理在握的姿态,避免将公众视为"不明真相的群众"。在 2011 年"甬温线动车事故"发生后,原铁道部发言人王勇平之所以没能

---

① 《微信:每天收到 3 万次谣言举报》,《信息时报》2015 年 4 月 2 日。

平息谣言，反而引发公众更大的不满，就在于他没能放下身段，与公众进行平等、坦诚的对话，而是用"这是一个奇迹""不管你信不信，我反正信了"来敷衍公众对真相的期待。

第五，转变信息传播方式，增强官方新媒体的影响力。截至2016年7月，中国网民规模已达7.10亿，互联网普及率为51.7%，其中手机网民规模达6.56亿，有92.5%的网民使用手机上网。[①] 在这种背景下，网络谣言治理必须重视发挥新媒体的作用。目前，很多政府部门都开通了官方微博、微信与客户端，截至2015年年底，新浪微博平台认证的政务微博达15.2万个，年发送微博量达2.5亿条，阅读量达1117亿人次。但是，与政务微博快速发展形成反差的，则是良莠不齐的现状。不常更新的"僵尸账号"、自说自话的"官腔账号"、不负责任的"应付账号"，已成为遭网友诟病的三大短板。[②] 为了应对网络时代的挑战，提高官方话语在社会舆论场中的影响力，有关部门要切实重视发挥新媒体的作用，而不能一开了之。

---

① 中国互联网络信息中心：《第38次中国互联网络发展状况统计报告》，中国互联网络信息中心网站，2016年8月3日，http://www.cnnic.net.cn/hlwfzyj/hlwxzbg/，最后访问时间：2016年12月23日。

② 于洋：《政务微博待补三大短板》，《人民日报》2016年1月28日。

第六章 网络传播与虚拟社区的建构

与大众传播相比，网络传播带来的一个革命性变化是，它开创了一种"多对多"的信息传播方式，这也就意味着，它能在特定人群之间建立起一种彼此交织的联系，并借此将人们聚合起来。20 世纪 90 年代，随着西方社会中各种传统的人际联系纽带的相继解体，人们的公共参与热情跌至谷底，在这种背景下，很多学者都对网络传播的人际聚合能力抱有很高的期待，正如有学者所说，"在过去几十年中，人们一直在讨论美国政治生活的健康问题，很多人都把在线社区看成医治地区性社区纽带和公民参与衰落的良方"[1]。他们关心的是，网络传播能否重新点燃人们的参与热情，将社会中处于个体化生存状态的人重新聚合起来，并在网络虚拟空间中建立起一种新的社区形式？因此，在互联网出现之初，人们就对虚拟社区表现出了极大的研究兴趣。

1993 年，莱茵戈尔德根据自己在 The WELL 网络会议室中的参与经验，写成了他的经典著作《虚拟社区》，开启了虚拟社区研究的序幕。在这本书中，他并没有给虚拟社区下一个严格的定义，而是对它做了一番描述。在他看来，虚拟社区是由一群主要借计算机网络彼此沟通的人们所形成的团体，他们彼此之间有某种程度的认识，分享某种程度的知识和信息，在一定程度上如同友人般互相关怀。被称为"因特网第一夫人"的埃瑟·戴森则提出，"虚拟社区是以某一万维网站、邮件清单或新闻组等为中介进行的对话和交

---

① Felicia Wu Song, *Virtual Communities*: *Bowling Alone*, *Online Together*, New York: Peter Long Publishing, Inc. , 2009, p. 2.

流"，在其中，"人们需要做的只是彼此寻找、分享个人自己的兴趣与目标"①。从这些描述中可以看出，与传统的社区形式相比，虚拟社区的一个最大特点是，它不再以地域接近性为条件，而是以共同兴趣和需求为纽带，将人们联系起来。随着互联网的发展，各种形式的虚拟社区层出不穷，如网络论坛、讨论组、聊天室、互动游戏、博客、微博、微信朋友圈等。

在今天的社会中，个体化已经成为一种愈演愈烈的发展趋势，"独自打保龄"即是对这种社会生活状况的形象化描绘。与此同时，各种以网络为中介的社会交往形式方兴未艾，人们越来越多地依赖于互联网来获取信息、参与对话并寻求认同。鉴于这种变化，很多学者提出虚拟社区已经成为一种重要的公共论坛，它与历史上的咖啡馆、剧院和沙龙等曾经发挥的作用是一样的。然而，也有一些学者并不这么乐观，他们忧虑地指出，虚拟社区成长为公共论坛的潜能是十分有限的。这是因为，虚拟社区大都是由拥有相同兴趣和需求的人组成的，因此，其成员的同质化程度较高，很难产生真正的观点交锋，"这些群体的成员几乎不去讨论他们的核心价值或目标，因为它在一开始的时候就已经被确定下来了"②。还有学者提出，由于人们在网络空间中的身份是流动的、可变的，所以虚拟社区缺少妥协和让步的条件，当它的成员之间出现分歧和冲突时，人们更容易选择退出，而不是继续进行更深入的讨论。通过这些简单的描述即可看出，在虚拟社区的公共性问题上，目前人们还褒贬不一、莫衷一是，为此，我们将在以下部分对这一问题进行探讨。

一　虚拟社区与"事件公众"的兴起

在哈贝马斯的《公共领域的结构转型》为英语世界所了解以后，学者们对它给予了很高的评价，同时，也对它提出了各种各样的批评。在这些批评意见中，与我们此处的论述最为相关的是，有人指出哈贝马斯的公共领域概

---

① ［美］埃瑟·戴森：《2.0版：数字化时代的生活设计》，胡泳、范海燕译，海南出版社1998年版，第54页。

② Peter Levine, "The Internet and Civil Society", in Verna V. Gehring (eds.), *The Internet in Public Life*, Rowman & Littlefield Publishers, Inc. , 2004, p. 90.

念常常以单数形式出现,它假定存在一个处于国家和社会之间的单一的、无所不包的公共领域,而在现实生活中,公共领域总是以复数的、多元的形式存在的。尼古拉斯·加汉姆(Nicholas Garnham)批评说:"他的理性主义公共交流模型使他不能形成多元主义的公共领域理论,使他忽视了在那些存在着严重分歧和冲突的政治立场之间需要持续不断的妥协。"① 这种批评提醒我们,在任何一个社会中,都不存在一个全国性的、单一的公共领域。公共领域总是具体的、多元的,可以被划分为不同的群体、主题和类型。与此相应的是,所谓"公众"也不是一个铁板一块的整体,而是由许许多多的"小公众"组成的。

(一)从媒体事件到新媒体事件

在具体的公共领域的形成过程中,或者说,在私人聚合为"小公众"的过程中,社会事件一直扮演着一个十分重要的角色。"在大众传媒出现之前,人们在关心、讨论、辩论某些事件的过程中形成公众。在现代传媒发达的今天,仍然是这样。所不同的是,现代社会越来越需要经由大众传媒方能'产生'这样的事件。"② 也是基于同样的认识,戴扬提出,不是传媒而是问题才是形成公众的中心,正是以共同关心的问题为纽带,人们才得以彼此联系起来,并形成了各种各样的共同体。在《媒介事件》一书中,戴扬和卡茨还将这些具有社会聚合力量的媒介事件分为三种主要的类型,即"竞赛""征服"和"加冕"。③

然而,在互联网出现以前,围绕某个具体的媒体事件所形成的公众只是一种"想象的共同体",除非人们亲自走到一起,就这些事件展开面对面的讨论,这些公众都只是一种隐性的存在。虽然这些隐性公众的意义是不容忽视的,但它们终究难以发挥直接的社会影响。此外,不管是"竞赛""征服"还是"加冕",传统的媒体事件都旨在引发人们的欢呼和认同,在这种情况

---

① Nicholas Garnham, "The Media and the Public Sphere", in Craig Calhoun (eds.), *Habermas and the Public Sphere*, The Massachusetts Institute of Technology, 1992, p. 360.

② 徐贲:《传媒公众和公共事件参与》,见陶东风、周宪主编《文化研究》第 6 辑,广西师范大学出版社 2006 年版。

③ [美]丹尼尔·戴扬、伊莱休·卡茨:《媒介事件》,麻争旗译,北京广播学院出版社 2000 年版。

下，公众内部的差异和分歧被掩盖了。而在各种新媒体事件中，公众不再是铁板一块的整体，面对同一个事件，他们的立场和观点出现了分化，因此彼此之间既有协作，也充满激烈的对话甚至是对抗。如果说传统的媒体事件是经过精心组织策划的，它事先规定了受众的反馈；那么新媒体事件则无法预知公众的反应，充满了不确定性。

由于网络传播不仅克服了地域的限制，而且还为人与人之间的直接交流提供了可能，所以在互联网出现以后，尤其是在进入 Web2.0 时代以后，事件公众才得以浮现出来，成为一种真真切切的社会存在。如今，每当社会中出现一个重大的公共事件后，人们都会在网络空间中自发地聚集起来，以论坛、讨论组、博客、微博等平台为阵地，展开各种形式的对话和交流。可以说，这些以社会事件为中心和纽带的网络论坛已经成为一种最具公共性的虚拟社区形式，事件公众也已成为当代社会中的一股不可小觑的政治力量。

与传统的公众相比，这些存在于虚拟社区中的事件公众有着自身的特点。首先，正如"事件公众"一词所表明的，他们是通过对一个具体的社会事件的共同关注彼此联系起来的，因而他们讨论的话题非常具体和集中；其次，由于摆脱了空间的限制，所以事件公众的规模一般都十分庞大，一些重大的社会事件甚至能够集结起全国乃至全球范围内的参与者；再次，在通常状况下，这些事件公众都处于一种匿名状态，人们彼此之间无从得知对方的身份信息，每个人都完全凭借自己的观点赢得赞同或反对，这就有利于实现公众之间的平等对话；最后，由于虚拟社区几乎不会对它的成员进行任何限制，人们参与和退出讨论的成本都很低，所以事件公众从来都不是一个稳定的群体。它的流动性表现在，人们不仅可以随意进出，而且还可以自己决定自己的参与程度。

如此一来，事件公众就获得了前所未有的包容性，一方面，它使彼此相距遥远的人们获得了直接对话的可能，而这在互联网出现以前几乎是不可想象的；另一方面，它在很大程度上抹平了人们在现实社会中的身份差异，实现了公众之间的平等交流，现在，不管是专家学者，还是贩夫走卒，都可以在同一个平台上表达自己的观点，并进行平等的意见交锋。正如陶东风所说，"公共领域中流通的是公众的意见而不是哲学家的'真理'或专家的

'学院知识'。或者说,一旦进入公共舆论领域,专家的观点也就变成了意见,专家的身份也就变成了公众"①。从这个角度看,虚拟社区甚至比哈贝马斯所论述的剧院、咖啡馆等更接近于公共领域的理想范型。

(二)从社区到虚拟社区

然而,作为一种公共论坛,虚拟社区也并非没有自身的缺陷,它难以化解的难题之一就是信任问题。显而易见,不管对于哪种类型的公共论坛来说,真诚和信任都是理性辩论的前提,由于虚拟社区完全是由"陌生人"组成的,所以它更依赖于成员之间的相互信任。但是,"在虚拟世界里,匿名性和流动性都带来了'随进随出''匆匆而过'的关系。电脑互联通讯的这种散漫性正是它得到一些网民欢迎的原因,但这也抑制了社会资本的形成。如果人们可以随进随出,那么承诺、信任、互助等关系就发展不起来"②。迈克尔·海姆也认为,脸是责任的源泉,缺少了面对面的交流,人与人之间就很难形成一种义务感,"肉眼是建立信任的邻居的窗口。没有人脸的直接经验,伦常的知觉便缩减了,而粗鲁却进来了"③。就此而言,网络交往的匿名性的确是一把双刃剑,它一方面可以解除人们的各种顾虑和禁忌,带来更有质量的对话;另一方面也弱化了人们的责任意识,损害了网络空间中的人际信任。正如我们所见,每当社会中出现一个重大事件后,人们都会在虚拟社区中展开热烈的讨论,虽然这些讨论的意义是不容忽视的,但我们也不能对其中存在的问题视而不见。其中最为突出的是,由于缺乏相互信任,很多人在遇到与自己不同的观点时,都不是去认真清理和反驳对方的观点,而是去揣测和质疑对方的动机,并简单粗暴地将之认定为居心叵测。显然,人们一旦将对方的动机认定为不纯的或险恶的,那么,人与人之间的进一步对话和交往也就终止了。就中国的情况而言,我们最为常见的是存在于所谓"五毛党"和"带路党"之间的相互攻击和污蔑。

---

① 陶东风:《论文化批评的公共性》,《文艺理论研究》2012年第2期。

② [美]罗伯特·帕特南:《独自打保龄:美国社区的衰落与复兴》,刘波等译,北京大学出版社2011年版,第203页。

③ [美]迈克尔·海姆:《从界面对网络空间——虚拟实在的形而上学》,金吾伦、刘钢译,上海科技教育出版社2000年版,第105页。

此外，与传统的社区相比，虚拟社区的另一个突出特点是成员的同质化。很多学者都曾指出，虚拟社区是一些"以问题为基础的群体"（issue-based groups），也就是说，它不再以血缘或地缘关系为纽带，而是靠对某一问题或事件的共同关注而将人联系起来。由此造成的结果是，一方面，虚拟社区的成员在很多方面都千差万别，他们既不必相互接近，也不必有共同的文化遗产或共同的记忆；但另一方面，由于人们可以主动选择加入或退出某个虚拟社区，所以虚拟社区的成员在某些方面又具有高度的同质性。正如有学者所说，"虚拟社区一方面具有传统社区中的凝聚力，打动人们心中对社区亲密感觉的追寻；另一方面由于匿名性与化身的特性，它又具有现代社会的流动性，以及自由连接的特性"[1]。这也就意味着，除了相同的兴趣和相似的立场外，虚拟社区并不依靠任何强制力量将其成员束缚在一起。因此，与传统社区相比，虚拟社区对其成员的忠诚度要求较低。当人们在虚拟社区中能够找到一种归属感和认同感时，他们就会待在那里；反之，他们则可以随时退出。如果说在传统社区中人们不得不与各种各样的人打交道，遭遇各种各样的立场和观点，那么，网络传播则使人有机会建立起一些乌托邦式的社群，即一些过滤掉了不同立场和观点的同质化社区。

如果一个虚拟社区完全是由同质化的成员组成的，那么，其中虽然也会存在人际交往，但这种交往几乎不具有任何公共意义，对此，很多学者都曾做出过深刻的分析。比如，理查德·桑内特提出，在那种"不文明"的现代共同体中，人们会尽量避免和外来者、陌生人接触，他们共享的行动也越来越集中在决定谁属于共同体、谁不属于共同体上。"群体中的人们通过拒绝那些并不处在群体之内的人而获得了一种友爱的感觉。这种拒绝为群体创造出一种独立于外部世界、免遭外部世界打扰的要求；群体因而不再要求外部世界发生改变。"[2] 在他看来，由于这类共同体的内部团结恰恰是通过排斥"外来者"而得以完成的，所以，破裂和内部分化就成为这种友爱的必然结果，也就是说，这是一种导致自相残杀的友爱。正如很多学者指出的，"使

① 翟本瑞：《从社区、虚拟社区到社交网络：社会理论的变迁》，《兰州大学学报》（社会科学版）2012 年第 5 期。

② ［美］理查德·桑内特：《公共人的衰落》，李继宏译，上海译文出版社 2008 年版，第 338 页。

公共领域充满活力的是,人们总是遇到一些未曾预期的交往形式,其中,并非所有都是令人愉快的,也并非所有都是人们主动寻求的"①。相反,在一个同质化的群体中,虽然人与人之间也会进行相互交往,但这种交往不仅不可能纠正群体成员既有的偏向,还会把这种偏向推向更加极端的境地。这也就是凯斯·桑斯坦所说的"群体极化"现象,即"团体成员一开始即有某些偏向,在商议后,人们朝偏向的方向继续移动,最后形成极端的观点。在网络和新的传播技术的领域里,志同道合的团体会彼此进行沟通讨论,到最后他们的想法和原先一样,只是形式上变得更极端了"②。虽然我们并不认为所有的虚拟社区都是由同质化的成员组成的,但不可否认的是,由于网络传播不仅使人更容易找到那些与自己志趣相投的人,而且还使人更容易屏蔽掉那些与自己不同的人,所以它本身确实孕育着形成同质化社区的风险。

　　最后,虚拟社区,尤其是那些由事件公众组成的虚拟社区存在的另一个突出问题是,它们的讨论很难持久和深入,通常情况下,它们都会随着问题的解决或失去新鲜感而逐渐淡出人们的视野。在网络时代,虽然大型传媒组织在设置公众议程方面的垄断地位被打破了,但它在引导和决定公众议程方面的强大作用仍然不可小觑,一些实证研究发现,即使是最具个人性的博客写作,其谈论的话题也往往受到主流新闻媒体的强大影响。毫无疑问,在商业利益动机的驱使下,大型传媒组织具有一种追逐社会新奇事件的本性,在很大程度上,它们对社会热点事件的态度是消费性的。因此,随着社会热点事件不断地"推陈出新",事件公众通常也都是来去匆匆,他们既可以在短时间内迅速集结,也会随着新的社会热点事件的出现一哄而散。在《流动的现代性》中,鲍曼曾描述过一种"衣帽间式的共同体"(cloakroom community),他提出,借助于一个共同感兴趣的公开展示的场面,一群在其他方面互不相干的人能够暂时联系起来,但是,这并不是说他们已经熔铸为一个真正的共同体,因为随着表演场面的结束,人群就一哄而散了。在他看来,

---

①　Richard Ling, *The Mobile Connection : The Cell Phone's Impact on Society*, San Francisco : Morgan Kaufmann, 2005, p. 193.

②　[美]凯斯·桑斯坦:《网络共和国:网络社会中的民主问题》,黄维明译,上海人民出版社 2003 年版,第 47 页。

"迅速扩大的共同体，是打破平日离群索居的单调生活的场合，并且像所有的表演活动一样，能让他们发泄被压抑的力量，并能让寻欢作乐者，更好地去忍受在喧闹时刻结束之后他们必须回到的日常生活"[1]。因此，这种"衣帽间式的共同体"只具有一种心理抚慰功能，而不具有任何公共意义。对于我们认识事件公众以及由他们组成的虚拟社区来说，鲍曼的这种分析是颇具启发意义的。

（三）从公众到事件公众

当然，我们在此对虚拟社区的各种弊端进行分析，并不是要否定它成长为公共论坛的潜能，而是要指出它在实现这种潜能的过程中可能会面临的障碍。尼葛洛庞帝曾经提出，"网络的真正价值正越来越和信息无关，而和社区相关"[2]。如今，这一预言已经变为现实。在Web2.0时代，我们与其说互联网是人们获取信息的工具，不如说它是人们进行交往和互动的工具，借助于这样的交往和互动，各种各样的虚拟社区应运而生，并在当代社会的政治生活中发挥着越来越重要的作用。与此相应，传统的进行面对面交往的公众也逐渐为事件公众所取代。

作为一种公共论坛，由事件公众所组成的虚拟社区的优势是显而易见的。首先，由于网络交往的去身体化特点，虚拟社区不仅有利于实现成员之间的平等对话，而且还解决了长期以来一直困扰着公共讨论的规模问题。如果说"屋子里装不下所有人"曾经是系统性地将一部分人排除在公共讨论之外的理由，那么，虚拟社区则使这种排除失去了正当性和可能性；其次，在虚拟社区中，人们不是进行面对面的即时沟通，而是有一定的时延来组织自己的发言，这就给慎议留下了充足的时间，有助于提高公共讨论的质量；最后，由于虚拟社区大都是一些"以问题为基础"的群体，人们加入哪个社区完全是一种主动选择，所以在虚拟社区中人们讨论的话题更加集中；同时，从总体上看，虚拟社区的成员还更加活跃，这是因为，在这些他们感兴趣的话题上，他们不仅有更多的话要讲，而且还更关心别人说了什么。

---

① ［英］齐格蒙特·鲍曼：《流动的现代性》，欧阳景根译，上海三联书店2002年版，第311页。

② ［美］尼葛洛庞帝：《数字化生存》，胡泳译，海南出版社1997年版，第214页。

　　那些由事件公众组成的虚拟社区的另一个突出特点是,它们常常能够通过对某一具体事件的讨论,生发出一个具有普遍性的公共议题。很多学者都曾指出,长期以来,人们参与公共讨论的积极性之所以不高,除了根深蒂固的兴趣缺乏外,还与现代社会运作的复杂性有关,也就是说,这种复杂性已经远远超出了普通人的理解能力,让人望而生畏,人们不是没有兴趣,而是没有能力参与公共讨论。与那些宏大而高深的公共议题相比,社会事件显然更容易为人所理解,也更容易激起人的共鸣,因而,它们具有更强大的社会动员能力,能够广泛吸引社会各阶层成员参与讨论。通常情况下,这些事件公众借助于持续不断的讨论和"围观",不仅能够形成强大的舆论压力,促成事件的妥善解决,而且还能够引发人们对诸如此类问题的关注,并从这些具体事件中提炼出一个相关的公共议题,从而发挥更大的社会影响。正如雷米·里埃菲尔所说,公共议题都是由具体事件引发的,"所有的公共问题(我们也可以称之为社会问题)既不是偶然出现的,也不是由事先组合好的公众承担的,它们只有当某些人深陷困境、并将此确认为真正的麻烦时才出现,他们逐渐行动起来将其变成普遍的利益问题,以呼唤公共权力来解决这些问题"①。因此,我们绝不能贬低那些由事件公众组成的虚拟社区的意义,它们不仅降低了人们的参与门槛,激发了人们的参与积极性,而且还蕴含着生成公共议题的潜能。

　　在新媒体事件不长的历史中,的确有过很多成功的案例,即人们通过对一个具体事件的关注,提炼出一个公共议题,并促成相关问题的解决,如2003年,"孙志刚事件"促成收容遣送制度的废除。但是大部分新媒体事件最后都不了了之。与经典公共领域理论所假定的公众相比,事件公众在影响社会方面有一些优势,同时也存在一些致命的缺陷,影响了其公共性的发挥。

　　第一,新媒体事件引起公众关注的时间越来越短,各领风骚三五天,随着新的热点事件的出现,公众就会一哄而散,被另一个媒体事件吸引过去。

---

　　①　[法]雷米·里埃菲尔:《传媒是什么:新实践·新特质·新影响》,刘昶译,中国传媒大学出版社2009年版,第135页。

在新媒体时代，人们的注意力变得越来越短暂，记忆变得越来越健忘。新媒体事件的一个突出特点是，在短时间内吸引大量关注，然后迅速被遗忘，刚刚发生不久的事件，就会完全淡出人们的视野和记忆，仿佛已经是过去很久的事情。比如，2015 年 6 月 1 日"东方之星"号客轮沉没事件、2015 年 8 月 12 日天津港爆炸事件，都是刚刚过去 1 年多时间，但它们在人们的记忆中却好像已经过去了好多年。事件公众就像是新时代的乌合之众，缺少持续关注的耐心，在应对网络舆情时，很多管理部门也已摸索出一条经验，那就是冷处理，不去理会，舆论狂潮也会自然消退。

第二，人们对这些新媒体事件的关注态度主要是消费性的，主要是为了宣泄情感甚至是娱乐。格雷姆·特纳曾经提出"愤怒产业"概念，即一个新闻事件越是能够激发公众的愤怒情绪，越是会产生更高的点击率，越具有消费价值。因此，与官方对网络正能量的倡导相反，我们会发现网络空间中充斥着各种各样的负能量，如各种耸人听闻的暴力、色情、贪腐等。据此，还有学者提出了"怨恨批评"概念。"没有积极目标的、不分青红皂白的'怨恨批评'，并非真想消除不良现象，只是以此为借口，而且，对于所抨击的状况的任何改善，不仅不能令人满意，反而只能导致不满，因为它们破坏了谩骂和否定所带来的不断高涨的快感。怨恨批评不会对内在价值和品质做出任何的肯定、赞赏和颂扬，仅是一味的否定、贬低、谴责"①。对于很多人来说，新媒体事件的意义主要在于为"吐槽"提供了机会和材料。在研究新媒体事件时，杨国斌曾提出过两种情感动员模式，即悲情和戏谑。在理解当前的网络文化时，另外两个概念或许更加准确，即自恋和吐槽。尤其是吐槽，它甚至已经成为人们关注新媒体事件的主要心理动机。很多人对跟帖和评论的关注已经超过了新闻事件本身，因为一些神回复、神吐槽已经成为一种重要的娱乐资源。

比如，在"青岛天价虾事件"中，就出现了很多网络段子，比如"中国新土豪四大标准"：敢扶大爷大妈、敢拍马云涂鸦、敢买新疆切糕、敢点青岛大虾。还有开发商打出巨幅促销广告：77—137 平米，3 万—5 万，150 只青

①　成伯清：《从嫉妒到怨恨——论中国社会情绪氛围的一个侧面》，《探索与争鸣》2009 年第 10 期。

岛大虾每平米起;成交送 789 只青岛大虾。在我们看来,类似青岛宰客事件在全国各地每天都在发生,青岛大虾之所以成为热点,就在于它太具有戏剧性了,一个本来应该出现在喜剧作品中的桥段,却在现实生活中真实地发生了,为人们的吐槽提供了绝好的机会。有人提出,山东花巨资打造的好客山东形象毁于一盘大虾,其实事情并没有那么严重,因为人们并没有严肃地对待它,我相信它也不会对青岛的旅游和城市形象造成太大的影响。

"青岛天价虾事件"出现后,青岛大虾 38 元/只广为人知,
有房地产开发商将房价置换成了大虾数量。

　　第三,事件公众体现出虚拟空间与现实世界之间既融合又分裂的悖论。融合的一面表现在,虚拟空间不再被看成一个异度空间、一个远离现实世界的飞地,而是与人们的现实生活紧密交融。尤其是在各种社交媒体出现以后,人们的线上生活和线下生活已经彻底连为一体。与此同时,也存在另一种相反的趋势,即虚拟空间与现实世界的分裂。这主要表现在,很多人在虚拟空间中与现实世界中呈现出完全不一样的自我,他们在网络上充满正义感,敢说敢言,一旦回到现实世界,就会变得循规蹈矩。

　　总之,虽然虚拟社区在很多方面都不符合哈贝马斯提出的"理想的言说情景",但我们并不能就此否定它们的积极意义。"虚拟社区就是人们结成社会关系的另一种全新的可能选择。它使社会关系进行了数字化和虚拟化的编码与解码,从而在新质的基地上建立起了与现实社区相异的景观——一个全新的公共领域。"① 在当代社会中，随着实体性公共空间的大量消失和死亡，人们的很多公共论坛已经移居至网络虚拟空间中。各种各样的虚拟社区不仅满足了人们对归属感的渴望，而且还发挥着越来越重要的社会影响。尤其是在那些结社自由得不到充分保障、线下的公共论坛十分匮乏的社会环境中，虚拟社区的存在就显得更为重要了。

二　虚拟社区中的娱乐与政治

有一种根深蒂固的观念认为，娱乐与政治是相互对立的，前者是一种快感消费，而后者则是一种理性协商；前者是一项孤独的个人行为，而后者则是一项集体完成的事业，与这种对立相关的还有消费者与公民之间的对立、大众文化与严肃艺术之间的对立等。正如我们所见，很多学者对娱乐、消费或大众文化的批判都是建立在这种假定之上的。比如，霍克海默和阿道尔诺对文化工业的批判就隐含着这种假定，在他们看来，文化工业为人提供了娱乐，但这种娱乐"意味着什么都不想，忘却一切忧伤。根本上说，这是一种孤立无助的状态。其实，快乐也是一种逃避，但并非如人们认为的那样，是对残酷现实的逃避，而是要逃避最后一丝反抗信念。娱乐所承诺的自由，不过是摆脱了思想和否定作用的自由"②。可以看出，他们对文化工业的批判并非着眼于它在审美上或道德上的缺陷，而是着眼于它在政治上造成的恶劣影响，即文化工业制造的娱乐产品给人提供了一种虚假安慰，使人失去了对现存秩序的否定和批判能力，造成了一种反启蒙的效果。对于这种对立关系，鲍曼的表达更加直言不讳，他提出，"消费者的兴起是公民的没落，越是有技巧的消费者，越是愚蠢的公民"③。在他看来，消费完全是一项孤独的个人行为，即使许多人在一起进行时也是这样，因此，消费主义的兴起加剧了公共生活的衰落。

---

① 徐世甫：《主体技术·拟象·公共领域——论虚拟社区》，《社会学研究》2006 年第 5 期。
② ［德］马克斯·霍克海默、西奥多·阿道尔诺：《启蒙辩证法》，渠敬东、曹卫东译，上海人民出版社 2003 年版，第 161 页。
③ ［英］齐格蒙特·鲍曼：《工作、消费、新穷人》，仇子明、李兰译，吉林出版集团有限责任公司 2010 年版，第 4 页。

（一）大众娱乐批判

在这种观念的影响下，很多学者都对虚拟社区的政治功能和公共意义提出了质疑。他们认为，人们对娱乐快感的追求遮蔽了虚拟社区的政治功能，我们与其将虚拟社区的成员看成公民，不如将他们看成消费者；我们与其说他们在进行一种政治参与，不如说他们只是在进行一种娱乐消费——只不过这些消费的对象是由一类特殊的原料制成的，即公共事务。在他们看来，即使我们不能说虚拟社区仅仅具有一种娱乐功能，至少也可以认为，人们对娱乐快感的追求侵蚀和削弱了虚拟社区的政治功能和公共意义。有学者甚至提出，我们将那些在线交往群体称为"社区"本身就是不合适的，"不管我们所说的是什么——新闻组、邮件列表或聊天室，互联网上的虚拟社区在任何意义上都不能被称为社区，因为社区的成员拥有更多共同的东西，而不仅仅是一个狭窄的共同感兴趣的话题"[1]。我国台湾学者陈仲伟也持有相似的观点，他提出，我们不应该用"虚拟社区"来称呼那些在线交往群体，而应该代之以"网路主题乐园团体""因为许多人所建立的并不是社群，而是属于自己的主题乐园团体。在个人主义化的社会结构中，许多人经营网站、BBS或其他的网路媒介的运作是一种着重于自我表现，主题乐园团体是一种'just for fun'，以个人的感受为核心的存在"[2]。也就是说，人们加入在线交往群体通常都不是出于一种公共关怀，而是为了表现自我。相比于公共问题，他们更关注的是参与给人带来的快感，以及这种参与对自我身份的建构作用。

公允地说，这种批评并不是毫无根据的，的确，与人们通常所理解的公共论坛相比，无论在讨论的话题方面，还是在讨论的方式方面，虚拟社区都不仅显得更加轻松随意，而且还具有更多的娱乐成分。一方面，随着所谓"新政治文化"的兴起，传统的阶级政治和政党政治逐渐式微，人们的公共参与热情逐渐向社会问题领域转移。在这种社会大背景下，人们在虚拟社区中讨论的话题大都不再是高深莫测、让人望而生畏的政治议题，而是与人们的日常生活有着更加紧密联系的社会问题。这些社会问题降低了人们参与的

---

[1]　William A. Galston, "The Impact of the Internet on Civic Life: An Early Assessment", in Verna V. Gehring (eds.), *The Internet in Public Life*, Rowman & Littlefield Publishers, Inc. , 2004, p. 63.

[2]　陈仲伟:《重思网路社群:网路主题乐园团体》,《资讯社会研究》2005 年第 8 期。

门槛，激发了人们的参与热情，使虚拟社区中的讨论显得不那么整饬有序，而是呈现出一派众声喧哗之象。另一方面，在匿名性的保护下，很多社交礼仪对人的约束解除了，加之网络交往不必即时互动的特点，使人有充足的时间斟酌自己的发言、运用更多的修辞手段。因此，与面对面的即时互动相比，人们在虚拟社区中的交往不仅更加随意，而且还具有更多的表演色彩。在很多人的意识中，公共讨论往往需要人板起面孔，进行严肃认真、正经八百的理性协商；而在虚拟社区中，人与人之间的讨论则显得更加轻松随意，充满着嬉笑怒骂、插科打诨。毋庸讳言，虚拟社区具有更多的娱乐成分，不管是表达者还是围观者都能体验到更多的愉悦和快感，在人们加入虚拟社区的动机中，有很大一部分就是为了追求这种愉悦和快感。

因此，这里的关键问题就在于，娱乐与政治是不是水火不容？娱乐成分的加入是不是必然会损害公共讨论的质量？在这些问题上，很多经典理论家都做出了肯定的回答。比如，在大众传媒批判传统中，有相当大一部分火力就集中在它的商业化和娱乐化趋势上，在很多人看来，大众传媒的商业化和娱乐化必然会损害它的政治功能和公共意义。当大众传媒不再把受众定位为公民，而是定位为消费者时，它就会千方百计地迎合大众的消费需求，俯就大众的消费品位，而不再致力于为人提供有用的信息，不再致力于提升大众参与公共事务的能力。即使为人提供信息，大众传媒也会为它包裹上一层娱乐的外衣，以吸引更多的受众。于是，信息和娱乐之间的界限越来越模糊不清，各种媒体上的严肃新闻越来越少，而一种被称为"信息娱乐"（infotainment）的杂交节目类型却大行其道。在很多学者看来，这种"信息娱乐"不仅是彻头彻尾的娱乐，而且还消解了信息的严肃性，培养了人们对信息的消费态度，具有十分恶劣的社会影响。

对于这种趋势，哈贝马斯批判说："以所谓富有人情味的故事为共同名称，出现了令人愉悦同时也易为人所接受的娱乐材料的混合体。这些材料逐渐以消费的充足度替代现实的可信度，从而导致对娱乐的非个人消费，而不是对理性的公共运用。"[1] 在他看来，公共领域中的讨论应该是理性的、清晰

---

[1]　［德］尤尔根·哈贝马斯：《公共领域的结构转型》，曹卫东等译，学林出版社 1999 年版，第 196 页。

的，为了达此目的，人们甚至应该避免使用任何修辞手段；而娱乐显然并不诉诸人的理性，而是诉诸人的激情。因此，政治与娱乐是相互对立的，大众传媒娱乐性的增加必然会导致政治性的衰弱。其实，这种将大众娱乐与政治对立起来的做法同样也存在于阿伦特那里，她提出，"大众社会不需要文化，只需要娱乐，社会像消费其他商品一样消费着娱乐工业提供的玩意。供娱乐的产品是为社会的生命过程服务的，即使它们不是像面包和肉那样的生活必需品"①。这也就是说，大众娱乐是私人性的，它满足的是人的生物性需求，即使一种娱乐为全民所共享，它也不可能具有公共性。而众所周知的是，阿伦特十分强调公共领域和私人领域之间的清晰边界，在她看来，公共领域是专门为政治活动准备的，因此，大众娱乐与政治之间也应该保持井水不犯河水的关系。

（二）政治与娱乐必然矛盾吗？

在我们看来，娱乐与政治并不矛盾，那种将它们完全对立起来、并鄙弃娱乐的做法，反映出的是现代知识分子的理性主义和精英主义偏见，就其原初意义而言，政治活动本身就具有娱乐的成分。正如阿伦特所说，在理想的意义上，政治活动并不是功能性的，也就是说，它不是人们达到某种目的的手段，而是其本身就能给人带来一种在别处体验不到的幸福感，即公共幸福。人们参与政治活动并不是为了达到某种外在目的，而是为了体验参与过程本身给人带来的愉悦。在这种意义上，政治活动与那些表演艺术具有很多相同之处：一方面，它们都没有一个最终的成品，或者说，它们的成品就存在于活动持续的过程之中；另一方面，它们都依赖于他人的在场，都需要一个组织起来的公共空间。阿伦特还发现，"希腊人总是喜欢用吹笛、跳舞、治疗、航海等来比喻政治活动，并以此将它与其他活动区别开来，也就是说，他们把政治活动比作那些需要精湛表演技艺的艺术"②。可以看出，在其原初的意义上，政治活动就是一种自我表现，它不仅不排斥愉悦，而且其本身就能给人带来一种最高的愉悦。在我们看来，那种将娱乐与政治完全对立

---

① ［美］汉娜·阿伦特：《过去与未来之间》，王寅丽、张立立译，译林出版社 2011 年版，第 190 页。

② Hannah Arendt, *Between the Past and Future：Six Exercises in Political Thought*, New York：The Viking Press，1961，p. 153.

起来、并严格提防娱乐对政治的腐蚀作用的观念，恰恰是由现代社会以来政治的功能化趋势所造成的偏见。因此，娱乐性与公共性并不矛盾，我们不能因为虚拟社区具有更多的娱乐成分就否定它的政治功能和公共意义。

事实上，我们也不可能将信息与娱乐、快感消费与政治参与严格分离开来。比如，在古希腊，雄辩术就是一种说话的艺术，为了达到说服人的目的，人们在演说的过程中会运用各种各样的修辞技巧。因此，一个好的演说者不仅向人传递信息、表达观点，同时也能给人带来极大的愉悦。就大众传媒而言，它的信息传播功能与娱乐功能也很难分开，就像所谓"内容"和"形式"是不可分割的一样。正如有学者所说，"新闻与娱乐从来没有绝对分开过，也没有理由分开。好的新闻从来都靠讲故事的形式来吸引人。公众在听故事的过程中，讨论社会的价值、社会的走向并认识自己"①。同样的道理，在快感消费与政治参与之间也并不存在清晰的界限，在描述1858年林肯和道格拉斯之间的辩论时，尼尔·波兹曼描述说："所有辩论都是在狂欢节般的气氛中进行的，乐队高声演奏（虽然辩论时是停下来的），小贩叫卖他们的商品，孩子们奔跑嬉闹，大人们喝酒说笑。这些演讲的场合也是重要的社交场所，但这丝毫没有降低演讲者的身份。"② 在这里，人们的文化生活与公共事务已经有机地融合在一起了，他们既是在进行一种公共参与，同时也未尝不是在进行一种娱乐消费。可见，公共讨论没有必要全都是正襟危坐、一本正经的，它可以充满激情，也可以运用戏谑、调侃、反讽等多种多样的修辞手段。同时，在参与公共讨论时，人们也没有必要带有一种清教主义心态，仿佛哪怕一丝一毫的娱乐动机都会玷污公共参与的纯正目的。

由于虚拟社区中的娱乐是由其成员自己主动创制的，是一种"自娱自乐"，而不是由文化工业批量生产并打包发送的，所以与大众传媒相比，虚拟社区中的娱乐元素常常具有更加突出的公共意义。在任何一个社会中，正式的公共讨论都是非常重要的，但对于大众来说，这种讨论往往显得十分枯燥，且具有很高的参与门槛，让人望而生畏。就此而言，虚拟社区中娱乐成

---

① 赵月枝：《传播与社会：政治经济与文化分析》，中国传媒大学出版社2011年版，第121页。

② ［美］尼尔·波兹曼：《娱乐至死·童年的消失》，章艳、吴燕莛译，广西师范大学出版社2005年版，第44页。

分的加入有利于激发人们的参与兴趣,"幽默,特别是恶搞,能够剥去既定政治传播规范的伪装,凸显出它的前后矛盾,并挑战官方政治话语的权威。它为人进入当前的政治话题提供了一个令人愉悦的入口,并对媒介化政治文化的发展做出了贡献"①。

此外,在很多情况下,虚拟社区中的娱乐元素本身就是一种意义生产,就是弱者在反抗强者时所惯用的一种武器。正如詹姆斯·C. 斯科特所说,在反抗强大的社会宰制性力量时,弱者如果选择集体性的直接对抗,就不仅需要承担极大的风险,而且还很难奏效。因此,他们经常会使用一些"弱者的武器",通过假装顺从、装傻卖呆、暗中破坏等方式来达到反抗的目的。"这些布莱希特式的阶级斗争具有共同特点,它们几乎不需要协调或计划,它们通常表现为一种个体的自助形式,避免直接地、象征性地与官方或精英制定的规范相对抗"②。这种反抗方式不仅更安全,而且还更灵活,在它的进攻之下,强大的社会宰制性力量往往显得笨拙而无法应对。从这个角度看,虚拟社区中的娱乐常常就是一种"弱者的武器",它通过戏仿、恶搞、反讽等手段,用一种游戏精神消解了官方话语的严肃性。这种对抗不是一脸严肃、短兵相接、势不两立的,而是带着嬉皮笑脸、"一点正经也没有",如此一来,人们就通过自我降格的方式为自己确立了一个安全的位置,从而避免了与强大的社会宰制性力量发生正面的冲突。从表面上看,这种话语方式缺少公共讨论所需的理性,甚至经常使用过火、粗鄙的语言,但它们讨论的话题又是十分严肃的,而且经常能够揭示出一些不便于直说的真相,在给人带来娱乐快感的同时,也能引发人们的理性思考。

在这些娱乐因素的影响下,虚拟社区中的公共讨论可能并不符合严格意义上的民主协商标准,但不可否认的是,它却为公民文化的成长和繁荣做出了贡献。很多理论家都曾提出,民主不仅仅需要一套制度安排,同时也离不开一种与之相匹配的社会文化;民主制度要想运作良好,既离不开民主传统的支持,也离不开人们在日常生活中的民主练习。由于虚拟社区暂时悬置了

---

① Peter Dahlgren, *Media and Political Engagement*: *Citizenship*, *Communication*, *and Democracy*, Cambridge University Press, 2009, p. 139.

② [美]詹姆斯·C. 斯科特:《弱者的武器》,郑广怀等译,译林出版社 2007 年版,第 35 页。

人们的各种社会差异和身体特征，使每个人都单纯凭借自己的发言赢得他人的赞同或反对，所以它无疑为人们的民主练习提供了一个重要的平台。在那些传统新闻媒体受到管制、公共论坛十分匮乏的社会制度环境中，虚拟社区的意义就显得更为重要了：一方面，它为人提供了一些不同于官方报道的另类信息、不同于官方解读的另类视角，并由此培养了人们的理性批判精神；另一方面，它还是人们进行公共讨论的主要平台，是各种公民能力得以培养和锻炼的场所。正如达尔格伦所说，"尽管在参加社会交往与处理真正的政治问题和冲突之间仍然存在着鸿沟，但是，公民社会却可以被看作是一个操练场，为公民的政治参与准备了条件"①。如果说公民文化是民主政治的土壤，那么，虚拟社区就通过培养公民身份得以形成的各种条件，为当代社会的民主政治做出了贡献。

（三）犬儒主义与愤怒产业

然而，在我们高度评价虚拟社区以及其中的娱乐因素的积极政治意义时，也应该时刻注意到这种肯定评价是有限度的——如果虚拟社区把娱乐精神推向极端，就不仅会消解它的政治意义，而且还有滑向犬儒主义的危险。作为一种抵抗策略，调侃、戏谑等娱乐手段的确是非常有用的，它们不仅更安全，而且还能达到正面对抗所不具有的效果。但必须注意的是，这种调侃和戏谑并不纯粹是一种娱乐手段，在它轻松的表象之下，往往隐藏着严肃而沉重的公共关怀。如果人们掏空了调侃和戏谑背后的严肃性，而一味地追求调侃和戏谑，那么，它们就会失去其抵抗意义，而变成一种犬儒主义的表现。犬儒主义者一方面非常清醒，具有怀疑精神，不会受到主流意识形态的蒙蔽和欺骗；但另一方面，他们又显得过于清醒，以至于表现出一种虚无主义倾向，不相信这个社会有变得更好的可能。在虚拟社区中，我们也可以不同程度地发现这种犬儒主义倾向的存在——很多人习惯性地怀疑一切，反抗一切，调侃一切。他们既不相信主流意识形态话语，又懒得与相反的观点进行争论；他们既不满于现状，又不相信有改变的可能；他们既怀疑一切良善

①　Peter Dahlgren, "Doing Citizenship: The Cultural Origins of Civic in the Public Sphere", *European Journal of Cultural Studies*, 2006, Vol. 9（3）.

动机和崇高情怀，又不去建构任何正面的价值。犬儒主义者的反抗仅仅停留于冷嘲热讽、冷眼旁观、我行我素。同时，他们又呈现出一种分裂的自我意识——在虚拟社区中，他们怀疑一切，调侃一切，表现得清醒而智慧；一旦回到现实生活中，他们又会立即变得循规蹈矩、按部就班起来。显然，这种犬儒主义态度不可能引发协调一致的行动，如果虚拟社区中的娱乐因素最终走向了犬儒主义，那它的积极社会意义就会大打折扣。

此外，我们还要警惕互联网的商业化发展趋势对虚拟社区政治功能的侵蚀作用。如果说互联网的早期发展主要基于一种"礼物"经济学——人们通过相互交换信息以实现互惠目的，那么，现在的互联网则在很大程度上已经为市场逻辑所主导。在研究亚文化时，很多学者都曾提出，各种亚文化通常都很难抵抗商业力量的收编和利用，并在商品化、娱乐化的过程中丧失其抵抗意味。实际上，这种提醒对于虚拟社区研究来说同样也是适用的。如果人们在虚拟社区中的抵抗为商业力量所利用，那它就会沦为一种表演和观赏，而不再具有真正的公共意义。正如我们所见，当代社会的娱乐工业的确具有吞噬一切的庞大胃口，它不仅能把自然风景、文化传统、历史记忆等统统变成娱乐生产的原料，而且就连那些不断变化的社会情绪也常常成为它觊觎的对象。如果一个社会中普遍存在某种不满和愤怒情绪，那么，娱乐工业就会将它制作成商品，以满足人们的宣泄需求。显然，当表达愤怒变成了一种产业、围观愤怒变成了一种消费，那它的公共意义就变得非常可疑了。同样，如果虚拟社区中的抵抗也为商业力量所利用，也变成了旨在吸引人眼球的表演，那它就真的变成一种"网路主题乐园"了。有学者提出：

> 在当今"原子化"的社会，只要人们不再相信公共话语的有效性，不再相信它有能力引发协调一致的集体行动，那么，人们对公共领域内事务的关心更像是观众（消费者）在欣赏公开表演，产生的是一种可以被称之为"观赏性"的公共性，而并不会真正负责任地参与到公共意见的表达和商谈中来。①

---

① 高红、魏平平：《"消费社会"与公共性再生产的路径选择》，《云南行政学院学报》2011年第1期。

可以说，这种认识是非常深刻的，如果虚拟社区中的抵抗变成了一种"奇观"的生产和消费，那它就只能起到疏泄社会不良情绪的减压阀作用，而不再具有任何积极的政治意义了。

总之，娱乐与政治并不是截然对立的，尤其是在政治已经越来越媒介化的今天，我们实际上已经很难将娱乐与政治严格分离开来。正如杰弗瑞·琼斯所说，"'严肃'的政治媒体与'娱乐'媒体之间的界限实际上已经变得模糊了……现在，政治传播与大众文化已经彻底纠缠不清并融为一体了，有时候，它们还是一种相互构成的关系"①。那种认为娱乐因素的加入必将损害公共讨论的看法，反映出的其实是现代知识分子的理性主义和精英主义偏见。对于虚拟社区来说，我们更不可能将其中的娱乐因素从公共讨论中剥离出来，幽默、调侃、戏谑等娱乐手段不仅能够激发人们的参与兴趣，而且其本身常常就是一种话语策略，能够形成更加有效的政治抵抗。然而，娱乐与政治也并非总是和谐一致的，如果虚拟社区中的娱乐抽空了严肃的公共关怀而走向了犬儒主义或消费主义，那它积极的政治意义就会遭到破坏。罗伯特·达尔曾经提出，"民主和市场资本主义就像两个被不和谐的婚姻所束缚的夫妻。尽管婚姻充满了矛盾，但它却牢不可破，因为没有任何一方希望离开对方"②。在我们看来，娱乐与政治之间的关系也是如此，虽然它们之间是相互交融、不可分离的，但也时常会出现矛盾。因此，我们一方面不能将虚拟社区中的娱乐因素视为洪水猛兽，仿佛公共讨论就应该是禁欲主义的，另一方面也不能走向对它的无条件肯定。

三　虚拟社区与自恋主义文化

近些年来，随着社交媒体尤其是微信的出现，我们在各种虚拟社区中见证了网晒文化的流行，打开微信朋友圈，扑面而来的便是各种晒图——有人晒自拍，有人晒美食，有人晒旅行……不一而足。尽管早就有人把"上菜先

①　Jeffrey P. Jones, *Entertaining Politics: Satiric Television and Political Engagement*, Rowman & Littlefield Publishers, Inc., 2010, p. 13.

②　[美]罗伯特·达尔:《论民主》，李柏光、林猛译，商务印书馆1999年版，第174页。

拍照"列为网络四大俗之首，但这似乎并没有影响人们的网晒热情。很多人热衷于将自己的一举一动都发布到朋友圈中，这种无处不在的自拍需求还催生出一种自拍神器——自拍杆，如今，它几乎已经成为人们出门旅行的"标配"。那么，在当前社会中，人们的自拍需求为何如此旺盛？网晒文化何以如此流行呢？

从技术角度看，网晒文化的流行，主要得益于各种移动智能终端的普及，以及网络交往的非匿名化发展趋势。在互联网出现早期，它主要被设想为一种与陌生人进行匿名交往的工具，很多研究者都曾提出，互联网能够打破地域的限制，将彼此没有见面机会的人联系起来，从而建立起一种虚拟社区。然而，随着社交媒体的发展，我们可以发现一条明显的变化轨迹，即网络交往越来越朝着非匿名化的方向发展，呈现出"熟人社交"的发展趋势。与此同时，社交媒体的私语化特征也越发凸显——如今，它不仅仅是人们获取信息、展开公共讨论的平台，还是一个展示个人形象、寻求心理慰藉的地方。在微信朋友圈中，这一点体现得尤为明显。正是由于微信朋友圈主要是由熟人组成的，一个人的网晒才更容易得到关注、点赞和评论，从而进一步激发人们的网晒热情。

从另一个角度来看，任何一项技术的出现和演变都不完全是独立的、自主的，都在一定程度上受社会需求的影响和决定。正如雷蒙·威廉斯所说："技术应被视为由于一些已在意料中的目的和实践而被寻求和发展的东西。"[①] 网络交往技术的发展也是如此，它的非匿名化发展趋势并不完全是由技术自身的演进逻辑决定的，而是离不开当前社会文化需求的强力助推。在理查德·桑内特、克里斯托弗·拉什等学者看来，当代社会的一个重要特征就是自恋主义文化的大面积流行，即人们过度关注自我，以至于分不清自我和他人之间的界限。正如桑内特所说："自恋的性格症状如今是医生治疗的各种精神疾病最常见的病因。歇斯底里症一度是弗洛伊德所处那个性压抑社会的主要疾病，但现在大体上消失了。"[②] 在这里，他描述

---

① ［英］R. 威廉斯：《电视：技术与文化形式》，陈越译，《世界电影》2000 年第 2 期。

② ［美］理查德·桑内特：《公共人的衰落》，李继宏译，上海译文出版社 2008 年版，第 9 页。

的是 20 世纪 70 年代美国的社会状况，但对于今天的中国社会来说同样是适用的。当前，充斥于社交媒体的网晒现象就是自恋主义文化的重要表征。在网络交往的非匿名化、社交媒体的私语化和当前社会的自恋化之间存在着内在的紧密联系，它们互相影响，互相促进，共同塑造了当前社会的网络文化景观。

（一）网络交往的非匿名化

社交媒体带来的一个突出变化，是网络交往日益朝着非匿名化的方向发展。这里所说的"非匿名化"，指的是网络交往呈现出的一种自然发展趋势，与国家或网站层面强制推行的实名制要求之间并无关联。同时，非匿名化也不等于实名化，在网络交往中，一个人不必使用自己的真实姓名，依然可以给人留下辨识身份的线索。比如，在微信朋友圈中，一些人不使用自己的真实姓名，而是使用固定的昵称和头像，这同样可以让人轻松地辨识出他们是谁。

如前所述，在互联网出现早期，它主要被用作一种与陌生人进行匿名交往的工具。在网络虚拟世界里，人们不仅可以遇见不同地域、不同阶层的人，还可以随意更换和伪装自己的身份。如此一来，它就给人带来一种全新的交往体验，并在现实世界之外为人建立起一个乌托邦空间。当时很多人都热衷于进行匿名化交往，并有意结交那些在现实生活中永远不可能谋面的人。也正是在这种背景下，网聊、网恋等一度成为社会热议的话题。

如果对公共交往来说，网络匿名性的优势是显而易见的，那么对于私人交往来说，它带来的困扰同样也非常明显。正如罗伯特·帕特南所说："在虚拟世界里，匿名性和流动性都带来了'随进随出'、'匆匆而过'的关系。电脑互联通讯的这种散漫性正是它得到一些网民欢迎的原因，但这也抑制了社会资本的形成。如果人们可以随进随出，那么承诺、信任、互助等关系就发展不起来。"[①] 因此，随着早期那种具有乌托邦色彩的网络交往体验逐渐失去新鲜感，人们越来越感到，在网络匿名环境中，人与人之间不可能建立起牢固而持久的联系。于是，近些年来，各种非匿名化的"熟人社交"越来越

---

① ［美］罗伯特·帕特南：《独自打保龄：美国社区的衰落与复兴》，刘波等译，北京大学出版社 2011 年版，第 203 页。

成为网络应用的主流,从早期的 BBS、QQ,到后来相继出现的博客、微博、微信等,我们可以明显发现这一趋势。

在很大程度上,网络交往的非匿名化发展趋势,还源于表达与倾听之间的失衡。美国学者马修·辛德曼提出,"说"和"被听到"完全是两码事,在网络匿名环境中,尽管每个人都可以"说",但只有很少一部分人的声音能够被人听到。他提出:"从大众政治的视角来看,我们最关心的不是谁发布了,而是谁被阅读了——在此有大量正式或非正式的障碍限制着普通公民走向受众的能力。大多数在线内容获得不了链接、吸引不了眼球,并且具有极小限度的政治关联性。"① 对于大多数人来说,无论他们发布的内容有没有价值,都很难得到别人的光顾,长此以往,他们的表达积极性就势必受到挫伤。可见,在网络传播时代,即使每个人都能够平等地接入互联网并发出自己的声音,也绝不意味着所有人就因此获得了平等的话语权。对于大多数用户来说,即使他们勤于更新,并的确发布了一些有价值的内容,也只能偶尔捕捉到一些匆匆而过的访客。显然,在普遍缺少他人关注的条件下,网晒文化不可能流行。

在很大程度上,正是因为人们对匿名环境下的个人表达难以到达受众、难以构成一种"有效传播"感到沮丧,才为各种非匿名化交往方式的兴起准备了条件。非匿名化交往的不同之处在于,它能将人们在现实生活中形成的各种社会关系带入网络空间——比如,微信通讯录会自动关联手机通讯录、QQ 好友等。根据中国互联网络信息中心发布的数据:微信的联系人,主要有现实生活中的朋友、同学、亲人或亲戚、同事等,占比都在 70%—90% 之间。② 这也就意味着,即使一个人的网晒或发言毫无意义,一般也不会石沉大海,毫无回音,而是会得到熟人的关注、点赞和评论,这无疑会给人带来更强的表达功效感,从而进一步激发人们的表达欲望。事实上,正是在各种社交媒体出现以后,普通网民的表达热情才真正被激发出来,网络空间才

---

① [美]马修·辛德曼:《数字民主的迷思》,唐杰译,中国政法大学出版社 2016 年版,第 23—24 页。

② 中国互联网络信息中心:《2014 年中国社交类应用用户行为研究报告》,中国互联网络信息中心网站,2014 年 8 月 22 日,http://www.cnnic.net.cn/hlwfzyj/hlwxzbg/201408/P020140822379356612744.pdf。

真正呈现众声喧哗之势。

（二）社交媒体的私语化

网络交往的非匿名化一方面激发了人们的表达热情，使网络空间空前活跃起来；另一方面也使网络空间的私人性得以突显，尤其是在各种社交媒体上，人们谈论的已主要不是所谓公共事务或"普遍问题"，而是各种家长里短、闲言碎语，呈现出私语化特征，使社交媒体的"社交"功能远远超过了其"媒体"功能。

如前所述，在互联网出现早期，它通常被人们设想成一个公共空间，在对这一空间进行研究时，阿伦特、哈贝马斯等人的公共领域理论是人们经常使用的理论资源。很多人热情洋溢地预言，互联网将建立起一种新型的公共领域，促成由代议制民主向参与式民主的历史性转换。因而，早期人们经常用"沙龙""咖啡馆""论坛"等来命名网络空间，不难看出，所有这些命名都是公共领域的重要隐喻，它们反映出的是人们对复兴公共领域的热切渴望。

然而，随着互联网越来越深地融入人们的日常生活，它的私人性特征越来越凸显。如今，它已不仅仅是一种服务于公共交往的媒介，更是一种服务于人们日常生活的工具。比如，对于网购者来说，它是一个巨型的商场；对于网游族来说，它是一个奇妙的游乐场；而对于更多的人来说，它则是一种便利的社交工具。在各种社交媒体出现以后，很多人热衷于将自己的一举一动都发布到社交媒体上，如果在匿名状态下，这些闲言碎语几乎不可能得到别人的关注和回应，但由于社交媒体上的好友很多都是现实生活中的熟人，所以即使人们发出的只是一声叹息，也常常能够得到众多好友的嘘寒问暖，而这又反过来增强了他们的表达欲望，使网络空间的私语化特征愈演愈烈。

如此一来，社交媒体就呈现出公共性和私人性相混杂的特征。正如有学者描述的那样，它"类似于一个敞开大门的私人房间，保留着通往公共场所的通道，却依然带有私人活动的深刻印记"[1]。一方面，它是一种私人性的社

---

[1]　刘津：《博客传播》，清华大学出版社 2008 年版，第 23 页。

交媒介,满足的是人们展示自我形象、表达个人情绪的需求;另一方面,它又具有一种公共性,能够被其他人看到或听到,借助于一系列机缘巧合,在社交媒体上发布的信息甚至可以传诸千里,成为公共议题。不管是在阿伦特那里,还是在哈贝马斯那里,公共领域理论都建立在对"公共"和"私人"的严格区分之上,自古希腊以来,这种区分具有悠久的传统,甚至可以视为西方文明的一块基石。而社交媒体却打破了这种区分,它既不完全是一个公共空间,也不完全是一个私人空间,而是呈现出公共性和私人性相混杂的特征。

在很大程度上,社交媒体私人性的突显是互联网普及的自然后果。早期,由于接入成本和使用门槛的限制,互联网只属于少数社会精英分子,它的用途也比较单一,主要用来满足人们获取信息的需要。随着互联网使用人群的扩大,网络空间逐渐打上了中产阶级文化的色彩,有知识的年轻人成为网民的主体,对于他们来说,网络空间就像咖啡馆和沙龙一样,为人们提供了精神上的栖息之所。到了今天,互联网在很大程度上已经普及,与此相伴随的则是网民结构的低学历化。根据中国互联网络信息中心提供的数据:2000 年,全国网民中大专及以上学历占 84.67%,高中及以下学历仅占15.33%。[1] 而到了 2015 年,虽然全国的教育水平整体上有所提高,但网民的教育水平分布却出现了相反的变化——大专及以上学历占比降为 19.6%,而高中及以下学历则升至 80.3%。[2] 网民结构的低学历化,势必对网络空间的文化生态造成直接的影响。如果说网络空间曾经被视为一块远离现实世界的飞地,那么,如今它已与现实世界水乳交融,密不可分了;如果说网络空间曾经被设想为一个"论坛"或"沙龙",那么,如今它在此之外还具有了"秀场"和"派对"的意味。

(三) 当前社会的自恋化

随着网络交往的非匿名化、社交媒体的私语化特征越来越明显,自拍和

---

① 中国互联网络信息中心:《第 6 次中国互联网络发展状况统计报告》,中国互联网络信息中心网站,2000 年 7 月 1 日,http://www.cnnic.net.cn/hlwfzyj/hlwxzbg/200905/P020120709345370656662.pdf。

② 中国互联网络信息中心:《第 37 次中国互联网络发展状况统计报告》,中国互联网络信息中心网站,2016 年 1 月 22 日,http://www.cnnic.net.cn/hlwfzyj/hlwxzbg/201601/P020160122469130059846.pdf。

网晒流行起来。如今，社交媒体已成为很多人展示自己私人生活的"神器"。2013年，《牛津英语词典》把"自拍"（selfie）列为年度最热门词语。与此同时，各种"网晒"也在中国的微信朋友圈中如火如荼地进行。

这种自拍文化、网晒文化的流行，已经引起心理学、传播学等诸多领域专家的关注和忧虑。很多人认为，人们在社交媒体上毫无节制的自我展现，是当前社会自恋主义文化的典型症候。有人不无讽刺地说："我们现在生活在这样一个时代：当我们听到自己身患重病的消息时，本能的反应却是，我要把这个消息立即发到Twitter上。"自恋研究领域的专家珍·温格也提出，全球正在遭到自恋现象的侵袭，一项调查了3.7万名大学生的数据显示，从20世纪80年代至今，自恋人格特质的增加速度和肥胖一样快。[①]《纽约时报》记者克里夫·汤普森也认为，人们在社交媒体上的喋喋不休，体现出的是现代人的极端自恋，"他们认为自己的每句话都那么动听，以至于值得和整个世界分享"[②]。这些评论都略显刻薄，但却颇为形象，它们都将网晒现象与自恋联系起来。

那么，究竟什么是自恋？当前社会中自恋症的集体爆发又缘何而来？根据弗洛伊德的解释，自恋"指个体像对待性对象一样的对待自体的一种态度。自恋者自我欣赏、自我抚摸、自我玩弄，直至获得彻底的满足"[③]。可以看出，弗洛伊德主要是在个体心理学的层面来研究自恋，将其视为力比多指向自体造成的一种后果。到了20世纪70年代，美国社会学家理查德·桑内特、克里斯托弗·拉什将"自恋"转化成一个社会文化概念，认为自恋是后工业社会重要的文化表征。

在通常意义上，自恋是指对自我的过度关注和过分欣赏，爱上自己水中倒影的纳西斯就是其原型。理查德·桑内特认为，临床意义上的自恋与此不同，它表现为分不清自我和他人之间的界线，以及私人生活和公共生活之间的界线。自恋主义者一方面表现出对于公共生活的疏离和冷漠——在他看来，这与自己无关；另一方面表现出对于私人生活的过度强调，以

---

① 曹玲：《自恋流行病》，《三联生活周刊》2015年第16期。

② 高岩：《微型博客对新闻行业的影响——以Twitter为例》，《新闻与写作》2010年第3期。

③ ［奥］弗洛伊德：《爱情心理学》，宋广文译，九州出版社2014年版，第161页。

至于认为它具有公开展览的价值。在桑内特看来,面具是文明的本质,而自恋主义者过度暴露自我,是一种不文明的表现。"它是让自己成为他人的负累;它是这种人格负担引起的和他人交往的减少。我们很容易就能想起那些不文明的人:他们是那些巨细靡遗地向他人透露自己在日常生活中遇到的倒霉事的'朋友',他人除了对他们倾吐而出的心声表示唯唯诺诺之外,并没有其他兴趣。"①

克里斯托弗·拉什则提出,自恋主义是一种应对现代社会中的紧张和焦虑的方法,当前的社会条件倾向于培养出每个人身上都不同程度地存在的自恋特性。自恋主义者的典型特征是对个人形象的过度关注和过于吹毛求疵。他们假想自己一直活在别人的注视之下,并油然升起一种演员意识。当他将自己的形象呈现于他人时,他首要关注的不是自己的形象是否完美,而是这种形象将会在别人那里激起什么样的反应。因此,"尽管自恋主义者不时会幻想自己权力无限,但是他却要依靠别人才能感到自尊。离开了对他崇拜得五体投地的观众他就活不下去。他那种脱离家庭纽带和社会机构束缚的表面自由并不能使他傲人挺立,也不能使他作为一个个人发出光辉。相反,这种自由带来了他的不安全感,只有当他看到自己那'辉煌的自我'形象反映在观众全神贯注的眼神里时,或者只有当他依附于那些出类拔萃、声名显赫、具有领袖才华的人物时,他才能克服这种不安全感"②。

由此观之,当前社交媒体上的网晒现象就是这种自恋主义文化的典型表现。一方面,网晒者展示的大都是自己的私人生活的内容,如自拍、美食、萌娃等,而不顾它们是否具有公开展示的价值,以及他人是否感兴趣。根据桑内特的说法,这是一种分不清自我和他人之间界限的"不文明"行为。由此而来的一个后果是,微信朋友圈中互相点赞的行为也逐渐变成了一种义务和敷衍,而根本不会去关注对方到底展示了什么。另一方面,网晒者具有一种演员意识,他们假想自己时刻生活在别人的注视之下,甚至把生活当成一场网络直播来对待,比如,旅行不再是为了欣赏美景,而是为了拍几张照发

---

① [美]理查德·桑内特:《公共人的衰落》,李继宏译,上海译文出版社2008年版,第337页。

② [美]克里斯托弗·拉什:《自恋主义文化》,陈红雯、吕明译,上海译文出版社2013年版,第7页。

到朋友圈中。

那么，这种过度关注自我的自恋主义是如何产生的？拉什提出："折磨新一代自恋主义者的不是内疚，而是一种焦虑。他并不企图让别人来承认自己存在的确凿无疑，而是苦于寻找生活的意义。"① 因此，与纳西斯沉湎于欣赏自己水中的倒影不同的是，当前社会中的自恋更多不是出于一种自我欣赏，而是源于一种身份焦虑。正因为人们自己无法给自己一个明确的身份定位，所以才转而需要依靠别人注视的目光来锚定自己的社会身份。如果说纳西斯完全活在自己的世界中，对周围世界不闻不问、不理不睬，那么当前的自恋主义者则不同，他们无时无刻不需要他人的注视。就此而言，社交媒体一方面具有私人性，可以将现实生活中的熟人聚拢起来以组成观众；另一方面又具有公共性，给人提供了一个可以公开展现自己的舞台，因此，它受到自恋主义者的青睐也就不足为奇了。

从根本上说，自恋主义源于身份焦虑，而焦虑是与现代社会的流动性相伴随的一种社会体验。改革开放 30 多年来，在打破过去僵化体制的同时，中国社会的流动性增加了，焦虑也成为当前中国社会的一种常态。由于焦虑更多源自身份的不确定性和不稳定性，所以它在一个社会的中间阶层和青年群体中表现得最为突出。为了对抗这种焦虑，人们在社交媒体上大量展示个人生活中光鲜亮丽的一面，以给自己建构一种稳固的身份，比如展示自己参加了一场高端的社会活动，或独自在格调优雅的咖啡馆待了一个下午，等等。正如一个网络段子调侃的那样："每次看朋友圈，都好羡慕。不是露大胸就是方向盘，动不动就是豪宅和豪车，又 24 小时在线。既不用学习又不用工作，一双鞋顶我几个月生活费。我只能时不时冒个泡，默默点个赞，假装和你们是一个圈子，真心好累。不说了，别人还催我还手机呢。"从这里的调侃可以看出，网晒者一般都会对个人生活进行拔高和美化，在这些令人艳羡的图片背后，隐藏着的则是他们对自我身份的焦虑，以致需要不断借助于展示来获得他人的确认。

---

① ［美］克里斯托弗·拉什：《自恋主义文化》，陈红雯、吕明译，上海译文出版社 2013 年版，前言，第 4 页。

需要指出的是，桑内特、拉什对自恋主义的分析主要针对的是 20 世纪 70 年代的美国社会，但是，它同样适用于对当前中国社会的分析。正如解玺璋在评价《自恋主义文化》一书时所说："这本书在 1988 年由陈红雯和吕明译成中文，当年没有引起任何反响，原因其实很简单，因为那时的中国正在从封闭、死板、压抑的生活中解放出来，正在'崇尚竞争的个人主义文化'，还看不到这种文化有可能把我们引入'自恋主义的死胡同'，那时的人，即使看到这本书，也会认为是危言耸听，不会往心里去的。然而，20 年之后，中国人再读这本书，又会如何呢？恐怕要有切肤之痛了。"① 的确如此，经过 30 多年的改革开放，中国社会已经发生了深刻的结构变革，人们的社会心理也已悄然变化。社交媒体上不断高涨的网晒热情，就是当前中国社会自恋主义文化的典型征候。

总之，传播技术与社会文化是互相影响、互相塑造的，正是网络交往的非匿名化、社交媒体的私语化发展趋势，为网晒文化的流行提供了条件。同时，当前社会中人们对展示自我形象的强烈心理需求，也反过来塑造了网络交往技术的演进方向。而在它们背后起最终促动作用的，则是当前中国社会日益泛滥的自恋主义文化。如今，自恋已成为理解网络文化的重要关键词，"自恋"与"吐槽"已成为当前中国网络文化的两副面孔。

四 虚拟社区与现实世界

虚拟社区之所以被称为虚拟的，显然并不是因为它实际上是不存在的，或者是没有现实意义的，而是因为它没有一个物质性的载体，它的成员彼此之间是不照面的。虽然虚拟社区的形成离不开互联网的中介作用，但显而易见的是，它的成员并不是电脑，而是借助于电脑彼此联系起来的活生生的人。在互联网上，人们不仅可以将自己构想为一个社群，而且还可以进行直接的互动和交往。

---

① ［美］克里斯托弗·拉什：《自恋主义文化》，陈红雯、吕明译，上海译文出版社 2013 年版，封底页。

在虚拟社区里的交往中，人的声音、表情、体态等感性特征都被系统性地消除了，人们仅仅通过屏幕上闪烁的文字、符号来感知对方并呈现自我。如此一来，虚拟社区就带来了一种颇为矛盾的后果：一方面，它消除了面对面交往中的很多礼仪约束和禁忌，使人变得更真实、更畅所欲言；但另一方面，它也为人隐藏、伪造自己的身份带来了极大的便利，并由此威胁到成员之间的相互信任。虽然虚拟社区中的交往未必比现实世界中的交往更坦诚、更有质量，但毫无疑问的是，它鼓励人们脱去伪装，更真实地展现自我——即使人们选择说谎和欺骗，那也是他们内在自我的真实反映。就此而言，虚拟社区可以被看作现实世界的一面镜子，正如有学者所说："虚拟性只是虚拟社区的表象，实在性却是它的灵魂。虚拟社区的诞生所带来的最重要的理论意义是：一种崭新的未定义的人群，可以实在地存在于虚空之中。虚拟社区，不仅可以有效地指涉和展现人类的生活，而且有能力在本质上实现生活本身。"[①] 基于这样的认识，自虚拟社区诞生之日起，人们就对虚拟社区与现实世界之间的关系问题表现出了极大的兴趣。

（一）虚拟社区是否会取代现实交往？

在这一问题上，研究者最早热议的一个话题是，人们在虚拟社区中的交往是不是会成为现实世界中面对面交往的替代品？或者说，在线交往的兴起是否会加速实体性公共空间的死亡，并对当代社会愈演愈烈的个体化趋势和公共生活的衰落趋势起到推波助澜的作用？对此，早期的很多研究者都做出了肯定的回答，比如，安德鲁·夏皮罗（Andrew Shapiro）提出，"在线时间越多，与家人、邻居和其他社区成员的直接交往的时间就越少"[②]。在很多人看来，虚拟社区参与必然会挤占人们亲身参与各种社会活动的时间，随着在线交往的增多，人们将越来越失去与现实世界之间的联系。更让他们感到忧虑的是，虚拟社区的成员之间只存在一种微弱的联系，它并不足以替代由面对面交往所形成的强劲社交纽带，随着在线交往日益取代面对面交往，人们将不可避免地陷入孤独和压抑之中。

---

① 杜骏飞：《存在于虚无：虚拟社区的社会实在性辨析》，《现代传播》2004 年第 1 期。

② Andrew L. Shapiro, *The Control Revolution：How New Technology Is Putting Individuals in Charge and Changing the World We Know*, Perseus Books Group, 1999, p. 118.

从表面上看,这种判断不仅合情合理,而且还与我们每个人的日常生活经验非常吻合。正如我们所见,现在人们在电脑前花费的时间越来越多,以电脑为中介的交往越来越取代面对面的直接交往。对于很多人来说,即使要和处在同一个办公室的同事,甚至是隔壁房间里的家人进行交流,他们也越来越习惯于借助各种网上办公工具或即时通讯软件,而不是直接进行面对面的沟通。此外,在人们的日常生活大规模地向网络虚拟空间转移的背景下,现实世界中的公共空间也愈发变得沉默起来。比如,咖啡馆曾经是一个供人们进行高谈阔论的场所,但现在它已经变得越来越安静,越来越成为一个供人们躲避他人注视和打扰的宁谧空间。"当人们悠闲地坐在当地的星巴克连锁店里浅饮慢酌时,通过网络连接、手机或无线笔记本电脑,他们实际上是在另外一个地方。"① 也就是说,当人们在现实世界中与身边的人默默相对时,他们很可能正在虚拟社区里与相距遥远的陌生人进行着激烈的争论。这画面仿佛是一个绝妙的隐喻,它坐实了很多人隐隐的担忧,即虚拟社区中的交往将会取代现实世界中的面对面交往。

然而,通过考察我们会发现,这种判断其实是建立在一种假定之上的——它假定人们花费在虚拟社区里的时间与进行面对面交往的时间是互补的、此消彼长的。而事实上,它们并不是一种互补关系,即使人们不把这些时间用在虚拟社区参与上,他们也未必会把它们用于面对面的交往。正如罗伯特·帕特南的经典著作《独自打保龄》所指出的,早在互联网出现以前,人们退出公共生活的冲动就已经存在了,在造成公民参与减少的原因中,时间和金钱的压力、电视的出现、市郊扩张、代际更替等都是非常重要的因素。从这个角度看,虚拟社区只是顺应了人们退出公共生活的冲动,帮助人们打发掉了在退出公共生活之后节余下来的时间。研究表明,互联网挤占的主要是人们用在看电视上的时间,"42%的互联网使用者表示他们上网后看电视的时间减少了,而只有19%表示读杂志时间减少,16%表示读报时间减少"②。其他的一些研究还表明,"在新媒体使用、政治交谈与参与行动之

---

① Kazys Varnelis, *Networked Publics*, The Massachusettes Institute of Technology Press, 2008, p. 28.

② 〔美〕罗伯特·帕特南:《独自打保龄:美国社区的衰落与复兴》,刘波等译,北京大学出版社2011年版,第205页。

间存在着紧密的关联"①。那些经常使用新媒体来获取信息并与他人进行交往的人，在现实生活中也会与他人进行更多的政治对话，并在政治参与中表现出更高的积极性。由此可以看出，虚拟社区并不是造成公民参与减少的罪魁祸首，相反，它还可能会激发人们的参与热情，甚至扭转当代社会公共生活的衰落趋势。

其实，人们对虚拟社区将会造成面对面交往减少的担忧，在很大程度上来源于大众传媒批判传统，尤其是电视批判传统。正如很多学者所说，电视是一种加强亲密性专制统治的机器，它用人与机器之间的关系取代了人与人之间的关系，用机器的独白取代了人与人之间的对话。观看电视不仅挤占了人们参与公共生活的时间，而且还减少了家庭成员之间的相互交流，使人变得越来越孤立和沉默，著名的"沙发土豆人"就为我们描述了一个慵懒的、自闭的典型观众形象。然而，很多人没有意识到，互联网和电视是两种完全不同的传播媒介，虚拟社区参与和电视观看也是两种截然不同的行为——前者是一种对话和交往媒介，而后者则是一种单向的信息输出媒介；前者是一种主动参与，而后者则是一种被动卷入。因此，我们不能把由电视研究得出的悲观结论搬用到虚拟社区上。

事实上，虚拟社区不仅能够培养人们的参与精神，锻炼人们的参与技能，而且加入虚拟社区本身常常就是一种参与方式，尤其是在那些集会和结社权利得不到保障的社会中，很多人都是在虚拟社区中获得了第一次参与经验。因此，虚拟社区与面对面交往之间绝不是一种此消彼长的关系，"假定视频电话或电子邮件或虚拟现实将减少旅行的总量，就好比假定因为烟酒专卖店里卖的酒比酒吧里的便宜得多，前者会让后者关门一样。事实上，人们去酒吧并不只是为了喝点什么，而是为了在一个热闹的环境里喝点什么"②。也就是说，虚拟社区为人提供的是一种完全不同的参与和交往体验，即使它具有很多优势，也不可能完全取代面对面交往，而只是提供了一种补充。它

---

① Peter Dahlgen, *Media and Political Engagement: Citizens, Communication, and Democracy*, Cambridge University Press, 2009, p. 95.

② ［美］克莱·舍基：《人人时代：无组织的组织力量》，胡泳、沈满琳译，中国人民大学出版社2012年版，第158页。

们不仅不是相互对立的，而且还存在着一种正向的联系，正如有学者所说，"参与虚拟社区的活动，可修正网络使用者对自我潜意识意念的认知，深入探究自我的构成面向，并认识到自己最真实的感受，经由此洗礼，再度参与现实社会互动时，更能认识到自我参与社会的价值，发展出认真而负责的态度以面对人我关系"①。就此而言，虚拟社区就像一个操练场，它不仅能让人体验到参与的快感，激发人们的参与热情，而且还能培养和锻炼人们的各种参与技能，为当代社会公共领域的建构做出积极的贡献。

（二）虚拟社区与社会运动

随着互联网的发展，虚拟社区与现实世界其实早已融为一体，密不可分。很多人都还记得，在互联网出现早期，它主要被用作一种与陌生人进行匿名性交往的工具。在网络虚拟空间中，一方面，人们可以遇到不同地区、不同阶层、甚至是不同国家的人，并在相互交往的过程中建立起友谊或其他有意义的联系；另一方面，人们可以扮演一个与自己的真实身份完全不同的角色，并随心所欲地塑造、伪装、更换自己的身份。如此一来，互联网就为人带来了一种全新的交往体验，并建立起一个远离现实世界的乌托邦空间。也正是由于这种原因，匿名性受到了早期互联网用户的普遍欢迎，很多人都在网络匿名环境中流连忘返、乐不思蜀，并热衷于利用互联网结交那些在现实世界中永远也不可能谋面的陌生人。此时，虚拟社区被人们设想为一片远离现实纷扰的乐土，在其中，人们可以像波德莱尔笔下的城市浪荡子一样摆脱羁绊，自由穿行。

然而，随着互联网越来越融入人们的日常生活，这种具有乌托邦色彩的网络交往逐渐失去了新鲜感，人们越来越感到，在网络匿名环境中，人们来去匆匆，一别永年，不能建立起牢固而持久的联系，不能给人带来实实在在的安慰。于是，在匿名交往的新鲜感过后，实名交往越来越成为网络应用的主流，很多人都主动选择脱去匿名性的伪装和保护，将自己的真实身份暴露于网络空间，并主要与那些有现实联系的人进行交往。与匿名交往相比，实名交往最大的不同在于，它能将人们在现实世界中业已建立起来的各种社会

---

① 黄少华、翟本瑞：《网络社会学：学科定位与议题》，中国社会科学出版社 2006 年版，第 117 页。

关系带入网络空间，并将人们的线上活动与线下活动协调起来。正如有学者观察到的那样："互联网正日益将人们的线下活动和社会联系融合进来，而不再试图建立一个远离线下生活的独立'现实'。一个关键性的发展是，互联网越来越多地被当作一种组织线下行动的工具，而不再是一种在线对话和交往的工具。"① 这也就意味着，虚拟社区与现实世界之间有了更多的勾连和互动，如果说虚拟社区曾经是一块远离现实世界的飞地，那么，它现在已经越来越紧密地镶嵌于现实世界之中，并成为动员和组织线下行动的工具。

正是在这样的背景下，网络运动蓬勃发展起来。如今，各种社会运动和组织都看到了互联网的强大力量，并纷纷以虚拟社区为平台和工具宣传自己的主张、组织自己的行动。在动员和组织集体行动方面，虚拟社区的确具有很多天然的优势，一方面，它能成功绕过新闻检查的限制，在一瞬间将信息广泛传播出去；另一方面，它还为成员之间的对话和协商提供了平台。在今天几乎所有的社会运动中，我们都能看到虚拟社区所发挥的或大或小的作用。根据虚拟社区扮演角色的不同，我们可以把网络运动分为两种类型，一种是直接发生在网络空间的抗议行为，另一种是线下的社会运动组织将虚拟社区当成一种动员和抗议的工具。毫无疑问，这两种网络运动都会对现实世界产生不同程度的影响和冲击，但很多事例表明，网络运动要想发挥更大的社会影响，就必须与线下的行动结合起来。正如达尔格伦所说，"公共领域本身并不能为民主提供保证：那里可能会有各种各样的政治信息和争论，但是，在交往空间和决策过程之间必须要有结构性的联系，即正式的制度化程序"②。如果网络运动仅仅停留于虚拟社区中的讨论，而没有与线下的行动结合起来，那么，它就很难产生较大的社会影响。也正是由于这种原因，在那些新闻管制的国家中，官方通常都对虚拟社区里的讨论表现出更大的宽容和忍耐；而一旦这种讨论溢出网络空间而进入现实世界，官方就会立即变得紧张起来。换一个角度看，很多网络事件之所以得到妥善解决，也是因为它的影响已经扩散到了

---

① Felicia Wu Song, *Virtual Communities*: *Bowling Alone*, *Online Together*, New York: Peter Lang Publishing, Inc., 2009, pp. 112 – 113.

② Peter Dahlgren, "The Internet, Public Spheres, and Political Communication: Dispersion and Deliberation", *Political Communication*, 2005, 22.

虚拟社区之外,在现实世界中引发了不同程度的波动。

> 西方对于网络运动的研究,基本出发点是把互联网当作新型的动员资源,研究社会运动组织如何利用互联网进行动员,对发生在网上的抗议活动的研究则比较少见,这也反映了西方网络运动的基本特点……而在中国,基于 BBS 的网上抗议在互联网发展的早期出现后,不仅一直保持不衰,而且日渐兴盛。如今,这类基于 BBS 和网上社区的网络事件,虽在西方已经式微,在中国却声势日隆,构成中国网络文化的重要特色。①

很显然,中国与西方的网络运动之所以会呈现出这种差异,并不是由互联网发展阶段的不同造成的,而是缘于社会制度层面的难言之隐。如果虚拟社区中的讨论没有与线下的行动结合起来,而是仅仅停留于网上抗议,那么,它的社会影响就会大打折扣。不仅如此,它还可能会培养出一种分裂的社会人格——人们觉得虚拟社区与现实世界是两个完全不同的世界,需要遵循不同的游戏规则,在虚拟社区中,人们可以畅所欲言、无所顾忌;而一旦回到现实世界中,就必须循规蹈矩、谨言慎行。这是一群聪明的犬儒主义者,他们仿佛与官方达成了一种默契,非常明白自己在什么地方可以说、在什么地方应该闭嘴、在什么地方必须说言不由衷的话。他们清楚地知道,如果双方都能恪守自己的边界,那么,他们就可以和平共处、相安无事。于是,这些人就呈现出一种十分矛盾的人格:一方面,他们在虚拟社区中胆大包天、肆无忌惮,另一方面,他们在现实世界中又谨小慎微、按部就班。就此而言,虚拟社区就仿佛变成了一个受到默许的法外之地,它为那些偶尔逃逸出正常生活轨道的人提供了短暂的休憩,以使他们能够更长久地忍受现实世界的压抑。显然,如果虚拟社区割裂了与现实世界之间的联系,而变成了一个空中楼阁、一块远离现实世界的飞地,那它的作用就仅止于为人提供一种虚假的安慰——它让人体验到一种自由感,为人们在现实世界中的不自由

---

① 杨国斌:《悲情与戏谑:网络事件中的情感动员》,见邱林川、陈韬文《新媒体事件研究》,中国人民大学出版社 2011 年版,第 43 页。

处境提供了一种代偿性满足，并借此安抚了他们的怨愤情绪。

（三）虚拟社区与社会语境

中国与西方的网络运动呈现出的这种差异，其实也反映出虚拟社区与现实世界之间的另一层关系，即它们具有高度的一致性。正如有学者所说："赛博空间并非是一个与现实社会截然分开的存在，它毕竟依然以种种方式或种种渠道联系着现实社会中的历史积淀，联系着现实社会中的脉搏跳动，现实社会中的种种文化的、心理的，乃至政治的、权力的关系仍然会自觉不自觉地以不同程度带入赛博空间中。"①

具体来说，这种一致性主要表现为三个方面，首先，人们在虚拟社区中讨论的话题往往就是他们在现实世界中需要面对和亟待解决的问题。正如我们所见，每当社会中出现一个重大的社会问题或事件时，人们就会在虚拟社区中自发聚集起来，并展开各种形式的交流和讨论。就此而言，虚拟社区就像现实世界的一面镜子，通过考察虚拟社区，我们就能窥见社会的集体关切和焦虑；其次，虽然虚拟社区与现实世界是两种截然不同的交往环境，但它们毕竟是由同一些人组成的，人们不可避免地会将在现实世界中形成的人格特征带入虚拟社区。正如有学者所说，"上网既不会增加、也不会减少人们对他人的信任，但是信任却决定了人们如何相互交往"②。如果在现实世界中，人与人之间充满善意、互相信任，那么，这种社会资本就会被带入虚拟社区中。相反，如果在现实世界中人与人之间充满猜疑和戒备，不时有广播提醒人们要提防身边的陌生人，那么，我们就很难想象这同样一些人在进入虚拟社区后会变得互相信任起来；最后，虚拟社区中公共讨论的质量与人们在现实世界中的表现也是高度一致的。公共讨论要求人们具备一定的说理能力，这种能力既离不开学校教育，同时还需要人们在日常生活中不断练习。如果人们在现实世界中缺少这样的学习和锻炼机会，那么，我们就很难指望他们在虚拟社区中能够进行心平气和的说理。正如我们所见，在虚拟社区

---

①　刘丹鹤：《赛博空间与网际互动——从网络技术到人的生活世界》，湖南人民出版社 2007 年版，第 36 页。

②　Eric M. Uslaner, "Social Capital and the Net", in Verna V. Gehring (eds.), *The Internet in Public Life*, Rowman & Littlefield Publishers, Inc., 2004, p. 103.

中，很多人都表现得焦躁、极端，缺乏与他人进行对话和沟通的起码诚意和技能，动辄就诉诸语言暴力。在我们看来，这既是他们在现实世界中淤积起来的不良情绪的集中释放，同时，也是因为他们缺乏基本的说理能力而导致的。而说理能力的缺失，归根结底还是由特殊的社会制度环境造成的。

总之，在虚拟社区与现实世界之间的关系问题上，我们首先应该看到，早期研究者的悲观主义预言并没有变为现实，即虚拟社区并没有完全取代面对面的交往，而只是提供了一种有益的补充。而且，随着网络传媒的发展，虚拟社区与现实世界还越来越融为一体、密不可分，在今天的各种社会运动中，我们几乎都能看到虚拟社区的身影。但是，虚拟社区中的讨论并不能独自力挽乾坤，它只有与线下的行动结合起来，才能发挥更大的社会影响。最后，虚拟社区与现实世界具有高度的一致性，正如互联网之父蒂姆·伯纳斯·李所说，"如果互联网美好，那是因为现实的美好，如果互联网丑陋，那是因为现实的丑陋"。这也提醒我们，虚拟社区中存在的很多问题其实并不是由其自身造成的，而是植根于现实世界的土壤之中，因此，我们不能对虚拟社区有不切实际的过高期望。

结　语

　　互联网的出现无疑意味着人类信息环境的重大变革，它不仅改变了人们接收信息的方式，而且为人与人之间的对话和交往提供了一个崭新的平台，无论从哪个方面看，它都将对当代社会的公共生活产生重大的影响和冲击。在考察网络传播的公共性问题时，我们一方面不应该废黜公共领域这一概念，另一方面也要对它进行必要的转化和重构。正如查尔斯·泰勒所说，"公共领域是现代社会的核心特征。它的重要性已经达到了如此程度——即使在那些事实上受到了压制和操纵的地方，它也必须以伪装的形式存在"①。虽然网络交往在很多方面都不符合公共领域的经典定义，但不可否认的是，作为沟通私人领域和公共权力领域的一个中间地带，公共领域的社会功能是不可或缺的，而且这种功能的发挥还越来越与互联网密不可分。

　　同时，我们也不能拘泥于阿伦特和哈贝马斯等人对公共领域的经典阐释，他们都把公众理解为一个在实体空间中进行面对面交往的群体，而没有看到公众可以是一个经由传媒联系起来的"想象的共同体"，也就是说，他们仅仅把传媒当成了建构公共领域的辅助手段，而没有看到传媒自身成长为公共领域载体的潜能。在当代社会中，随着各种实体性公共空间的消失和死亡，各种传媒，尤其是网络传媒越来越成为公众进行对话和交往的平台。在这种背景下，"我们应该将公共领域的古典模式放置一边，将其看作诸多模式中的一种，并用一种崭新的眼光去考察印刷媒介和其他媒介的兴起如何改

---

① Charles Taylor, "Modernity and the Rise of the Public Sphere", in Grethe B. Peterson (ed.), *The Tanner Lecture on Human Values*, Salt Lake City: University of Utah Press, 1993, p. 221.

变、重构了公共领域"①。

就网络传播而言,它至少在以下三个方面突破了阿伦特、哈贝马斯等人对公共领域的经典阐释。首先,网络交往不再是一种面对面交往,而是一种"媒介化交往",人们无须走出家门聚集到一起,就可以通过屏幕上闪烁的文字和符号进行沟通和辩论。这种匿名性特点一方面系统性地消除了人的身体特征和社会差异对公共交往的影响,有利于实现人与人之间的平等对话;另一方面也弱化了人的责任意识,鼓励进攻性的、不负责任的,甚至是不怀好意的言论。其次,网络交往通常都不符合严格的理性协商标准,而是充满嬉笑怒骂、插科打诨,以致我们已经很难在政治参与和快感消费之间做出明确的区分。在很多人的意识中,理性协商往往要求人板起面孔,进行严肃认真、正经八百的辩论;而在网络交往中,人与人之间的对话则显得更加轻松随意,具有更多的表演色彩,甚至充满了娱乐成分。最后,网络交往通常都很难达成共识,它影响公共权力的方式主要是引发集体行动。经典公共领域理论认为,人们通过公开、平等的对话能够形成公共舆论,并借此对公共权力施加影响;但在网络交往中,人们自由来去、随进随出,缺少相互妥协和让步的条件。因此,网络交往通常都很难达成共识,它对公共权力的影响主要体现在动员和组织集体行动方面。

在对网络传播带来的这些变化进行评价时,我们应该避免做出一种总体化的判断,而应该分别考察它在哪些方面表现出较强的公共性,而在哪些方面又不利于传媒公共性的发挥。正如马克·波斯特所说:

> 互联网更像是一个社会空间,而不是一样东西;因此,它所产生的影响更类似于德国的影响,而不是一把锤子的影响——德国把那些属于它的人都变成了德国人(至少是大部分),而锤子的作用却不是把人变成锤子,而是把金属砸进木头,尽管海德格尔和其他一些人可能不同意这种说法。②

---

① John B. Thompson, "Shifting Boundaries of Public and Private Life", *Theory, Culture & Society*, 2011, Vol. 28 (4).

② Mark Poster, *What's the Matter with the Internet*, University of Minnesota Press, 2001, pp. 176 - 177.

　　这也就是说，互联网的出现不仅意味着人类又多了一种信息沟通工具，而且还意味着人类生活环境，尤其是信息环境的重大变革，因此，它的影响是全方位的、无孔不入的，我们很难简单地对之进行褒贬。像人类信息环境出现的任何一次重大变革一样，网络传播对当代公共生活的影响也是十分复杂的，它既克服了一些旧问题，也带来了一些新的麻烦，盲目乐观与一味悲观都是不可取的。

　　虽然网络传播存在这样那样的弊端，但就其公共性而言，它的积极意义无疑大于其消极影响。一方面，它在很大程度上解决了信息匮乏问题，培养出更加知情的公众，并为公共领域的建构准备了条件。如果说信息不足曾经是公共领域建构的主要障碍，那么，随着数字鸿沟的弥合，互联网不仅为人带来了更为丰富的信息，而且还带来了更加平等的、不受限制的信息获取权。尽管互联网上的信息鱼龙混杂、参差不齐，但不可否认的是，它拓宽了人们的信息来源渠道，使人能够得到更加全面的信息，就此而言，它无疑能为公共领域培养出更合格的成员，带来更加广泛的参与。另一方面，互联网还为人与人之间的对话和交往提供了一个崭新的平台，并由此激发了人们参与公共领域的热情。有人提出："我们可以想象这样一个空间，它大到可以容纳世界上所有的人，在那里，每个人都相互接近，但又互不接触。你认为他们在那里会做什么？当然是对话。"[①] 这也就意味着，互联网是一种天然的对话和交往媒介，它不仅拓宽了人们参与公共领域的渠道，使人能够在虚拟空间中建立起各种各样的"电子咖啡馆"，而且还能培养人们的参与精神、锻炼人们的参与技能，并为现实世界中公共领域的建构做出贡献。

　　在考察网络传播的公共性问题时，我们还有必要引入达尔格伦提出的"公民文化"概念，并将其当成连接网络传播与公共领域的桥梁。虽然很多网络交往都未必符合理性协商标准，未必形成一个哈贝马斯意义上的公共领域，但毫无疑问的是，它们组成了一个重要的社会交往空间，在此空间中，人们彼此相遇并进行平等的观点交锋，如此一来，网络交往就为公民文化的成长做出了贡献。

---

　　① Marshall T. Poe. *A History of Communications*：*Media and Society from the Evolution of Speech to the Internet*. Cambridge University Press, 2011，p. 237.

在任何一个社会中，公民文化都是公共领域建构的前提和土壤，如果说公共领域概念指向一个与民主相关的正式交往空间，那么，公民文化概念则描述了人们参与公共领域的社会文化条件。如果一个社会没有发达的公民文化，那它就不可能有充满活力的公共领域参与。因此，公民文化虽然不等同于公共领域，但它对于民主政治的运作来说同样是至关重要的，正如很多学者所说，民主既需要一套制度安排，同时也离不开人们在日常生活中的民主实践，在很大程度上，这种民主实践就是指存在于日常生活中的公民文化。从这个角度看，网络交往就像一个操练场，虽然它常常不符合理性协商标准，常常充满娱乐因素，但它却为公民文化的成长做出了贡献，并由此为公共领域的建构准备了社会文化土壤。

在对网络传播的公共性进行评价时，我们应该走出早期研究中存在的迷思，选择合理的参照，而不能像早期的未来学家那样对之抱有不切实际的过高期待。早期的很多研究者都乐观地预言，网络传播将彻底改变人类的生活，带来从代议制民主向参与式民主的历史性转变，甚至会带来雅典民主的复兴。而事实上，正如我们所见，网络传播并没有将这些乌托邦预言变为现实，也没有表现出向此发展的迹象。同时，与哈贝马斯提出的"理想的言说情境"相比，网络交往也大都存在这样那样的问题，难以达到如此之高的标准。但是，我们并不能因为网络传播没有兑现早期未来学家的承诺，或因为它不符合"理想的言说情境"标准，就完全否定它的积极意义。正如中国学者胡泳所说：

> 我们必须超越一种比较，即把互联网的当下状况同理想化的慎议民主相比较，或者同十年前我们预想的乌托邦式的公共领域相比较，而是应该检视目前互联网上发生的一切是不是对现存线下情势的改进，或者把互联网同被权力和金钱严重扭曲的大众媒介的公共领域相比较。①

必须清醒地认识到，"理想的言说情境"从来都是不存在的，网络传播也不可能一劳永逸地解决当代社会的所有问题。况且，在网络交往过程中存

---

① 胡泳：《众声喧哗：网络时代的个人表达与公共讨论》，广西师范大学出版社 2008 年版，第 232 页。

在的诸多问题中，有一些是由媒介自身的原因造成的，而另一些则不是媒介自身的问题，而是由它所处身的社会环境造成的。

　　因此，在对网络传播的公共性问题进行评价时，我们还应该时刻注意社会语境的差异。作为一种信息沟通媒介，互联网并不是存在于真空中，而是存在于特定的社会环境中，它与社会环境之间必然是一种相互影响、相互改变的关系——在互联网给社会环境带来巨大影响和冲击的同时，一个社会的政治制度、文化传统、公民素质等因素也不可避免地会影响人们对互联网的使用。因此，我们一方面应该承认互联网对社会环境的强大塑造力量，另一方面又不能走向媒介决定论。这也提醒我们，在从理论层面上对网络传播的公共性问题进行探讨时，应该时刻注意特殊的社会语境对网络传播意义的改写。比如，当我们说网络传播带来了不受限制的信息获取权时，也应该看到在很多社会环境中这种权利实际上并没有实现，这既可能是由客观的语言障碍造成的，也可能是由互联网管制政策造成的。此外，在那些言论自由得不到切实保障的社会中，网络交往的匿名性往往会受到人们的格外珍视，被赋予极高的意义，但是，在那些言论自由的社会中，情况却未必如此。由于侧重点不同，本书更多是从一般理论层面对网络传播的公共性问题进行探讨，而没有花费过多的精力去考察中国问题的特殊性，但这绝不意味着我们没有这种认识——在中国语境中，网络传播的公共性问题有自身的特殊性。

　　最后需要再次申明，虽然本书用了很多篇幅来分析网络传播的弊端，但从总体上来看，我们对网络传播建构公共领域的潜能抱有乐观的期待。在我们看来，互联网在建构公共领域方面的优势是毋庸置疑的，尤其是在那些传统大众媒体不能提供全面信息、不能提供公共讨论平台的社会环境中，网络传播的公共性意义就显得更为重要了。有学者提出，"只有当诸如电话和电脑这样的技术不再是神话般的崇高偶像，而是迈入平淡无奇的寻常世界，即当它们不再扮演着乌托邦想象之源的角色之时，它们才会成为社会和经济变迁的动力"①。对此，我们也深信不疑。如果说在 20 年前互联网还是一个新

---

① ［加］文森特·莫斯可：《数字化崇拜：迷思、权力与赛博空间》，黄典林译，北京大学出版社 2010 年版，第 5—6 页。

鲜事物，那么，它现在已经彻底融入了人们的日常生活，成为人们日常生活环境的一部分，以至于我们在使用它的时候都不再能够感觉到它的存在。在这种时候，我们不仅有了走出网络传播迷思的条件，而且有充分的理由期待网络传播将在潜移默化中改变我们生活的世界。

参考文献

一 中文著作

1. W. 兰斯·本内特、罗伯特·M. 恩特曼编：《媒介化政治：政治传播新论》，董关鹏译，清华大学出版社 2011 年版。

2. 埃里克·奎尔曼：《颠覆：社会化媒体改变世界》，刘吉熙译，人民邮电出版社 2011 年版。

3. 埃瑟·戴森：《2.0 版：数字化时代的生活设计》，胡泳、范海燕译，海南出版社 1998 年版。

4. 艾伯特·O. 赫希曼：《转变参与：私人利益与公共行动》，李增刚译，上海人民出版社 2008 年版。

5. 安德鲁·查德威克：《互联网政治学：国家、公民与新传播技术》，任孟山译，华夏出版社 2010 年版。

6. 安德鲁·基恩：《网络的狂欢：关于互联网弊端的反思》，丁德良译，南海出版公司 2010 年版。

7. 奥尔波特等：《谣言心理学》，刘水平等译，辽宁教育出版社 2003 年版。

8. 保罗·霍普：《个人主义时代之共同体重建》，沈毅译，浙江大学出版社 2010 年版。

9. 保罗·莱文森：《软利器：信息革命的自然历史与未来》，何道宽译，复旦大学出版社 2011 年版。

10. 保罗·莱文森：《新新媒介》，何道宽译，复旦大学出版社 2011 年版。

11. 本·贝尔蒂克安：《媒体垄断》，吴婧译，河北教育出版社 2004 年版。

12. 本杰明·巴伯:《强势民主》,彭斌、吴润洲译,吉林人民出版社 2006 年版。

13. 布鲁斯·宾伯:《信息与美国民主:技术在政治权力演化中的作用》,刘钢等译,科学出版社 2011 年版。

14. 蔡文之:《网络传播革命:权力与规制》,上海人民出版社 2011 年版。

15. 蔡英文:《政治实践与公共空间:阿伦特的政治思想》,新星出版社 2006 年版。

16. 蔡盈洲:《数字新媒体环境下突发性群体事件的谣言传播研究》,江西人民出版社 2014 年版。

17. 戴维·克劳利、保罗·海尔:《传播的历史:技术、文化与社会》,董璐等译,北京大学出版社 2011 年版。

18. 戴维·莫利:《传媒、现代性和科技——"新"的地理学》,郭大伟等译,中国传媒大学出版社 2010 年版。

19. 戴维·莫利:《电视、受众与文化研究》,史安斌译,新华出版社 2005 年版。

20. 丹·吉摩尔:《草根媒体》,陈建勋译,南京大学出版社 2010 年版。

21. 丹尼尔·戴扬、伊莱休·卡茨:《媒介事件》,麻争旗译,北京广播学院出版社 2000 年版。

22. 丹尼斯·麦奎尔:《麦奎尔大众传播理论》,崔保国等译,清华大学出版社 2006 年版。

23. 丹尼斯·麦奎尔:《受众分析》,刘燕南等译,中国人民大学出版社 2006 年版。

24. 道格拉斯·凯尔纳:《媒体文化——介于现代与后现代之间的文化研究、认同性与政治》,丁宁译,商务印书馆 2004 年版。

25. 费迪南·滕尼斯:《共同体与社会》,林荣远译,北京大学出版社 2010 年版。

26. 弗兰克·韦伯斯特:《信息社会理论》,曹晋等译,北京大学出版社 2011 年版。

27. 弗雷德·特纳:《数字乌托邦:从反主流文化到赛博文化》,张行舟等译，电子工业出版社 2013 年版。

28. 高永亮：《网络传播消费主义现象批判》，中国传媒大学出版社 2014 年版。

29. 格雷姆·特纳：《普通人与媒介：民众化转向》，许静译，北京大学出版社 2011 年版。

30. 郭小安：《网络民主的可能及限度》，中国社会科学出版社 2011 年版。

31. 郭小安：《当代中国网络谣言的社会心理研究》，中国社会科学出版社 2015 年版。

32. 哈罗德·伊尼斯：《传播的偏向》，何道宽译，中国人民大学出版社 2006 年版。

33. 汉娜·阿伦特：《过去与未来之间》，王寅丽、张立立译，译林出版社 2011 年版。

34. 汉娜·阿伦特：《人的境况》，王寅丽译，上海世纪出版集团 2009 年版。

35. 何威：《网众传播：一种关于数字媒体、网络化用户和中国社会的新范式》，清华大学出版社 2011 年版。

36. 赫伯特·阿特休尔：《权力的媒介》，黄煜、裘志康译，华夏出版社 1989 年版。

37. 亨利·詹金斯：《融合文化：新媒体和旧媒体的冲突地带》，杜永明译，商务印书馆 2012 年版。

38. 侯宏虹：《颠覆与重建：博客主流化研究》，中国社会科学出版社 2010 年版。

39. 胡泳：《众声喧哗：网络时代的个人表达与公共讨论》，广西师范大学出版社 2008 年版。

40. 胡泳：《网络政治：当代中国社会与传媒的行动选择》，国家行政学院出版社 2014 年版。

41. 黄少华、翟本瑞：《网络社会学：学科定位与议题》，中国社会科学出版社 2006 年版。

42. 霍华德·莱茵戈德：《网络素养：数字公民、集体智慧和联网的力量》，张子凌、老卡译，电子工业出版社 2013 年版。

43. 加布里埃尔·A. 阿尔蒙德、西德尼·维巴：《公民文化——五个国家的政治态度和民主制度》,张明澍译,商务印书馆 2014 年版。

44. 姜胜洪:《网络谣言应对与舆情引导》,社会科学文献出版社 2013 年版。

45. 卡罗尔·佩特曼:《参与和民主理论》,陈尧译,上海人民出版社 2006年版。

46. 凯斯·R. 桑斯坦:《极端的人群:群体行为心理学》,尹宏毅、郭彬彬译,新华出版社 2010 年版。

47. 凯斯·R. 桑斯坦:《信息乌托邦》,毕竞悦译,法律出版社 2008 年版。

48. 凯斯·R. 桑斯坦:《谣言》,张楠迪扬译,中信出版社 2010 年版。

49. 克莱·舍基:《人人时代:无组织的组织力量》,胡泳、沈满琳译,中国人民大学出版社 2012 年版。

50. 克莱·舍基:《认知盈余:自由时间的力量》,胡泳、哈丽丝译,中国人民大学出版社 2012 年版。

51. 克劳斯·布鲁恩·延森:《媒介融合:网络传播、大众传播和人际传播的三重维度》,刘君译,复旦大学出版社 2012 年版。

52. 克里斯多夫·拉斯奇:《自恋主义文化》,陈红雯、吕明译,上海文化出版社 1988 年版。

53. 雷米·里埃菲尔:《传媒是什么——新实践·新特质·新影响》,刘昶译,中国传媒大学出版社 2009 年版。

54. 雷霞:《新媒体时代抗议性谣言传播及其善治策略研究》,中国社会科学出版社 2016 年版。

55. 李洁:《传播技术建构共同体?——从英尼斯到麦克卢汉》,暨南大学出版社 2009 年版。

56. 李开复:《微博:改变一切》,上海财经大学出版社 2011 年版。

57. 理查德·桑内特:《公共人的衰落》,李继宏译,上海译文出版社 2008年版。

58. 理查德·桑内特:《新资本主义的文化》,李继宏译,上海译文出版社 2010 年版。

59. 理查德·斯皮内洛:《铁笼,还是乌托邦——网络空间的道德与法律》,李译译,北京大学出版社 2007 年版。

60. 刘向晖：《互联网草根革命》，清华大学出版社 2007 年版。

61. 陆小华：《新媒体观——信息化生存时代的思维方式》，清华大学出版社 2008 年版。

62. 罗伯特·A. 达尔：《论民主》，李柏光、林猛译，商务印书馆 1999 年版。

63. 罗伯特·A. 海科特、威廉姆·K. 凯偌尔：《媒介重构：公共传播的民主化运动》，李异平、李波译，暨南大学出版社 2011 年版。

64. 罗伯特·W. 麦克切斯尼：《传播革命——紧要关头与媒体的未来》，高金萍译，译文出版社 2009 年版。

65. 罗伯特·W. 麦克切斯尼：《富媒体、穷民主：不确定时代的传播政治》，谢岳译，新华出版社 2004 年版。

66. 罗伯特·帕特南：《独自打保龄：美国社区的衰落与复兴》，刘波等译，北京大学出版社 2011 年版。

67. 洛根：《理解新媒介——延伸麦克卢汉》，何道宽译，复旦大学出版社 2012 年版。

68. 马克·波斯特：《第二媒介时代》，范静哗译，南京大学出版社 2000 年版。

69. 马克·波斯特：《互联网怎么了》，易容译，河南大学出版社 2010 年版。

70. 马克·波斯特：《信息方式：后结构主义与社会语境》，范静哗译，商务印书馆 2000 年版。

71. 马克斯韦尔·麦库姆斯：《议程设置：大众媒介与舆论》，郭镇之、徐培喜译，北京大学出版社 2008 年版。

72. 马修·辛德曼：《数字民主的迷思》，唐杰译，中国政法大学出版社 2016 年版。

73. 马歇尔·麦克卢汉：《理解媒介——论人的延伸》，何道宽译，商务印书馆 2000 年版。

74. 迈克尔·海姆：《从界面对网络空间——虚拟实在的形而上学》，金吾伦、刘钢译，上海科技教育出版社 2000 年版。

75. 曼纽尔·卡斯特：《认同的力量》，夏铸九、黄丽玲译，社会科学文献出版社 2003 年版。

76. 曼纽尔·卡斯特：《网络社会：跨文化的视角》，周凯译，社会科学文献出版社 2009 年版。

77. 曼纽尔·卡斯特:《网络社会的崛起》,夏铸九、王志弘等译,社会科学文献出版社 2001 年版。

78. 曼纽尔·卡斯特:《网络星河:对互联网、商业和社会的反思》,郑波、武炜译,社会科学文献出版社 2007 年版。

79. 尼尔·波兹曼:《技术垄断:文化向技术投降》,何道宽译,北京大学出版社 2007 年版。

80. 尼尔·波兹曼:《娱乐至死·童年的消失》,章艳、吴燕莛译,广西师范大学出版社 2009 年版。

81. 尼古拉·尼葛洛庞帝:《数字化生存》,胡泳译,海南出版社 1996 年版。

82. 尼古拉斯·卡尔:《浅薄——互联网如何毒化了我们的大脑》,刘纯毅译,中信出版社 2010 年版。

83. 尼克·史蒂文森:《媒介的转型:全球化、道德和伦理》,顾宜凡等译,北京大学出版社 2006 年版。

84. 尼克·史蒂文森:《文化与公民身份》,陈志杰译,吉林出版集团有限责任公司 2007 年版。

85. 欧文·费斯:《言论自由的反讽》,刘擎、殷莹译,新星出版社 2005 年版。

86. 欧文·戈夫曼:《日常生活中的自我呈现》,冯钢译,北京大学出版社 2008 年版。

87. 彭兰:《网络传播学》,中国人民大学出版社 2009 年版。

88. 皮埃尔·布尔迪厄:《关于电视》,许钧译,南京大学出版社 2011 年版。

89. 齐格蒙特·鲍曼:《流动的现代性》,欧阳景根译,上海三联书店 2002 年版。

90. 齐格蒙特·鲍曼:《寻找政治》,洪涛等译,上海人民出版社 2006 年版。

91. 邱林川、陈韬文编:《新媒体事件研究》,中国人民大学出版社 2011 年版。

92. 让·鲍德里亚:《符号政治经济学批判》,夏莹译,南京大学出版社 2009 年版。

93. 让-诺伊尔·卡普费雷:《谣言》,郑若麟译,上海人民出版社 2008 年版。

94. 斯科特·拉什:《信息批判》,杨德睿译,北京大学出版社 2009 年版。

95. 斯科特·罗森伯格：《说一切：博客——不可阻挡的个人媒体革命》，曾虎翼译，东方出版社 2010 年版。

96. 斯劳卡：《大冲突——赛博空间和高科技对现实的威胁》，黄锫坚译，江西教育出版社 1999 年版。

97. 陶东风、胡疆锋主编：《亚文化读本》，北京大学出版社 2011 年版。

98. 陶东风：《文化研究精粹读本》，中国人民大学出版社 2006 年版。

99. 特里·N. 克拉克、文森特·霍夫曼-马丁诺：《新政治文化》，何道宽译，社会科学文献出版社 2006 年版。

100. 托马斯·德·曾戈提塔：《中介化——媒体如何建构你的世界和生活方式》，王珊珊译，上海译文出版社 2009 年版。

101. 托马斯·梅耶：《传媒殖民政治》，刘宁译，中国传媒大学出版社 2009 年版。

102. 文森特·莫斯可：《传播政治经济学》，胡正荣等译，华夏出版社 2000 年版。

103. 文森特·莫斯可：《数字化崇拜：迷思、权力与赛博空间》，黄典林译，北京大学出版社 2010 年版。

104. 文远竹：《转型中的微力量：微博公共事件中的公众参与》，世界图书出版公司 2013 年版。

105. 沃尔特·李普曼：《公共舆论》，阎克文、江红译，上海世纪出版集团 2006 年版。

106. 沃尔特·翁：《口语文化与书面文化：语词的技术化》，何道宽译，北京大学出版社 2008 年版。

107. 乌尔里希·贝克、伊丽莎白·贝克-格恩斯海姆：《个体化》，李荣山等译，北京大学出版社 2011 年版。

108. 许纪霖：《公共空间中的知识分子》，江苏人民出版社 2007 年版。

109. 许玲：《网络行动：互联网时代的新媒介与对话政治》，华中师范大学出版社 2011 年版。

110. 许鑫：《网络时代的媒介公共性研究》，人民出版社 2015 年版。

111. 伊丽莎白·诺尔-诺依曼：《沉默的螺旋：舆论——我们的社会皮肤》，

董璐译,北京大学出版社 2013 年版。

112. 伊锡尔·德·索拉·普尔:《电话使用的社会影响》,邓天颖译,中国
　　　人民大学出版社 2008 年版。

113. 尤尔根·哈贝马斯:《公共领域的结构转型》,曹卫东等译,学林出版
　　　社 1999 年版。

114. 喻国明、李彪主编:《中国社会舆情年度报告(2015)》,人民日报出版
　　　社 2015 年版。

115. 约翰·B. 汤普森:《意识形态与现代文化》,高铦译,译林出版社 2005
　　　年版。

116. 约翰·德·穆尔:《赛博空间的奥德赛——走向虚拟本体论与人类学》,
　　　麦永雄译,广西师范大学出版社 2007 年版。

117. 约翰·基恩:《公共生活与晚期资本主义》,刘利圭等译,社会科学文
　　　献出版社 1999 年版。

118. 约翰·基恩:《媒体与民主》,刘士军译,社会科学出版社 2003 年版。

119. 约书亚·梅罗维茨:《消失的地域:电子媒介对社会行为的影响》,肖
　　　志军译,清华大学出版社 2002 年版。

120. 詹姆斯·C. 斯科特:《弱者的武器》,郑广怀等译,译林出版社 2007 年版。

121. 詹姆斯·E. 凯茨、罗纳德·E. 赖斯:《互联网使用的社会影响》,郝
　　　芳、刘长江译,商务印书馆 2007 年版。

122. 詹姆斯·卡伦:《媒体与权力》,史安斌、董关鹏译,清华大学出版社
　　　2006 年版。

123. 詹姆斯·柯兰等:《互联网的误读》,何道宽译,中国人民大学出版社
　　　2014 年版。

124. 詹姆斯·库兰、米切尔·古尔维奇:《大众媒介与社会》,杨击译,华
　　　夏出版社 2006 年版。

125. 赵春丽:《网络民主发展研究》,经济科学出版社 2011 年版。

126. 赵勇:《整合与颠覆:大众文化的辩证法》,北京大学出版社 2005 年版。

127. 赵月枝:《传播与社会:政治经济与文化分析》,中国传媒大学出版社
　　　2011 年版。

128. 周莉：《重大突发公共事件的舆论传播与管理》，华中师范大学出版社
　　 2014 年版。

129. 周裕琼：《当代中国社会的网络谣言研究》，商务印书馆 2012 年版。

二　中文论文

1. 曹卫东：《从"公私分明"到"大公无私"》，《读书》1998 年第 6 期。

2. 陈占彪：《娱乐与政治》，《民主与科学》2008 年第 4 期。

3. 陈仲伟：《重思网路社群：网路主题乐园团体》，《资讯社会研究》2005 年
　 第 8 期。

4. 党雷：《微博环境下公共领域的建构与规范》，《青海社会科学》2012 年第
　 1 期。

5. 道格拉斯·凯尔纳：《公共领域与批判性知识分子》，李卉译，《上海行政
　 学院学报》2007 年第 3 期。

6. 道格拉斯·凯尔纳：《技术政治、新技术与公共领域》，闫玉刚译，《马克
　 思主义美学研究》第 7 期。

7. 杜骏飞：《存在于虚无：虚拟社区的社会实在性辨析》，《现代传播》2004
　 年第 1 期。

8. 高红、魏平平：《"消费社会"与公共性再生产的路径选择》，《云南行政
　 学院学报》2011 年第 1 期。

9. 顾肃：《从松花江污染事件说起》，《二十一世纪》2006 年 2 月号总第 93 期。

10. 哈贝马斯：《关于公共领域问题的答问》，《社会学研究》1999 年第 3 期。

11. 韩升：《民主政治时代的公共话语表达——查尔斯·泰勒的公共领域概
　　 念》，《上海交通大学学报》（哲学社会科学版）2012 年第 2 期。

12. 胡泳：《谣言作为一种社会抗议》，《传播与社会学刊》2009 年总第 9 期。

13. 晋晓兵：《试论网络匿名性的消逝》，《国际新闻界》2006 年第 10 期。

14. 莱特·温特：《民主参与、能动性和生活世界的技术形式》，杨玲译，
　　 《文化研究》2011 年第 11 辑。

15. 李良荣、张盛：《互联网与大众政治的勃兴》，《现代传播》2012 年第 3 期。

16. 林容、黎薇:《微博的文化特性及传播价值》,《当代传播》2011 年第 1 期。

17. 李亚舒:《互联网使用、网络社会交往与网络政治参与——以沿海发达城市网民为例》,《新闻大学》2011 年第 1 期。

18. 吕新雨、赵月枝:《中国的现代性、大众传媒与公共性的重构》,《传播与社会学刊》总第 12 期。

19. 麦克斯韦尔-麦考姆斯:《议程设置理论概览:过去、现在与未来》,郭镇之、邓理峰译,《新闻大学》2007 年第 3 期。

20. 米尔班克:《虚拟领域的政治活动》,石冬旭译,《国外社会科学文摘》2000 年第 1 期。

21. 聂磊:《网络时代的虚拟社区及其成员参与模型》,《现代传播》2012 年第 8 期。

22. 潘祥辉:《对自媒体革命的媒介社会学解读》,《当代传播》2011 年第 6 期。

23. 潘忠党:《传媒的公共性与中国传媒改革的再起步》,《传播与社会学刊》2008 年总第 6 期。

24. 彭兰:《从社区到社会网络——一种互联网研究视野与方法的拓展》,《国际新闻界》2009 年第 5 期。

25. 邱林川:《信息"社会":理论、现实、模式、反思》,《传播与社会学刊》2008 年总第 5 期。

26. 史松明、袁光锋:《话语的政治:网民舆论监督的实践、逻辑与反思》,《现代传播》2011 年第 3 期。

27. 斯科特·麦克奎尔:《城市屏幕、网络化文化与参与式公共空间》,载《传播与社会学刊》2012 年总第 21 期。

28. 宋石男:《互联网与公共领域的构建——以 Web2.0 时代的网络意见领袖为例》,《四川大学学报》(哲学社会科学版)2010 年第 3 期。

29. 陶东风:《论文化批评的公共性》,《文艺理论研究》2012 年第 2 期。

30. 陶东风:《网络交往与新公共性的建构》,《文艺研究》2009 年第 1 期。

31. 汪民安:《电视的观看之道》,《文艺研究》2011 年第 12 期。

32. 王君玲、石义斌:《网络事件中的民粹主义现象分析》,《国际新闻界》2009 年第 4 期。

33. 王新生、宁乐峰：《现代公共领域及其特性——查尔斯·泰勒的公共领域概念评析》，《江海学刊》2008 年第 4 期。

34. 夏铸九：《（重）建构公共空间——理论的反省》，《台湾社会研究季刊》1994 年第 16 期。

35. 徐贲：《传媒公众和公共事件参与》，载《文化研究》2006 年第 6 辑。

36. 徐世甫：《主体技术·拟象·公共领域——论虚拟社区》，《社会学研究》2006 年第 5 期。

37. 徐鑫：《理性审视网络媒介的公共性——基于新媒体事件的分析》，《新闻界》2011 年第 6 期。

38. 约翰·B. 汤普森：《媒体新视界》，徐方赋译，《马克思主义美学研究》2009 年第 1 期。

39. 翟本瑞：《从社区、虚拟社区到社交网络：社会理论的变迁》，《兰州大学学报》（社会科学版）2012 年第 5 期。

40. 展江：《哈贝马斯的“公共领域”理论与传媒》，《中国青年政治学院学报》2002 年第 2 期。

41. 张爱凤：《微博空间的文化政治》，《新闻大学》2012 年第 3 期。

42. 张淳：《中国的网络世界及网络公众的公共性意义》，《学术月刊》2009 年第 2 期。

43. 张娜：《政治传播泛娱乐化的现实图景及思考》，《当代传播》2012 年第 2 期。

44. 赵万里、王菲：《网络事件、网络话语与公共领域的重建》，《兰州大学学报》（社会科学版）2009 年第 5 期。

45. 赵勇：《印刷文化语境中的现代性话语——为什么阿多诺要批判文化工业》，《天津社会科学》2003 年第 5 期。

46. 郑燕：《民意与公共性——“微博”中的公民话语权及其反思》，《文艺研究》2012 年第 4 期。

47. 朱清河、刘娜：《“公共领域”的网络视景及其适用性》，《现代传播》2010 年第 9 期。

三　英文著作

1. Arendt，H. ，*The Human Condition*，The University of Chicago Press，1958.

2. Axford，B. Huggins，R. （ed. ），*New Media and Politics*，SAGE Publications，2001.

3. Balnaves，M. Willson，M. ，*A New Theory of Information & the Internet：Public Sphere Meets Protocal*，Peter Lang Publishing Inc. ，2011.

4. Barney，D. ，*Communication Technology*，CAN：UBS Press，2005.

5. Benhabib，S. ，*The Reluctant Modernism of Hannah Arendt*，Rowman & Littlefield，2003.

6. Boler，M. ，*Digital Media and Democracy：Tactics in Hard Times*，The Massachusetts Institute of Technology Press，2008.

7. Boyte，H. ，*Everyday Politics：Reconnecting Citizen and Public Life*，University of Pennsylvania Press，2004.

8. Calhoun，C. ，*Habermas and the Public Sphere*，The Massachusetts Institute of Technology Press，1992.

9. Cardoso，G. *The Media in the Network Society：Browsing，News，Filters，and Citizenship*，CIES-Centre for Research and Studies in Sociology，2006.

10. Coleman，S. Blumler，J. ，*The Internet and Democratic Citizenship：Theory，Practice and Policy*，Cambridge University Press，2009.

11. Craig，G. ，*The Media Politics and Public Life*，Allen & Unwin，2004.

12. Curran，J. ，*Media and Democracy*，Routledge，2011.

13. Dahlgren，P. ，*Media and Political Engagement：Citizens，Communication，and Democracy*，Cambridge University Press，2009.

14. Dahlgren，P. ，*Television and the Public Sphere：Citizenship，Democ-*

racy and the Media, SAGE Publications, 1995.

15. Dijk, J. , *The Network Society: Social Aspects of New Media*, Sage, 2005.

16. Eliasoph, N. , *Avoiding Politics: How Americans Produce Apathy in Everyday Life*, Cambridge: Cambridge University Press, 1998.

17. Gehring, V. (ed.), *The Internet in Public Life*, Rowman & Littlefield Publishers, Inc. , 2004.

18. Gillmor, D. , *We the Media*, Sebastopol: O'Reilly Media, Inc. , 2006.

19. Gitlin, T. , *Media Unlimited: How the Torrent of Images and Sounds Overwhelms Our Life*, New York: Metroplitan Books/Henry Holt and Company, 2001.

20. Graber, D. , *Processing Politics: Learning from Television in the Internet Age*, The University of Chicago Press, 2001.

21. Green, Lelia, *The Internet: An Introduction to New Media*, Berg Publishers, 2010.

22. Hamilton, J. , *All the News That to Sell: How the Market Transforms Information into News*, Princeton University Press, 2004.

23. Hartley, J. , *The Politics of Picture: The Creation of Public in the Age of Popular Media*, New York: Routledge, 1992.

24. Hassan, R. , *Media, Politics and the Network Society*, Open University Press, 2004.

25. Heller, A. , *The Postmodern Condition*, Columbia University Press, 1988.

26. Higgins, M. , *Media and Their Publics*, Open University Press, 2008.

27. Hindman, M. , *The Myth of Digital Democracy*, Princeton University Press, 2009.

28. Holeton, R. (ed.), *Composing Cyberspace: Identity, Community, and Knowledge in the Electronic Age*, New York: McGraw Hill, 1998.

29. Jones, J. , *Entertaining Politics: Satiric Television and Political En-*

gagement，Rowman & Littlefield Publishers，Inc. , 2010.

30. Lovink，G. , *Zero Comments*：*Blogging and Critical Internet Culture*，Routledge，2008.

31. Mossberger，K. Tolbert，C. Stansbury，M. , *Virtual Inequality*：*Beyond the Digital Divide*，Georgetown University Press，2003.

32. Mossberger，L. , *Digital Citizenship*：*The Internet*，*Society*，*and Participation*，The Massachusetts Institute of Technology Press，2007.

33. Murray，L. , *Politics and Popular Culture*，Cambridge Scholars Publishing，2010.

34. Nayar，P. , *An Introduction to New Media and Cybercultures*，Wiley-Blackwell，2010.

35. Norris，P. (ed.), *Critical Citizens*：*Global Support for Democratic Governance*，Oxford University Press，1999.

36. Norris，P. , *Critical Citizens*：*Global Support for Democratic Government*，Oxford University Press，1999.

37. Norris，P. , *Digital Divide*：*Civic Engagement*，*Information Poverty*，*and the Internet Worldwide*，Cambridge University Press，2001.

38. Poe，M. , *A History of Communications*：*Media and Society from the Evolution of Speech to the Internet*，Cambridge University Press，2011.

39. Poster，M. , *Information*，*Please*：*Culture and Politics in the Age of Digital Machines*，Duke University Press，2006.

40. Poster，M. , *What's the Matter with the Internet*，University of Minnesota Press，2001.

41. Rheingold，H. , *The Virtual Community*：*Homesteading on the Electronic Frontier*，The Massachusetts Institute of Technology Press，2000.

42. Rimmerman，Craig A. , *New Citizenship*：*Unconventional Politics*，*Activism*，*and Service*，Westview Press，2010.

43. Saco，D. , *Cybering Democracy*：*Public Space and the Internet*，Uni-

versity of Minnesota Press, 2002.

44. Sanford, S. , *Civic Life in the Information Age*, Palgrave Macmillan, 2007.

45. Sennett, R. , *The Use of Disorder: Personal Identity and City Style*, London: Faber & Faber, 1996.

46. Servon, L. , *Bridging the Digital Divide: Technology, Community, and Public Policy*, Oxford: Blackwell Publishing, 2002.

47. Shibutani, T. , *Improvised News: A Sociological Study of Rumor*, Bobbs-Merrill Company, Inc. , 1966.

48. Song, F W. , *Virtual Communities: Bowling Alone, Online Together*, New York: Peter Long Publishing, Inc. , 2009.

49. Street, J. , *Mass Media, Politics and Democracy*, Palgrave Macmillan, 2011.

50. Tai, Zixue. , *The Internet in China: Cyberspace and Civil Society*, Taylor & Francis Group, 2012.

51. Thompson, J. , *The Media and modernity: A Social Theory of the Media*, Stanford University Press, 1995.

52. Varnelis, K. , *Networked Publics*, The Massachusetts Institute of Technology Press, 2008.

53. Warschauer, M. , *Technology and Social Inclusion: Rethinking the Digital Divide*, Cambridge: The Massachusetts Institute of Technology Press, 2003.

54. Washbourne, N. , *Mediating Politics: Newspaper, Radio, Television and Internet*, Open University Press, 2010.

55. Weintraub, J. Kumar, K. (eds.), *Public and Private in Thought and Practice: Perspectives on a Grand Dichotomy*, University of Chicago Press, 1997.

56. Wilhelm, Anthony G. , *Democracy in the Digital Age: Challenges to Political Life in Cyberspace*, Routledge, 2000.

四　英文论文

1. Allport, G. Postman, L. , "An Analysis of Rumor", *Public Opinion Quarterly*, 1994, Vol. 10 (4) .

2. Best, S. Krueger, B. , "Analyzing the Representativeness of Internet Political Participation", *Political Behavior*, 2005, Vol. 27 (2) .

3. Bimber, B. , "The Internet and Citizen Communication with Government: Does the Medium Matter?" *Political Communication*, 1999, 16.

4. Bimber, B. , "The Internet and Political Transformation: Populism, Community, and Accelerated Pluralism", *Polity*, 1998, Vol. 31 (1) .

5. Bonfadelli, H. , "The Internet and Knowledge Gaps: A Theoretical and Empirical Investigation", *European Journal of Communication*, 2002, 17.

6. Bordia, P. Difonzo, N. , "Problem Solving in Social Internet: Rumor as Social Cognition", *Social Psychology Quarterly*, 2004, Vol. 67 (1) .

7. Boulianne, S. , "Does Internet Use Affect Engagement? A Meta-Analysis of Research", *Political Communication*, 2009, 26.

8. Dahlberg, L. , "Re-constructing Digital Democracy: An Outline of Four 'Positions'", *New Media & Society*, 2011, Vol. 13 (6) .

9. Dahlberg, L. , "Rethinking the Fragmentation of the Cyberpublic: From Consensus to Contestation", *New Media & society*, 2007, Vol. 9 (5) .

10. Dahlberg, L. , "The Internet and Democratic Discourse: Exploring the Prospects of Online Deliberative Forums Extending the Public Sphere", *Information, Communication & Society*, 2001, Vol. 4 (4) .

11. Dahlgren, P. , "Doing Citizenship: The Cultural Origins of Civic in the Public Sphere", *European Journal of Cultural Studies*, 2006, Vol. 9 (3) .

12. Dahlgren, P. , "The Internet and the Democratization of Civic Culture", *Political Communication*, 2000, 17.

13. Dahlgren, P. , "The Internet, Public Sphere, and Political Communica-

tion: Dispersion and Deliberation", *Political Communication*, 2005, 22.

14. Dahlgren, P. , "Theory, Boundaries and Political Communication: The Uses of Disparity", *European Journal of Communication*, Vol. 19 (1) .

15. Dayan, D. , "The Peculiar Public of Television", *Media, Culture & society*, 2001, Vol. 23 (6) .

16. Downey, J. Fenton, N. , "New Media, Counter Publicity and the Public Sphere", *New Media & Society*, 2003, Vol. 5 (2) .

17. Fine, G. , "Rumor, Trust and Civil Society: Collective Memory and Cultures of Judgment", *Diogenes*, 2007, 213.

18. Freelon, D. , "Analyzing Online Political Discussion Using Three Models of Democratic Communication", *New Media & Society*, 2010, Vol. 12 (7) .

19. Friedland, L. , "Communication and Democracy in a Networked Society: Review Essay of Media and Political Engagement and 'The Internet and Democratic Citizenship'", *International Journal of Press/Politics*, 2010, Vol. 15 (3) .

20. Gerhards, J. Schafer, M. , "Is the Internet a Better Public Sphere? Comparing Old and New Media in the USA and Germany", *New Media & Society*, 2010, Vol. 12 (1) .

21. Goldberg, G. , "Rethinking the Public/Virtual Sphere: The Problem with Participation", *New Media & Society*, 2010, Vol. 13 (5) .

22. Gurevitch, M. Coleman, S. Blumler, J. , "Political Communication: Old and New Media Relationships", *The ANNALS of the American Academy of Political and Social Science*, 2009, Vol. 625.

23. Jung, J. Qiu, J. Kim, Y. , "Internet Connectedness and Inequality: Beyond the 'Divide'", *Communication Research*, 2001, Vol. 28 (4) .

24. Kaase, M. , "Political Science and the Internet", *International Political Science Review*, 2000, Vol. 21 (3) .

25. Kapor, M. , "Where Is the Digital Highway Really Heading: The Case for a Jeffersonian Information Policy", *Wired*, 1993, Vol. 1 (3) .

26. Kohn, M. , "Homo Spectator: Public Space in the Age of the Spectacle", *Philosophy & Social Criticism*, 2008, Vol. 34 (5) .

27. Mcchesney, R. , "The Internet and US Communication Policy-Making in Historical and Critical Perspective", *Journal of Computer-Mediated Communication*, 1995, 1 (4) .

28. Noveck, S. , "Paradoxical Partners: Electronic Communication and Electronic Democracy", *Democratization*, 2000, 7.

29. Papacharissi, Z. , "Democracy Online: Civility, Politeness, and the Democratic Potential of Online Political Discussion Groups", *New Media & Society*, 2004, Vol. 6 (2) .

30. Papacharissi, Z. , "The Virtual Sphere: The Internet as a Public Sphere", *New Media & Society*, 2002, Vol. 4 (1) .

31. Polat, R. , "The Internet and Political Participation: Exploring the Explanatory Links", *European Journal of Communication*, 2005, Vol. 20 (4) .

32. Rasmussen, T. , "Internet-based Media, Europe and the Political Public Sphere", *Media, Culture & society*, 2013, Vol. 35 (1) .

33. Rosnow, R. , "Rumor as Communication: A Contextualist Approach", *Journal of Communication*, 1988, Vol. 38 (1) .

34. Scammell, M. , "The Internet and Civic Engagement: The Age of Citizen-Consumer", *Political Communication*, 2000, 17.

35. Schulz, W. , "Changes of Mass Media and the Public Sphere", *The Public*, 1997, Vol. 4 (2) .

36. Strangelove, M. , "The Internet, Electric Gaia and the Rise of the Uncensored self", *Computer-Mediated Magazine*, 1994, Vol. 1 (5) .

37. Tatarchevskiy, T. , "The 'Popular' Culture of Internet Activism", *New Media & Society*, 2011, Vol. 13 (2) .

38. Taylor, C. , "Modernity and the Rise of the Public Sphere", in *The Tanner Lectures on Human Values*, Stanford University Press, 1992.

39. Thompson，J.，"Shifting Boundaries of Public and Private Life"，*Theory*，*Culture* & *Society*，2011，Vol. 28 (4) .

40. Thompson，J.，"The New Visibility"，*Theory*，*Culture* & *Society*，2005，Vol. 22 (6) .

41. Ubayasiri，K.，"Internet and the Public Sphere：A Glimpse of You Tobe"，http：//www. doc88. com/p-081398922066. html.

42. Ward，J. Vreese，C.，"Political Consumerism，Young Citizens and the Internet"，*Media*，*Culture* & *society*，2011，Vol. 33 (3) .

后　记

　　这本书是在我的博士学位论文的基础上修改完成的。从 2013 年夏天通过答辩以后，它就一直躺在我的电脑里睡大觉，我几乎没有去打扰过它。几年下来，外面的世界已经悄然改变了模样，它却依旧保持着往日的容颜。之所以直到现在才把它拿出来，主要是因为"理想"和"现实"之间始终存在着巨大的差距。可能很多人都有这样的感受，在博士学位论文写完以后，总会留下一些遗憾，于是就安慰自己，等以后再慢慢完善。不料想，毕业以后工作更加繁忙，几乎不可能抽出大段的时间来修改论文。在毕业三年以后，我才意识到再拖下去也不可能有很大的改观，于是就利用寒假时间补充了一个"导论"，其他部分做了一些微调，就把这部书稿拿了出来。虽然目前看起来它可能是某喜剧演员版小龙女的样子，但是请读者诸君相信，当初我试图呈现给大家的绝对是李若彤版的小龙女——现实虽然很丰满，但当初的理想还是很骨感的。

　　我在博士阶段所学的专业是文化研究，这是首都师范大学自主设立的一个专业，据我所知，我应该是国内第一个拿到文化研究博士学位的人。入学以后，我就在导师陶东风教授的指导下阅读汉娜·阿伦特的著作，并深深地为其理论所吸引，还一度萌生过将阿伦特研究作为博士学位论文选题的念头。在阿伦特的政治哲学思想中，公共领域理论是一个核心问题。但在她那里，公共领域是以古希腊城邦政治为原型的，它仿佛是一个只能追念的往日旧梦，时至今日，我们只能在一些特殊的历史时刻才能觅其芳踪。那么，在现代条件下，公共领域是如何存在并发挥作用的？沿着这一线索，我又阅读了哈贝马斯对公共领域问题的论述。在他看来，公共领域曾经真实地存在于

18世纪欧洲各地的咖啡馆、沙龙中，但随后它就发生了结构转型，变得"再封建化"了。在这一过程中，哈贝马斯注意到了以报纸为代表的大众传媒的影响，但是在他那里，大众传媒只是将人联系起来的一个中介，对于它自身成长为公共领域的潜能，哈贝马斯始终持有悲观态度。在《意识形态与现代文化》中，约翰·汤普森结合传媒条件的变化，尤其是电视的出现，反思了哈贝马斯公共领域理论的缺陷，并提出，我们应该将公共领域的古典模型当成众多模式中的一种，用一种崭新的眼光考察印刷媒介和其他媒介的兴起如何改变、重构了公共领域。这给我带来很大的启发，于是，作为一个文化研究专业的博士，我误打误撞地进入了传播学的研究领地。

众所周知，互联网的出现带来了一场深刻的媒介革命，极大地改变了人们获取信息的方式和公共交往的模式，这是否意味着它将在网络虚拟空间中建立起一种新型的公共领域？在众学者都在哀叹公共生活已然走向衰落的时代背景下，这一问题在西方和中国都激起了极大的研究兴趣。这些研究大都将网络空间与哈贝马斯的公共领域理论进行对照，得出或乐观或悲观的结论。然而，由于缺少对公共领域理论的整体把握，尤其是缺少对传媒与公共领域关系的历史分析，这些研究大都不够深入。因此，本书最初的构想是通过分析网络传播的特点，考察网络交往空间成长为公共领域的潜能和局限。在研究过程中，我越来越感到，公共领域概念的很多规范性特征限制了它的适用性，在研究网络传播问题时，我们与其继续使用这一笨重的理论武器，不如转而使用"公共性"这一更加灵活的分析工具。

在早期的网络传播研究中，常常弥漫着一种乐观情绪，很多人真诚地相信，互联网的出现具有划时代的意义，将带来社会结构的彻底变革。就互联网与公共领域的关系来说，很多人认为互联网将克服人们参与公共领域的各种障碍，带来公共领域在网络虚拟空间中的复兴。早期的这些研究大都不是建立在经验考察的基础之上，而是根据网络传播的特点，对它将会带来的社会影响做出的乐观预测。近些年来，随着互联网的发展，以及它的各种弊端的显露，很多学者意识到早期的很多研究结论都是一种关于新技术的迷思，它们反映出的是人们渴望走出现实困境的焦虑。当前，互联网已不再是什么新奇之物，它已经彻底融入人们的日常生活，并逐渐显露出自己的多重面相，在这种背景下，我们已经有条件并有必要走出早期网络传播研究中的"迷思"。因此，本书的书名最终确定为《走出"迷思"——网络传播公共性研究》。

这是我学术生涯中的第一本专著，它能够完成并出版，最要感谢的人当然是我的博士生导师陶东风教授。说起来，我认识陶老师已经有十多年了。2004年，当我还在读硕士的时候，学校曾经邀请他做讲座，那是我第一次见到他。由于此前就阅读过他的一些著作和论文，对他强烈的现实关怀和敏锐的思想锋芒充满尊敬，所以见到他本人后，我就萌生了跟随他读博士的念头。只是因为一些缘故，我毕业当年并没有选择考博，而是到了一所师范院校任教。在决定2010年考博的时候，我几乎没有犹豫地就选择了首都师范大学，选择了陶老师。幸运的是，我当年就考中了，并且在毕业以后留校工作。经过多年的相处，我对陶老师的了解越来越多，对他的尊敬也有增无减。除了他的思想让我高山仰止外，他的勤奋和认真也让我自愧弗如。他几乎每天都要在书房工作10个小时以上。而且，陶老师上课的认真是出了名的，即使偶尔有事，也一定会找时间把课补上。我永远也不会忘记2012年元旦期间的一件小事：当年的师门聚餐定在了一次课后，可到了头天晚上，陶老师突然打电话跟我说，自己感冒很严重，第二天的聚餐就取消吧。我试着问，是不是课也不用上了？他却说，饭不吃了，课还要上。只不过后来他发了高烧，很晚才又打电话跟我说，课也上不成了。

此外还要感谢我的家人。我的父母文化水平不高，不能理解我在研究什么，但他们却一直坚定地支持我的选择。在我读博期间，他们两人经常在家里发生冲突——母亲担心我读书太拼命，尤其担心我的脖子会出问题，总想给我打电话叮嘱几句，而父亲则常常阻止她，怕打电话会影响我的思路。尤其要感谢的是我的妻子，结婚10年来，我换了三个城市读书和工作，她有时跟随我东奔西走，有时住在父母家里照顾女儿，等待团聚，从来都毫无怨言。当年写作博士学位论文的时候，女儿才三四岁，她肯定不能理解爸爸、妈妈为什么要离她而去。每次想要我回家的时候，她总以为我已经在火车上了，所以总在电话里说，爸爸，你让开火车的叔叔再开快一点吧，你让开火车的叔叔再开快一点吧！是啊，再快一点，当年我又何尝不想如此呢？

对于我来说，无论这本书显得多么单薄和粗糙，它都是我学术生涯中最具标记意义的一个起点；读博的三年中，尽管时常为思念和歉疚所困，但那还是我内心最为澄净、最为心无旁骛的一段时光。

陈国战

2017 年 1 月 12 日